행복한 노후의 삶을 위한 레시피
크리스천
노인상담

크리스천 노인상담: 행복한 노후의 삶을 위한 레시피

발행 2016년 12월 1일

지은이 노원석
발행인 윤상문
편집부장 권지현, 김현아
코디네이터 박현수
디자인실장 여수정
디자인 표소영, 박진경
발행처 킹덤북스
등록 제2009-29호(2009년 10월 19일)
주소 경기도 용인시 기흥구 동백동 622-2
문의 전화 031-275-0196 팩스 031-275-0296

ISBN 979-11-5886-081-3 (03230)

Copyright ⓒ 2016 노원석
이 책은 저작권법에 따라 보호받는 저작물이므로 무단전재와 복제를 금지하며,
이 책의 내용의 전부 또는 일부를 이용하려면 반드시 저작권자와 킹덤북스의
서면 동의를 받아야 합니다.

※ 잘못된 책은 구입하신 곳에서 교환하여 드립니다.
※ 책 가격은 표지 뒷면에 있습니다.

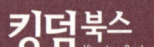

킹덤북스(Kingdom Books)는 문서사역을 통해 하나님의 나라를 확장하고,
한국 교회와 세계 교회를 섬기고자 설립된 출판사입니다.

행복한 노후의 삶을 위한 레시피

크리스천 노인상담

노원석 지음

킹덤북스
Kingdom Books

머리말

'상담은 누구나 할 수 있지만 아무나 하는 것은 아니다.' 상담은 어려서부터 친구들끼리 이야기를 주고받으며 할 수 있다. 가족끼리 혹은 사람들과의 관계에서, '누구나' 일상적으로 행할 수 있는 것이 상담이다. 그 가운데 고민을 듣는 것만으로 문제가 해결되기도 하지만, 그럼에도 불구하고 상담은, '아무나 할 수 없는,' 보다 전문적 영역임에 틀림없다. 이론과 실제를 겸비한 전문적 상담자를 통해서 피상담자는 치유를 더욱 경험하게 된다.

노인상담 또한 누구나 할 수 있지만 아무나 할 수 있는 상담은 아니다. 인생의 오랜 세월이 지난 후, 노후에 접하는 여러 특수한 문제들과 상황들이 있기 때문이다. 더욱이 현 노인 세대들은 한국 현대사에 남을, 시대적 어려움을 경험한 분들로서, 그들만이 지니고 있는 애환과 고충이 있다. 그러므로 노인상담은 단순히 '어르신'의 이야기를 들어 주는 것만으로 끝나는 것이 아닌, 그들의 흰 머리와 쭈글거리는 피부 속에 스며져 있는 속 깊은 고민과 탄식에 대한 깊은 이해가 있어야 한다. 그들의 애환과 아픔을 회복으로 이끌어 줄 수 있어야 한다.

'크리스천 노인상담'은 한 걸음 더 나아가, 성경적 관점과 방향에서 이루어지는 상담이기에 보다 특별한 상담이다. 기독교인이 하기 때문에, 상담 가운데 성경구절과 기도가 활용된다고 해서 기독교 상담은 아니다. 문제해결 혹은 치유가 아닌, 하나님의 영광을 위해 살도록 돕는 것이 크리스천 노인상담의 목표이다.

본 저서는 이 땅에서 오직 가족을 위해 헌신했던 노년 세대들을 조금이라도 이해하고 싶은 마음과 그들의 문제와 아픔이 하나님의 사랑 안에서 성경적인 치유가 이루어지기를 소망하는 마음으로 이루어졌다. 이 책은 두 가지 부분으로 구성되어 있다. 첫 번째 부분은 이론적인 부분으로, 노인과 노인상담에 관련된 이해와 내용을 다루었다. 노인 세대와 자녀 세대의 의사소통 모델과 교회의 역할도 함께 소개되었다. 두 번째 부분은 실천적인 부분으로, 노인들이 당면한 문제들을 어떻게 상담할 수 있을지에 대한 부분들로 이루어졌다. 성(性)문제, 학대, 우울증, 치매, 자살, 그리고 임종 등 한 걸음에 달려왔던 활기찬 젊은 시절을 뒤로 하고 만나게 되는 노년의 여러 문제들을 함께 고민하는 심정으로 다루었다. 바라기는, 이 책이 먼저는, 평생을 수고하고 애쓰며 살아온 노년의 세대들에게 자그마한 위로와 격려가 되기를, 다음으로는 기독교적 관점에서 이루어지는 노인상담의 작은 출발점이 되기를 소망한다.

가장 먼저 감사의 마음을 전하고 싶은 분들은 이 책의 당사자 세대이면서 모티브이기도 한 부모님들이다. 지금은 곁에 계시지 않지만, 말로 다 할 수 없는 아낌없는 사랑과 희생을 보여 주셨던 부모님과 장모님, 더불어 항상 큰 위로와 격려를 아끼지 않으시는 장인어른께 마음 깊숙이 솟구치는 감사를 드린다. 또한 철없던 교육전도사 시절부터 '목회는 인격'임을 행동으로 가르쳐 주신 내 인생의 멘토, 이건영 목사님과 김영주 사모님에게 깊은 감사를 드리지 않을 수 없다. 그리고 필자에게 상담의 길을 열어주시고 이끌어 주신 정정숙 교수님께

받은 은혜를 잊는다면 사람으로서의 도리가 아닐 듯싶다. 큰 감사의 마음을 드리고 싶다. 한 부모에게서 태어난 형제이지만, 지금은 친구처럼 험난한 인생의 파도를 함께 넘고 있는 대석과 해석에게도 감사의 마음을 빼놓을 수 없다. 끝으로, 남편으로서의 부족함을 너그러움과 인내로 항상 든든하게 지원해 주었고, 앞으로도 함께 해 줄, 사랑하는 아내 현정에게 진심으로 감사함을 전한다. 앞으로 1년을 최선을 다 해 수고할, 하나님이 주신 귀한 선물 진영에게, 이제 멋진 청소년으로 성장해 가는 속이 깊은 휘영에게도 부족한 아빠로서의 미안함과 함께 많은 고마움과 사랑을 전하고 싶다.

2016년 12월 미아동에서 노원석

목차

머리말   5

노인에 대한 이해   11
노인과 노화의 개념 | 고령화 시대의 도래 | 노인의 문제 | 한국 노인에 대한 이해 | 노인에 대한 성경적인 이해 | 결론

노인상담에 대한 이해   31
노인상담의 필요와 정의 | 노인상담의 특징 | 노인상담의 현실 | 노인상담의 기본자세 | 노인상담의 기본원리 | 결론

노인상담 이론   49
정신분석적 상담 | 행동주의 상담 | 인간 중심 상담 | 기독교 상담 | 결론

노인과 자녀 세대의 갈등해결을 위한 의사소통 모델   77
노인부양에 관한 사회적 상황의 변화 | 한국의 노인부양에 관한 세대 갈등의 문제 | 의사소통 모델로서의 Church Round Table | 자기 비움(Kenosis) | 동등됨(Equality) | 화해(Reconciliation) | 결론

교회와 노인상담   93
한국교회가 지니고 있는 노인상담의 어려움 | 치유공동체로서의 교회의 역할 | 노인을 위한 교회에서의 상담 | 결론

노인 성(性) 상담   113
노인의 성에 대한 이해와 실태 | 노인의 성과 연관된 특징 | 성경과 노인의 성 | 노인 성 상담의 필요성과 실제 | 결론

노인 학대 상담　　　　　　　　　　133
노인 학대의 정의 ｜ 노인 학대의 실태 및 특징 ｜ 노인 학대의 원인 ｜ 노인 학대 상담 ｜ 결론

노인 우울증 상담　　　　　　　　　155
노년기 우울증의 이해 ｜ 노년기 우울증의 원인 ｜ 노년기 우울증의 특성 ｜ 노년기 우울증 상담 ｜ 결론

노인 치매 상담　　　　　　　　　　179
치매의 이해 ｜ 치매의 유형 및 유병율 ｜ 치매 환자의 심리 ｜ 치매의 치료와 상담 ｜ 치매 상담 ｜ 결론

노인 자살 상담　　　　　　　　　　201
노인 자살에 대한 이해 ｜ 노인 자살의 원인 ｜ 노인 자살 상담의 필요성 ｜ 노인 자살 상담의 어려움 ｜ 노인 자살 방지를 위한 도움의 역할 ｜ 노인 자살 상담에 대한 실제적 방안 ｜ 결론

노인 임종 상담　　　　　　　　　　227
죽음에 대한 일반적 관점 ｜ 죽음에 대한 성경적인 이해 ｜ 임종과 죽음에 관한 심리 ｜ 임종 상담 ｜ 유가족 노인상담 ｜ 결론

참고문헌　　　　　　　　　　　　　245
미주　　　　　　　　　　　　　　　259

크리스천 노인상담 : 행복한 노후의 삶을 위한 레시피

노인에 대한 이해

노년기는 인간발달단계 가운데 마지막으로 맞이하는 인생의 종착기이다. 누구나 경험하는 것임에도 불구하고 건강의 악화, 경제적 빈곤, 역할 상실 등 여러 상황적 어려움으로 인해, '노인'이 된다는 것은 삶의 내리막길로 내려가는 상황으로 여겨진다. 노인을 바라보는 일반적 이미지도 부정적이다. 한국의 노인들은 전쟁의 시기와 이후 국가적 황폐기를 거치면서 지금의 경제적 발전기를 이끌었던 세대이다. 그들을 어떻게 인식하고 바라보아야 하는가가 중요하다. 노인과 노년기를 바로 인식하는 것이 노인과 그 주변을 둘러싼 문제를 치유하는 첫 걸음이 되기 때문이다.

1. 노인과 노화의 개념

국제노년학회에서의 노인에 대한 정의를 따른다면, 노인은 '인간의 노령화 과정에서 나타나는 생리적 및 신체적 퇴화와 더불어 심리적 변화가 일어나서 개인의 자기유지 기능과 사회적 역할 기능이 약화되고 있는 사람'이다.[1] 인간의 발달과정 가운데 노인의 단계는 65세부터 사망 때까지를 말하며 일반적으로 노년기라고 하기도 한다. 이 시기는 인생을 마무리하며, 내세에 대한 준비를 하는 시기이다.[2] 노인은 삶의 종착을 향해 나아가는 가운데, 생물학적, 심리적, 사회적 측면에서 노화 과정을 겪고 있는 사람이다.

노화는 인생을 사는 동안 한 순간에 일어나는 현상이라기보다는 시간의 흐름에 따라 세포나 조직, 기관 등의 쇠퇴가 일어나는, 점진적인 변화이다. 대체로 노화는 생물학적이고 신체적인 감퇴의 측면에서 이해되고 있으나 이뿐만 아니라 퇴직과 배우자 사별 등으로 인한 사회적 역할 및 지위의 변화과정까지 포함되어야 한다.[3] 이 경우, 노인들은 자신의 역할상실과 외로움으로 인한 허탈감과 상실감을 겪게 되며 의존성이 증가하게 된다. 하지만 이는 병리적인 현상이 아니라 일반적 노화의 과정이다.

노화는 양면성을 지니고 있다. 노인들의 인생의 경험 및 지혜의 축적, 기술 및 활동능력의 향상과 같은 긍정적인 측면이 있다. 한편 노화의 부정적 측면으로는, 신체적 노쇠, 정신능력 감퇴, 퇴직, 배우자의 죽음 등의 모습으로 나타날 수 있다.[4] 젊은 시절 경험하지 않았던 여러 영역에서의 쇠퇴는 노인의 몸과 마음을 위축되게 만든다. 하지만 노화의 긍정적, 부정적 측면은 개인과 사회적 분위기에 따라 다르기 때문에 노화를 한 쪽 방면으로만 단정 지을 수는 없다.

분명한 것은, 노화의 상황과 변화를 어떻게 받아들이고 적응하느냐에 따라 개인의 삶에 큰 영향을 미친다는 것이다. 어떤 이에게는 노화가 결코 맞이하고 싶지 않은 '절대 위기' 현상일 수 있고, 어떤 이에게는 인생의 여러 단계 가운데 찾아온 또 다른 '황혼의 은총'일 수 있다.

2. 고령화 시대의 도래

한국에서 65세 이상 노인 인구는 2000년 7월 1일 전 인구의 7.1%인 337만 명을 기록하였다.[5] 이 7%라는 수치는 고령화 사회 진입의 기준이다. 이 수치는 2006년에 9.5%를 넘어섰으며 2017년에는 고령사회의 기준인 14%를 넘어설 전망이다. 이어 2025년에는 노인 인구 비율이 20%로 초고령사회로 들어서게 되고, 2050년이 되면 우리나라의 고령화율은 38.2%로 급증해 일본(39.6%) 다음으로 세계에서 노인 인구 비율이 두 번째로 높은 국가가 될 것으로 추정한다.[6] 다음은 고령화사회, 고령사회, 초고령사회에 도달한 연도와 고령화사회에서 고령사회로, 고령사회에서 초고령사회로 도달하는 데 소요되는 기간을 국가별로 비교한 표이다.[7]

국가	도달 연도			소요된 연수	
	7%	14%	20%	7%→14%	14%→20%
프랑스	1864	1979	2020	115	41
미국	1942	2013	2028	71	15
영국	1929	1976	2021	47	45
일본	1970	1994	2006	24	15
한국	2000	2017	2025	17	8

위 표를 참조하여 볼 때, 고령화 사회에서 고령사회로 도달하는 데

걸린 시간을 국가별로 비교해 보면, 프랑스의 115년, 영국의 47년에 비해 한국의 고령사회로의 속도(17년)는 무척이나 빠르다. 고령화 사회에서 고령사회로 진입하는데 걸린 기간은 노인 문제를 준비하는 데 있어 중요한 차이를 가져다준다. 서구의 나라들은 노인 인구 증가의 기간이 길었기 때문에 노인 문제 해결을 위한 많은 연구와 실행이 있었지만, 한국의 경우 짧은 기간에 급격한 사회적 변화로 인하여 노인 인구가 증가하였기 때문에 노인 문제를 미처 준비할 사회적 공감대와 여건이 부족했고 이에 따라 노인 문제가 더욱 심각하게 나타나고 있다.[8]

한국은 1960년대 이후 산업발전과 경제성장에 따른 생활수준 향상과 의료기술의 발달로 꾸준히 출생률과 사망률이 줄어 왔다. 출산율은 1960년대 6.0명에서 지속적인 산업성장과 가족계획 사업으로 인하여 1983년에는 2.1명으로 줄어들었으며 급기야 2001년 1.3명 밑으로 떨어진 뒤 15년째 '초저출산' 국가로 분류되고 있다. 2015년에는 1.24명을 기록하였다.[9] 출생률의 저하와 함께 사망률도 감소하였다. 영아사망률은 2003년 인구 천 명당 5.1명에서 2012년 2.9명으로 절반수준 감소하였다.[10] 이처럼 출생률과 사망률이 계속 저하하고 있는 상황 가운데 평균수명은 계속 증가하고 있다. 1970년 남성의 평균수명은 58.7세, 여성은 65.6세였으나, 2013년에는 남성 78.5세, 여성 85.1세로 늘어났다.[11] 이처럼 출생률과 사망률의 저하, 그리고 평균수명의 연장은 결과적으로 노인 인구의 증가로 이어졌다. 2025년경에는 인구 10명 중 2명은 노인이 차지할 전망이며, 특히 85세 이상의 노인 인구를 보면 2010년에 37만 명(0.7%)에서 2020년에 448만 명(10.2%)로 10배 이상 늘어날 것으로 예측되고 있다.[12] 결국, 준비되지 않은 고령화 시대의 도래는 준비되지 않은 노인들의 삶의 문제를 야기하고 있다.

3. 노인의 문제

우리 사회에서 제기되는 노인 문제는 은퇴 후 소득감소에서 오는 경제문제, 건강의 상실, 퇴직 후 가정과 사회에서의 역할 상실, 그로 인한 심리적 소외감 등이라 할 수 있다.[13]

1) 경제문제

우리나라 노인 문제 가운데 가장 심각한 것은 경제적인 어려움이다. 경제적 어려움의 가장 주된 원인은 50살 전후로 직장에서 은퇴를 하게 되어 수입을 상실하기 때문이기도 하지만 은퇴 이후 생활 할 수 있는 공적 소득보장제도가 불충분하기 때문이다.[14] 더구나 지금의 노인들은 가족의 생존과 교육을 위해 노후대책을 전혀 신경 쓰지 못하고 살아온 세대들이다. 그렇기 때문에 중년 세대들보다 상대적으로 빈곤한 생활을 하고 있다. 우리나라 평균 빈곤율은 41-50세까지 8.9% 수준으로 OECD 평균인 11%보다 낮다. 하지만 66-75세 한국 노인의 평균 빈곤율은 45.6%로 OECD 4배를 상회한다.[15] 이는 한국의 노인들이 은퇴 이후의 삶을 준비하지 못했고, 이들의 노후가 경제적으로 여유가 없음을 뜻한다.

이 같은 노인들의 경제적 문제는 지금 뿐만이 아니다. 1955-63년 한국전쟁 후 출산 붐이 일었던 연령대로, 총인구의 14%를 차지하는 710만 명의 거대한 인구집단인, 소위 베이비붐 세대'(baby boom generation)들 또한 잠재적으로 경제적 어려움을 겪을 가능성이 있는 예비 노년 계층이다. 이들은 지금까지 경제성장에 있어 막대한 생산

가능인구로 기여하여 가정과 국가의 성장을 주도했으나, 이제 이들이 피부양자의 자리에 들어가는 시점을 맞으면서, 초고속 고령화로 인한 노인 문제의 핵심 요인으로 등장했다. 한 기업의 설문조사[16]에서는 국내 중장년층의 1/3(37.8%)은 노후준비를 전혀 못하는 것으로 나타났다. 노후준비의 필요성은 느끼지만 은퇴 이후 노년의 삶을 준비할 만한 경제적 여건이 되지 못하는 것이 현실이다.

많은 노인들은 경제적 어려움에 노출되어 있다. 예전에는 자식만 잘 키우면 대부분 노후가 편안했다. 자녀들이 부모봉양을 했기 때문이다. 하지만 한 세대를 거치면서 우리 사회는 많은 변화가 일어났다. 1980년대 우리나라 노인들은 노후 수입원 중 자녀의 도움이 70%를 넘었지만, 현재는 30%로 낮아졌다.[17] 노인들은 이제 자녀의 도움을 기대할 수 없이 스스로 살아가야 한다. 지금의 노년 세대들은 공적연금을 준비한 세대도 아니다. 그들 중 다수는 취업하기를 원하지만 거의 취업하기가 힘들고, 그나마 일부가 저임금의 직종에 임시직으로 일할뿐이다. 그리고 노년기에 취업을 원하는 배경에는 '생계비 부족'이라는 절박한 이유가 있는 것이다.

2) 건강의 문제

노인들은 나이가 들어감에 따라 신체적으로 노쇠해지고 여러 가지 건강문제들을 겪게 된다. 노인 세대 문제의 특징은 첫 번째, 다른 연령층에 비해 질병에 걸릴 확률이 높으며, 두 번째, 질병이 만성적이고 장기적인 치료를 요하는 경우가 많고, 세 번째, 질병이 합병증인 경우가 많아 빈번하고 장기적인 병원치료가 요구되며 다른 집단에 비해

의료비용이 많이 발생하게 되는 것이 일반적 경향이다.[18] 결국, 노인들은 신체적 노화로 인해 크고 작은 질병에 걸릴 수밖에 없는데, 경제적 빈곤으로 말미암아 건강보호에 어려움을 겪게 된다.

　노인은 나이가 많아질수록 장기적인 만성질병에 놓일 수밖에 없는데, 이들은 몇 가지 어려움을 호소한다. 치료비 부담의 어려움, 신체적 부자유로 인한 일상생활 수행의 제한, 수발과 간병을 받을 사람을 구하는 데 따른 어려움 등이다.[19] 만성질환의 어려움은 부양자에게 더욱 의존하는 구조를 만들게 된다. 자녀와 동거하지 않는 경우는 말할 것도 없고, 동거하는 경우도 부양 자녀들이 맞벌이인 경우 현실적으로 만족할 만한 부양을 받지 못함으로 갈등의 요소를 일으킨다. 또한 만성질병은 경제적인 지원이 뒷받침되어야 하는데 한국의 많은 노인들은 노후의 준비를 하지 못한 경우가 많다. 치료비에 부담을 느끼게 되고 심지어 치료를 중단하기까지 한다. 이처럼 노인 건강의 문제는 본인이 불편한 것은 물론 자녀와의 관계의 부분, 경제적 어려움과도 밀접한 연관이 된다.

3) 역할 상실의 문제

　노인 역할상실이란 과거 젊은 시절의 과업 지향적인 관계에서 행해지던 역할들을 더이상 수행할 수 없게 되는 상황을 의미한다. 많은 노인들은 직장을 그만두면서 직업 및 사회적인 역할과 인간관계를 중단하게 된다. 생애 주기적으로도 자녀들이 독립하면서 양육자의 역할이 줄어들게 되고 남편 혹은 아내의 사별 등으로 배우자의 역할 또한 상실하게 된다.[20] 농경사회에서는 나이가 들어서도 노인의 역할이 있었지만 근대화와 정보화의 시대가 오면서 젊은 세대와의 경쟁이 불가피하게 되었다. 신체적, 정신적 기능이 쇠약해지는 노인 세대는 당연히 뒤처지게 되므로 사회적 역할을 감당하기 버겁게 되었고, 결국 나이가 든 노인들의 역할이 감소되거나 사라지게 되었다.

한국의 남성 노인의 경우, 여성보다도 역할 상실의 부분이 크다. 남성의 경우, 가족과의 관계나 자녀양육보다 근대화의 역군으로서 어려웠던 1960-70년대를 회사를 위해 헌신했던 세대이다. 밤낮을 모르고 직장에서의 삶을 경황없이 살아왔던 남성은 은퇴를 하게 되고 노년기를 맞이하게 된다. 은퇴로 말미암아 직장에서의 역할이 상실되고 가정으로 돌아가지만 그동안 낯설게 지냈던 '아버지' '남편'이라는 역할이 어색하게 되었다. 직장에서의 은퇴 이후 상황도 힘겹지만, 가족 안에서의 역할상실의 문제가 더욱더 크게 다가온다.

4) 고독과 소외의 문제

많은 노인들은 은퇴 후 사회의 중심적인 역할을 감당했던 역할을 상실하고 사회적 관계망이 축소되면서 심리적인 소외감을 겪게 된다.[21] 한국의 노인들은 전쟁 이후 황폐화된 국가적 위기 상황을 거치면서 가족과 회사를 위하여 헌신과 희생을 다 해 왔다. 또한 그들은 은퇴 후의 삶을 위한 여가나 취미활동을 생각하지도, 준비하지도 못한 세대였다. 그렇기 때문에 그들에게 은퇴란 곧 사회에서의 '분리'를 의미한다. 그로 인하여 소외감과 고독감을 느낄 수밖에 없게 되었다.

대부분의 노인들에게 사회적 안전망은 외로움을 줄이는 데 중요한 기능을 하며, 그 중에서도 특히 자녀의 지원과 부양은 큰 역할을 차지

한다. 한국 노인들은 부모들의 노년을 부양해 왔던 세대이다. 그렇기 때문에 자신들이 부모를 책임졌던 것처럼 자녀 세대들에게도 비슷한 형태의 부양을 기대했지만 시대의 변화로 말미암아 그 바람은 이루어지지 않았다. 당연히 자녀들을 향한 배신감과 외로움이 생길 수밖에 없게 되었다.

은퇴 이후 역할상실로 인한 상황적 어려움, 부양과 연관된 자녀에 대한 갈등 등 노인의 이 같은 심리적 소외감과 외로움은 '심리적 아픔'으로 나타나게 되었다. 한국보건사회연구원이 발표한 '2014 노인실태조사보고서'에 따르면 노인의 33.1%가 우울 증상을 경험해 본 적이 있다고 답했다. 특히 독거노인의 경우 43.7%가 우울 증상을 보이는 것으로 나타났다. 우울 증세로 인해 노인들 가운데에는 자살을 선택하는 경우도 있다. 한국의 65세 이상 노인 자살률은 세계 최고 수준을 기록하고 있다.[22] 이처럼 노인들에게는 심리적 고립과 소외감으로 인한 정신건강의 문제점이 발생된다.

4. 한국 노인에 대한 이해

1) 역경과 희생의 세대

한국은 20세기의 첫 반세기 (1910-1945)를 일본의 식민치하에서 강압적으로 보냈다. 식민통치 시절, 일본은 한국 국민들의 재산을 착취하는 동시에 그들의 문화를 강제적으로 억압하는 정책을 펼쳤다. '신사참배'를 강요하였고, 한국인의 이름을 일본이름으로 바꾸려

했고, 학교에서는 한국말을 가르치지 못하도록 하였다.[23] 1945년 8월, 일본의 제2차 세계 대전 패배로 한국은 독립이 되었지만, 여전히 주변 강대국들의 정치적 간섭을 감수해야만 했다.[24] 그러던 가운데, 1950년 6월 25일에 터진 동족상잔(同族相殘)의 비극인 6.25 전쟁은 한반도 전체를 헤어 나올 수 없는 수렁과 파멸의 현장으로 만들었다. 모든 건물들과 산업 시설물들이 파괴되었으며 적어도 300만 명 이상의 사람들이 전쟁으로 인하여 죽었다.[25] 일제 식민시절과 3년에 걸친 6.25 전쟁을 거치면서 한국은 세계에서 가장 가난한 나라의 하나로 전락하였으며,[26] 미국의 원조 없이는 국가 경제를 지탱하기 어려운 상황이 되었다.[27]

그러나 한국은 1960년대 이후 비약적인 경제성장을 이루어 홍콩, 싱가폴, 타이완과 더불어 동아시아의 '네 마리 용'으로 불릴 만큼 세계로부터의 이목을 받기 시작하였다. 식민치하의 암흑과 전쟁의 폐허 속에서 한국은 세계에서 가장 빨리 산업화 되고 현대화 된 나라 중의 하나로 발전되었다.[28] 이 놀라운 기적의 경제성장 뒤에는 현 노인 세대들의 피땀 어린 수고와 희생이 있었기에 가능하였다. 이들의 대부분은 전쟁의 고통, 그리고 그로 인한 가난의 아픔을 겪으면서 어떻게 하든 잘 살아보기 위해 그들의 모든 시간과 노력을 가정과 직장을 위해 다 바쳐 수고한 세대들이다. 이들은 삶의 여가를 즐길 수 없는, 오직 '생존'을 위해 애쓸 수밖에 없는 시대를 살아왔다.[29] 밤낮을 가리지 않고 일해온 그들의 노고 때문에 한국은 1981년, 일인당 국민소득 1,640달러를 거쳐 1997년, 1만 달러를 넘어섰으며, 세계 경제 선진 그룹의 상징인 OECD(Organization of Economic and Development)에 가입하였다. 또한 지금의 노인 세대들은 자신들이 겪었던 빈곤의 삶을 자녀들에게 되풀이 시키지 않기 위하여 자녀들의 교육에 자신들의 많은 부분들을 희생시켜 가며 투자하였다. 이들이 온갖 고생을 다 하며 정성을 다해 키운 자녀들은 이제 중년의 세대로서 이 나라의 중추적인 국가발전의 주역으로 활동하고 있다.[30]

2) 부권(父權) 중심주의 사회와 효(孝)

전통적인 한국의 문화는 나이를 존중하는 사회이다. 근대화 이전, 한국가족은 가장 나이 많은 연장자와 그의 아내가 오랜 세대 동안 살아온 같은 집에서 자손들과 동거하는 형태를 지녀왔다. 한국은 부권 중심주의 사회로서, 한 집에서 최고 연장자 (아버지 혹은 할아버지)의 권위는 모든 가족들의 경제적, 사회적 질서의 규범으로 작용해 왔고 그의 자손들은 그 권위에 순종하며 따라야 했다. 이 권위에 대항한다거나 불순종한다는 것은 상상할 수 없는 일이었다. 산업화 이전, 농업이 산업과 생계의 중심이었을 때, 가정은 젊은 사람들에게 있어 노인들의 지혜와 경험으로부터 생업의 기술을 배우는 가장 중요한 터전이었다. 노인들은 젊은이들에게 삶의 연륜으로부터 나오는 경험과 기술을 전수할 수 있었고, 젊은 세대들은 그들의 지혜를 존중하였다. 또한 농경사회에서 노인들은 나이가 들어서도 비록 왕성하지는 못하더라도 그들의 노동력을 발휘할 수 있었다. 한국인에게 있어서, "나이를 먹는다는 것은 존중과 공경의 상징"[31]으로 인식되었다.

이 같은 어른에 대한 존중과 순종의 자세는 오래된 한국의 전통적 '효'의 가르침에서 비롯되었다. 성규택은 효의 기본적인 자세에 대하여 다음과 같이 기술하였다. "자손들이 그들의 부모를 존중하고 또한 그들을 노후에 돌보아야 하는 것은 부모의 세대들이 자녀들을 양육하기에 어려운 수고를 다하였기 때문이다. 그러므로 부모가 나이 들어 그들 스스로를 돌볼 수 없을 때, 그들이 자녀들을 위해 모든 것을 희생하며 돌보았듯이 부모를 섬기고 돌보아야 하는 것은 자녀들의 당연한 의무이다."[32] 한국인에게 효란 부모에게 순종하고 그들을 공경할 뿐만 아니라 가족의 일원으로서의 정체성을 확인하고 가문의 이름을 높이는 것으로 인식되며[33] 나아가서 자기 가족의 어른뿐만 아니라 공동체의 모든 어른에게 그 존경과 순종의 자세가 동일하게 적용되었다. 한국 사회에서 부권 중심주의와 효의 문화는 가정과 사회에서 노인의 역할과 지위를 보장하였다. 가정의 부모에게 순종하고 사회의 모든 노인에게 존경을 표현하는 흐름은 모든 사람들에게 선택이 아닌 필수적인 도덕규범으로 전해져 왔기에 노인의 위치는 권위와 존경의 대상으로 상징되어 왔다.

3) 산업화로 인한 노인들의 지위 변화

자녀들에게 절대적 존경과 권위를 가지고 있었던 노인의 위상은 1960년대 이후 변화를 맞게 되었다. 현대 사회에 있어 노인의 지위가 변하게 된 가장 큰 이유 중의 하나는 근대화의 도래이다. 농경사회에서는 노인들의 경험과 지혜가 큰 역할을 감당할 수 있었으나 산업사회에서는 새로운 기술의 축척이 경제발전의 터전이 됨으로써 노인의 역할과 지위가 줄어들 수밖에 없게 되었다.

산업화와 현대 문명의 발달은 전통적인 가족구조와 관련하여 삶의 모습을 크게 변화시켰다. 전통적인 대가족 구조에서는 나이 많은 노인의 권위가 강할 수밖에 없었다. 농경사회에서는 그들이 오랫동안 살아온 많은 경험과 지혜가 필요했고, 실제로 어려운 상황이 발생되었을 때 노인들은 그들의 지혜를 활용하여 그 어려움들을 풀 수 있었기 때문이다. 노인들은 가정과 그 지역사회의 전통을 유지하고 발전시키는 데 중요한 역할을 감당하여 왔다.

그러나 근대화와 현대화의 도래는 노인의 지위를 크게 약화시켰다. 과거의 농경중심 사회로부터 더욱 산업화된 환경은 삶의 질을 높이는 데 큰 일익을 담당했지만 그것은 노인들을 '성공의 희생자'로 만들었다. 농경사회에서 중요한 역할을 감당했던 노인들의 경험은 더 이상 이용가치를 잃게 되었고, 산업화로 인한 계속적인 새로운 기술의 도입으로 노인들은 근대화의 뒷전으로 밀릴 수밖에 없게 되었다.[34]

이 근대화는 젊은 세대들이 노인들에게 순응하는 전통적 문화를 경시하게 만들었다. 또한 산업현장에서 뿐만 아니라 대중 매체들은 젊음에 대한 온갖 미화적인 분위기를 만들어 냈으며, 이로 말미암아 사람들은 상대적으로 노인들에 대한 부정적인 이미지를 갖게 되었다. 이러한 풍토에서 노인들이 살아오면서 쌓아온 인생경험이나 지혜는 간과될 수밖에 없으며 노인들 역시 무능한 자신의 모습을 보며 자괴감에 빠지는 경우가 발생하였다.[35]

5. 노인에 대한 성경적인 이해

과거 역사와 문화, 그리고 시대적 변화에 따른 한국 노인의 이해도 필요하지만 기독교 시각에서 본 노인의 모습도 알아야 한다. 우리는 세상의 시각과 관점도 중요하지만 궁극적으로는 하늘의 가치를 추구하는 사람들이기 때문이다. 성경에서 노인을 어떻게 바라보느냐는 기독교 상담자에게 있어 꼭 알아야 할 중요한 관점이다.

1) 하나님과 함께 하는 노년의 삶

성경에서 말하는 노년의 삶은 하나님이 주시는 축복이며, 하나님을 경외하고 그 계명을 지킨 데 대한 은총의 시기이다(삼상 2:32). 이 사회가 바라보는 것처럼 소외와 상실이 가득한, 결코 인생의 '고통기'가 아니다. 그러므로 노인들은 인생의 여정 동안 함께 하셨던 하나님의 은총과 은복을 후손들과 사람들에게 증거하며 살아야 될 사명이 있다.[36] 인간은 하나님의 형상(창 1:27)으로 만들어졌다. 젊음의 아름다움만이 하나님의 형상이 아니다. 피부의 쭈글거림과 머리의 백발이 사람 안에 있는 하나님의 형상을 약화시킬 수 없으며 노년의 모습 자체로서 하나님의 특별한 이미지, 하나님의 형상을 지닌 축복의 과정으로서의 의미를 지닌다.[37]

시편 92편 14절에서는 "늙어도 결실하며 진액이 풍족하고 빛이 청청하며 여호와의 정직하심을 나타내리로다"라고 말하면서 하나님과 함께 하는 노년의 풍성함을 증거하고 있다. 비록 노년이 약간의 신체적 노쇠를 가져다주지만, 여전히 하나님을 경외하는 행복은 계속된다. 도리어 하나님의 정직하심과 그 분께 받은 은총을 증언하는 하나님의 형상으로 살아갈 수 있는 것이 노년의 삶이다. 성경의 여러 구절들은 노인을 공경하는 것과 하나님께 대한 존경과 두려움을 관련짓고 있다: "너는 센 머리 앞에 일어서고 노인의 얼굴을 공경하며 네 하나님을 경외하라 나는 여호와니라"(레 19:32). 이러한 이유로, 센 머리와 쭈그러진 피부는 존경되어야 한다는 것이 성경의 가르침이다. 구약학자 크레머스는 십계명에서 "네 부모를 공경하라"는 5계명을 다음과 같이 해석한다: "십계명에서 부모란 하나님의 대리자(Stellvertreter Gottes)이지 이웃이 아니다. 부모를 공경한다는 것은 부모를 하나님의 대리자로서, 설교자, 교사, 그리고 제사장으로서 간주하라는 것을 의미한다."[38] 결국, 부모는 하나님의 대리자로서 영적 권위를 가지고 있기에 그에게 순종해야 하는 위치에 서는 것이다. 이렇듯 성경은 노년의 모습을 하나님이 함께 하시는 영적인 위치에 서 있게 한다.

노년은 '용기있는 노년'(Heroic Aging)의 가치를 지니며 이 시기는 노화에 따른 위급한 일들에 대처하는 능력을 발휘할 뿐 아니라 인생의 불리한 조건들을 극복하고 비범하고 창조적인 방법으로 다른 이들을 돕는 인생의 소중한 여정이다.[39] 그러므로 노년을 슬퍼하거나 노년이 되어가는 것을 두려워할 것이 아니다. 왜냐하면 노년은 '상실'이 아니라 하나님이 함께 하며 그분의 사명을 감당할 또 하나의 '시작'이며 '기회'이기 때문이다.

2) 존경의 대상자로서의 노인

산업의 발달로 인한 도시의 삶은 노년의 가치보다는 젊음에 더 중요한 가치를 부여하는 사회가 되었다. 새로운 사회적 가치관과 규범의 변화 속에서 신기술과 정보에 익숙하지 않은 노인들의 사회적 역할은 더욱 축소되고 그들의 이미지는 점점 부정적으로 바뀌었다. 그리하여 노인들은 비생산적이고 비기능적인 존재로 인식되었을 뿐 아니라, 불필요한 대상으로 남음으로써 존재의 의미를 잃어가고 있다.[40]

그러나 성경은 노인을 존경의 대상자로 말하고 있으며, 그 가정과 사회, 그리고 국가에 있어 없어서는 안 될 중요한 존재로 인식한다. 왜냐하면 노인은 오랜 삶의 경험을 통하여 후손들과 사회의 구성원들을 지도하고 바른 길로 인도할 수 있는 '지혜'가 있기 때문이다.[41] 구약시대에 '장로'라는 직분은 노인의 지혜자로서의 역할을 나타내고 있다. 장로란 연령이 높고 삶의 풍부한 경험을 가지고 있는 지도자를 말하며,[42] 가족과 공동체 안에서 발생하는 여러 가지 문제와 갈등들을 바르게 판단하고 중요한 결정을 행하였다.[43] 노인은 '하나님의 능력과 정의를 후세대에 알게 하는 사명과 책임'이 있으며(시 71:17-18; 수 24:31), '은퇴 후에도 후배들의 일을 도와줄' 뿐 아니라(민 8:24-26, 눅 1:18-25), '자신의 한계를 인식하면서 후생들을 앞세우는 역할'을 하게 된다. 또한 노년은 가정에서 부모로서, 어른으로서 자손들을 교육적으로 지도하고 이끄는 책임을 가지고 있다(잠 1:8-9, 23:22).[44]

이 시대는 삶의 경험에서 우러나오는 연륜과 지혜에 귀 기울이며 내적인 것을 추구하기보다 외적으로 드러나는 새로운 기술과 지식에 더 많은 가치를 부여하고 있다. 물론 시시각각으로 변화하는 현대 사회에서 신기술과 신사고의 중요성이야 말할 나위가 없겠지만, 그러한 반작용으로 인하여 노인들이 삶을 살아오면서 쌓아왔던 연륜과 지혜를 무시하는 잘못을 저질러서도 안 된다. 성경은 백발을 '영화의 면류관'(잠 16:31)으로 명시하고 있다. 그러므로 노인들은 이 시대의 존경자로 인정되어야 한다. 우리는 한국 사회에서 지금의 노인 세대들이 이룩한 수고의 가치를 인정하고 감사할 수 있어야 한다. 세상적인 학문과 새로운 기술의 습득력은 높지 않은 노인들이지만, 그들의 오랜 인생의 경험에서 쌓은 지혜를 높이 평가할 수 있는 마음을 소유해야 한다.

또한 노인을 이 사회의 존경의 대상자로 여긴다는 것은 곧 그들의 지나온 수고와 업적을 인정하는 것이다. 현재 한국의 노인 세대들은 오직 그들의 가족들을 위해 온 삶을 희생했을 뿐, 그들의 은퇴 이후의 삶을 준비해 오지 못했다. 한국 근대사의 뼈아픈 식민치하와 전쟁의 소용돌이를 겪으면서 그들은 폐허의 땅 위에서 조국의 근대화를 위해 몸 바쳐 일하였고, 이제 나이가 들어 더이상 가족을 위해 일할 수 없는 시기가 되었을 때 그들을 맞이한 것은 전통적인 효의 상실이었다.[45] 자신들의 삶과 물질 등을 희생시켜 가며 교육에 힘을 쓰고 양육해 온 그들의 자녀들은 존경은 고사하고 그들을 일정부분 무시하며 회피하고 있다. 한국 사회는 현재의 것만을 중요시하는 '현실 지상주의'에 사로잡혀 있기 때문에 과거 그토록 자손들을 위해 애쓴 부모 세대의 그 피와 땀의 흔적들을 쉽게 망각하고 있다. 우리는 '현실'에서 눈을 돌려 '진실'인 하나님의 말씀을 따라야 한다. 말씀은 이 땅의 노인을 향해 존경의 마음을 품으며 그들의 지혜에 귀를 기울이라고 가르치고 있다.

결론

성경이 말하는 '노인에 대한 존경과 공경의 자세'는 하나님의 형상을 담은 노년기를 향한 소중한 의미를 부여하는 것이다. 세상이 바라보는 쇠약하고 힘없는 존재로서가 아닌, 하나님이 인정하시는 것처럼 '백발과 주름'의 가치를 고귀하게 바라보아야 함을 증거하고 있다. 성경을 하나님의 말씀으로 인정하는 크리스천 상담자는 적어도 이 같은 가르침과 관점을 마음 깊숙이 생각하고 자신과 주변을 돌아보는 태도를 취해야 한다. 나이가 들면 자연스레 연륜을 인정받던 전통사회에서와 달리 오랜 경험을 지혜로 인정하지 않는 현실을 오늘날 노인들은 경험하고 있다. 노인에 대한 성경의 관점과 이 땅의 현실 사이에서 상담자는 바른 방향을 잡아야 한다. 현재 노인 세대가 지닌 문제점과 그 주변의 상황들을 정확히 파악해야 한다. 그리고 하나님께서 노인을 바라보는 관점을 생각하고 그 차이와 간격을 어떻게 좁히고, 가르치고, 상담할 것인가에 대한 고민의 흔적과 노력이 우리의 출발점이 되어야 한다.

출애굽기 20:12
"네 부모를 공경하라 그리하면
네 하나님 여호와가 네게 준 땅에서 네 생명이 길리라."

신명기 5:16
"너는 네 하나님 여호와께서 명령한 대로 네 부모를 공경하라
그리하면 네 하나님 여호와가 네게 준 땅에서
네 생명이 길고 복을 누리리라."

크리스천 노인상담 : 행복한 노후의 삶을 위한 레시피

노인상담에 대한 이해

　상담은 상처받고 어려운 상황에 처해 있는 사람이 변화하여 치유의 길로 나아가는 과정이다. 상담은 변화에 관련된 이야기이다. 삶의 힘겨운 무게를 견디지 못하고 변화를 거부하거나 포기하는 사람, 고통과 절망 속에서라도 변화하려고 애쓰는 사람, 힘들고 어려운 이들을 위해 변화의 계기를 만들어 주려는 사람 등 변화와 연관된 수많은 사람들이 이 사회 속에서 생활하고 있다. 노인은 이 땅의 그 어떤 세대보다도 살아온 연수로 인해 변화를 많이 경험한 사람들이다. 우리 사회의 노인들은 파란만장한 현대사를 거쳐 오면서 많은 변화 가운데 여러 성과를 이룬 동시에 많은 어려움을 겪은 이들이다. 그렇기 때문에 현 노인 세대는 마음의 상처를 지니고 있으며 상담을 필요로 한다.

1. 노인상담의 필요와 정의

'근대화'와 '핵가족화'된 현대 사회 구조 속에서 가정과 사회로부터 소외되고 고립된 노인들에게는 상담의 필요성이 제기될 수밖에 없다. 노인상담은 이미 사회구조의 주변으로 밀려난, 약자인 노인들을 정서적으로 지지하여 변화한 사회에 적응할 수 있도록 하고, 노인과 관련된 어려움을 겪고 있는 가족원의 지지를 도모하는 총체적인 보살핌의 역할을 한다.

현대 사회에서 노인상담의 중요성은 날이 갈수록 부각되고 있다. 고령화가 심화할수록 가족과 사회 내에서 노인들의 지위와 역할은 더욱 약화되면서 약자의 위치에 놓이게 되었다. 현대의 노인들은 지금까지 그 어느 때보다도 사회적 활동이 줄어들면서 상실감과 무력감을 많이 느끼고 있다. 늘어나는 노인 인구의 표현되지 못한 다양한 욕구들을 이끌어내고 그들에게 필요한 문제해결의 능력을 이끌어주는 노인상담은 그 특성상 다른 어떤 연령층의 상담보다도 더 긴요한 역할을 하게 된다. 현대 사회를 사는 노인이 당면한 다양한 욕구와 문제는 노년기의 건강한 삶을 영위할 수 없게 되므로 이러한 상황에서 노인상담의 필요성은 증대되고 있다.

노인상담은 일차적으로 노인들의 발달 욕구를 이해하고 환경에 대한 노인의 적응을 돕게 된다. 학자들이 말하는 건강한 노화를 위한 노인상담의 방향을 요약하면 다음과 같다.[1]

1) 필요한 의료적, 사회적, 정서적 지원을 효과적으로 이용하도록 원조한다.

2) 신체적 자원을 강화하고 건강약화에 적응하도록 원조한다. 적절한 자기 보호를 위한 적응과 자기 권리 주장을 조력한다.

3) 친족(손자녀, 친척 등) 관계와 지역사회 속의 인간관계를 '수정'하도록 원조한다.

4) 배우자 등 중요 주변인물의 상실과, 은퇴를 포함한 재정적 변화에 대처하도록 원조한다.

5) 필요한 정보제공과 기술교육을 통해 노인 피상담자로 하여금 삶의 통제력을 유지하도록 원조한다.

일반적으로 노인상담은 성공적인 노화와 즐거움이 있는 노년기 삶을 위한 것이다. 그러나 기독교 노인상담은 이 같은 '성공적 적응을 돕는 기능'에서 한 단계 더 나아가야 한다. 현대 노인들이 경험하고 있는 가족과 사회에 대한 소외감과 상실감은 하나님의 사랑을 받아들일 수 있는 적절한 마음의 토양과도 연결된다. 가족구성원들과 사회로부터 소외받은 '상처'를 하나님의 사랑으로 감싸줄 때 진정한 치유가 일어나며 그 안에서 참된 평안과 기쁨을 누릴 수 있게 된다. 기독교 상담의 목적은 상담을 통하여 피상담자의 상처를 치유하여 하나님의 영광을 위해 살도록 돕는 것이다. 그리고 그 가운데 복음을 전파하여 하나님의 사람으로 양육한다는 점에서 노인상담은 '상담을 통한 복음전파'의 중요한 도구로써 사용되어 질 수 있다. 따라서 기독교 노인상담이란, 사회적 약자인 노인들이 경제적, 심리적, 정신적 문제에 직면한 어려움에 관하여 성경적으로 잘 훈련된 상담자와의 상담을 통하여 도움을 필요로 하는 노인들이 문제를 해결 받아 하나님의 영광을 위해 살 수 있도록 이끌어 주며, 그 가운데에서 복음으로 인도되어지는 모든 과정을 말한다.

2. 노인상담의 특징

노인상담은 다른 발달단계에 있는 사람들에 대한 상담과 몇 가지 면에서 차이를 가지며, 노인들의 특성이나 문화, 그리고 상황과 밀접한 관계가 있다. 상담자들은 노인상담이 지니고 있는 개별적, 사회문화적 특징을 이해하는 것이 필요하다.

1) 노인 피상담자의 높은 연령과 연륜

노인상담의 경우 피상담자의 연령이 다른 상담의 피상담자에 비해 상대적으로 높다. 이는 상담자의 연령이 피상담자의 연령보다 적을 경우가 많다는 것이다. 피상담자의 나이가 상담자보다 현격히 많을 경우, 피상담자가 상담자를 부담스러워 할 수 있고 거부할 수도 있다. 가부장적 문화 가운데 살아왔기에 나이 어린 상담자를 받아들이기 힘든 노인들의 성향 때문이다. 이 같은 상황은 상담에 있어 서로의 신뢰를 구축하는 데 어려움을 가져올 수 있다. 상담자는 피상담자가 자신을 압도하거나 가르치려 할지도 모른다는 생각을 가지므로 피상담자에 대하여 부담을 느껴 자연스러운 태도를 보이기 어려울 수 있으며, 피상담자 역시 젊은 상담자에게 자신의 문제를 드러내기 힘들어 할 수 있다.

또한 노인상담에 있어 피상담자는 오랜 삶의 경험을 통하여 다양한 지식과 경험을 가지고 있다. 삶의 연륜은 상담에 있어 사람과 문제의 이해에 대한 깊이를 높여 상담과정과 문제해결에 긍정적인 도움을 줄 수 있다. 하지만 피상담자의 오랜 삶의 경험이 상담자의 인도와 조언을 겸허하게 받아들이는 데 부정적인 요소로 작용할 수도 있다.

상담자는 상담과정 가운데 피상담자의 연령과 경험이 많은 것에 대하여 전문성과 유연성을 발휘해야 한다. 어떤 사람이 그 분야에 대해 '전문성'을 지녔다는 것은 다른 사람보다 뛰어난 지식이나 기술을 소유했음을 뜻한다. 기독상담자는 일정기간 교육과 훈련의 시기를 거쳐 사명감으로 '치유의 소명'을 실천하는 사람이다. 그렇기 때문에 자신감과 자부심을 가지고 전문인으로서의 역할을 감당해야 한다. 피상담자가 겪었던 시절과 상황을 상담자가 경험하지 못했다고 해서 피상담자를 이해하지 못하고 상담을 할 수 없는 것은 아니다.

더불어 '유연성'이라는 것은 상담자가 '전문인'로서의 전문적인 태도로만 노인 피상담자에게 다가서는 것이 아니라 편안하고 자연스러운 자세로 상담을 이끄는 것을 말한다. 자식이 부모를, 손주가 할아버지와 할머니를 대하듯이 상담을 진행하면 설령 노인 피상담자가 상담자에게 부담을 느낄지라도 상담의 과정 가운데 친근한 관계가 형성되고 효율적인 상담으로 이끌 수 있다.

2) 노인의 사회문화적 특성

노인상담을 진행할 때는 노인의 당면한 문제만을 바라보고 해결하려 해서는 안 된다. 젊은 피상담자와는 달리 노인 피상담자를 둘러싼 과거의 사회문화적 측면을 고려해야 한다. 지금의 노인들은 6.25 전쟁을 직접 경험했거나, 전쟁 직후 폐허가 된 국가적 위기 상황 가운데 어린 시절을 보낸 세대이다. 원조 없이 살아갈 수 없는, 세계로부터의 도움을 받았던 나라에서 '한강의 기적'을 일구어내며 지금의 경제적 발전을 이끌어 내었던 역사적 세대이다. 그러한 시대적 중심에서 파란만장한 삶을 살았기에 그 상황과 맞물린 그들의 고난과 그 어려움을 이겨냈던 노력과 자부심을 이해하지 않고서는 그들을 상담하기는 쉽지 않다.

노인상담자는 과거적 상황과 더불어 현재의 사회문화적 측면 역시 관심을 가져야 한다. 노인부양을 둘러싼 사회적 뒷받침, 노인치매, 자살 방지 등 여러 영역에서 치유를 위한 국가적 위기 대처방안, 노인의 경제적 도움을 위한 사회복지 체계의 확대 등 사회적 지원체계가 노인상담과 연관되어 있다.[2] 가족이라는 환경체제와 더불어 지역사회 및 국가적 지원이 없이 상담 자체만으로는 노인의 문제를 총체적으로 해결하기 힘들다. 이것이 노인상담이 사회문화적 관계와 유기적으로 연결되어야 하는 이유이다.

3) 노년기의 제한성

출생율과 사망률의 저하, 그리고 평균수명의 연장은 고령화 시대를 이루었고 자녀 세대와 사회는 노인부양을 힘겹게 느끼게 되었다. 이러한 상황 속에서 노년의 경제적 안정성은 더욱 불안한 상황으로 바뀌었다. 노후대책이 이루어지지 못했고 사회는 이들의 인생 말년을 책임지기에는 역부족이다. 우리 사회의 노인들은 삶의 역할과 운영에 있어 제한성을 지니고 있다는 사실을 상담자는 인지해야 한다.

어느 나라를 막론하고 노인들은 건강상 어려움과 나이가 듦으로 여러 문제들을 갖게 되지만, 한국의 많은 노인들의 경우, 빠르게 다가온 신체적 노쇠와 정신적인 감퇴를 준비할 만한 정신적 여유와 경제적 여건을 갖추지 못했다. 그래서 더욱 커다란 어려움과 부담감에 놓여 있다. 특히 연금이나 일정한 자산이 없이 홀로 된 노인들은 극빈자의 상황에서 살고 있다.[3] 이처럼 우리 사회 안에서 노인들은 매우 큰 제한성을 지닌 존재이다. 일부, 좋은 건강 및 재정 상황 가운데 풍요로운 노년을 보내는 부류도 있지만 많은 노인들은 큰 성과를 거두었던 젊은 시절에 비해 한정된 자신의 상황 가운데 움츠리며 살아가고 있다.

4) 노인의 약한 변화욕구

노인들은 젊은 성인들보다 환경에 대한 적응력과 융통성이 상대적으로 떨어진다. 새로운 것에 도전하기보다는 자신들이 있어 왔던 익숙한 환경을 선호한다. 노년기의 쇠약해진 신체적 노화, 사회적 역할의 박탈, 경제적 어려움 등은 새로운 시도를 하기에 자신감을 잃게 만들기도 한다. 또한 노인 세대들은 새로운 것에 대한 도전과 수용보다는 이전의 상황을 고수하며 자신이 지켜왔던 패턴을 유지시키려는데 더 많은 애착을 갖는 성향을 지니고 있다.[4] 이 같은 노인의 특징은 상담에 있어서도 잘못된 습관에서 좋은 습관으로의 변화를 추구하기보다는 기존의 문제를 있는 그대로 답습하려는 경향으로 나타난다.

상담에 있어 새로운 삶의 의지와 변화욕구가 낮은 모습은 노인들이 지닌 주요한 특성 가운데 하나이다. 노년의 삶은 큰 변화의 연속이다. 은퇴 이후의 달라진 삶의 형태와 인간관계, 연약해진 그들의 건강상태와 열악해진 경제적 어려움의 변화, 죽음을 통한 배우자와의 이별 등 이전보다 확연히 달라진 삶의 모습과 사회적 상황 가운데 그들은 새로운 마음과 행동을 나타내기를 권유받는다. 그러나 노인들은 기존의 관습 가운데 자신들이 행했던 모습을 그대로 이어 나가려는 태도를 보인다.

3. 노인상담의 현실

본격적인 고령화 시대에 접어든 지금의 상황은 노인상담이 그 어느 때보다 필요한 때가 되었다. 하지만 노인상담이 아직까지 보편화되지 않은 우선적인 이유로는 노인 문제에 대한 사회 인식의 부족이 자리 잡고 있다. 한국 사회에서 청소년 문제, 청년 실업, 중년의 위기 등 다른 여러 세대들의 어려움보다 노인의 문제는 소홀히 다루어지는 것이 사실이다. 노인들이 차지하고 있는 사회적, 경제적 비중이 약하므로 그들에 대한 상담은 그 중요성에 비해 크게 관심을 끌지 못하기 때문이다.

노년 세대들이 가지고 있는 외로움, 소외감 등 마음의 상처들이 있음에도 이들의 아픔을 치유할 만한 사회적 기관과 공간은 매우 부족하다. 많은 노인들은 쇠약해진 육신과 헝클어진 마음을 추스르며 오늘도 공원 주위를 맴돌거나 텔레비전을 시청하는 등 시간을 소일하며 보내고 있다. 이들의 마음을 돌보아 줄 관심과 여력이 아직까지 우리 사회에서는 요원(遼遠)해 보인다.

노인 문제에 대한 관심 부족은 자연스럽게 이 분야의 연구와 전문상담자의 부족으로 이어진다. 최근에 이르러 노인 문제의 현실을 반영할 수 있는 노인 문제 관련 자료나 서적이 생겨나기 시작하였다. 이제 초기 단계인 것이다. 당연히 노인상담 또한 체계적인 연구가 부족한 현실이다. 노인을 상담하는 전문가 또한 부족하다. 놀이치료, 그림치료 등 어린이를 대상으로 하는 상담자, 청소년들의 고민을 해결해 주는 상담자는 많은데 노인 전문 상담자는 부족한 현실이다. 노인 우울증, 치매, 학대, 자살 등 노인 문제가 점점 더 많아지고 발생하는 데 이에 대한 우려의 소리에 비해 정작 노인들을 상담하는 전문 인력을 키우는 데는 소홀히 여기는 실정이다.

노인에 대한 사회적 관심과 전문 상담자가 부족한 상황에서 기독교 노인 전문 상담자를 기대하는 것은 무리일 것이다. 노인상담에 대한 기독교 상담의 관점과 실제적 자료 및 방법 역시 부족한 실정이다. 일반 심리학의 발달에 따른 세속적 자료는 풍성한 반면 성경적인 기독교 상담의 연구와 상담 전문가가 이에 미치지 못하는 현실이 노인상담에도 동일하게 적용된다. 교회 또한 최근에야 일부 대형교회를 중심으로 상담실 설치 등 상담에 대한 관심이 일어나고 있으나 전반적으로 상담 전문가를 키우고 양육하기에는 아직까지 시간이 필요한 실정이다. 각 교단과 교회는 이 땅에서 갖가지 마음의 문제와 어려움들을 지니고 있는 사람들을 위해 성경적으로 상담을 하는 전문가를 키워야 한다. 노인들과 상담을 할 수 있는 기독교 상담자를 교회가 관심을 갖고 세워 나가야 한다. 이는 상담을 활성화하기 위한 하나의 방편이 아니라 생명을 살리는 본질의 사역이기 때문이다.

4. 노인상담의 기본자세

1) 경청의 자세

상담자는 경청의 마음을 가지고 상담에 임해야 한다. 경청의 자세는 상담자에게 있어 상담의 초기관계를 형성하는 중요한 요소이며 상담의 전반적인 성과를 결정짓는 소중한 자세이다. 노인들을 상담할 때, 그들의 연령 특성상, 같은 이야기의 반복이나 부수적인 문제를 지루하게 늘어놓는 경우가 많다. 이러한 상황에서 상담의 시간적 제한이나 상담자의 조급한 마음 때문에 피상담자의 대화를 임의로 조절하거나 중단시킨다면 피상담자의 생각을 구체적으로 알 수 있는 확률이 적어진다. 인내를 가지고 피상담자의 언어와 표현을 경청하여 줄 때 그 안에 담긴 애환과 문제를 파악할 수 있게 된다. 상담자가 아픈 마음의 이야기들을 인내와 존중의 마음을 가지고 귀담아 들으면 그들의 마음이 열릴 수 있으며 상담 가운데 신뢰의 바른 관계가 형성될 수 있다.

노인상담의 특징 중 하나는 피상담자의 늦은 역동이다. 다른 연령층의 상담과 달리 진술의 재반복이나 늦은 반응 등을 통해 상담자는 상담과정 가운데 당황하거나 지칠 수 있다.[5] 더구나 한국 노인은 가족 갈등의 경우에 있어서, 자녀들의 문제점들을 드러내지 않으려는 경향이 있기 때문에 상담자는 더욱 '경청의 인내'가 필요하다. 하지만 노인상담에 익숙하지 않은 상담자들은 노인들의 이러한 특징을 이해하지 못하고 성급하게 해결책을 도출하려는 잘못을 범한다. 상담을 할 때 피상담자에게 어떠한 해결책을 주어야 한다는 '성급한 책임감'

때문에 충분한 시간을 갖지 못하고 상담을 전개하고 결론까지 도달한다. 이는 노인상담에 있어 주의해야 할 부분이다.

경청은 피상담자에 대한 존경을 표현하고, 그를 존귀하게 대하는 가장 기본적인 자세이다.[6] 상담자는 문제를 가지고 온 어떠한 사람에게도 열린 마음으로 그들의 상처를 어루만져 주어야 한다. 그러나 특별히 가부장적 배경 속에서 살아온 사회적 환경, 자녀와의 갈등 가운데 있는 상황적 배경, 쇠약해진 몸과 마음 등으로 인하여 노인상담은 공감과 존중, 그리고 일치의 자세를 견지해야 한다.[7] 이러한 상담자의 경청의 노력이 각별히 있어질 때 피상담자가 마음의 문을 열고 자신의 문제를 이야기하고 상담자의 진행과 인도에 귀를 기울이며 따르게 된다.

2) 공감의 자세

특별히 노인상담에 있어서 강조되어야 할 부분이 있는데, 그것은 공감이다. 공감은 피상담자 입장에 서서 피상담자의 내적인 경험과 주관적 세계를 이해하려는 기법이 아니라 피상담자의 문제를 주의 깊게 이해하고 파악하여 상담자와 피상담자의 참된 만남을 가지려는 상담자의 노력이다. 공감은 피상담자의 심정 속으로 들어가 그가 경험한 것을 같이 경험하고자 하는 것이고, 더 나아가 이해한 바를 피상담자에게 전달하는 과정이다.

공감반응은 궁극적으로 피상담자의 자기수용과 자율성 회복을 돕는다. 또한 친밀한 관계를 형성하여 진실성과 개방성을 갖게 하며, 문제 상황 탐구에 도움을 준다. 노인의 삶을 경험하지 않은 상담자에게는 피상담자의 고통과 아픔을 이해하고 공감한다는 것이 쉽지는 않다. 하지만 가정과 사회적으로 배척을 당하고 공감자를 찾기 힘든 노인 피상담자에게 상담자가 자신의 어려움을 공감하고 있다는 인식을 갖게 하는 것은 상담의 중요한 출발점이다.

공감은 피상담자를 향한 무조건적인 동지적 표현이요, 자세이다. 하지만 노인의 생각과 행동이 성경적 입장과 어긋날지라도 아무런 거리낌 없이 그저 받아준다는 것은 아니다. 상담자가 지니고 있는 부정적이고 비판적인 선입견과 인식에서 벗어나 피상담자의 감정과 마음을 우선적으로 존중하고 인정하는 것을 의미한다. 노년의 시기에 닥친 여러 문제로 인해 힘들어 하는 노인의 심정과 함께 가는 자세를 보이는 것이다. 그리고 상담자와 피상담자와의 신뢰관계가 형성된 이후에, 만약 피상담자가 가지고 있는 잘못된 생각과 판단이 있다면 그 때에 바른 권면으로 가르치고 이끌어 주어야 한다. '공감'이 먼저이고, '권면'은 그 다음이다. 아무리 좋은 권면일지라도 공감을 통한 관계형성이 이루어지지 않는다면 그것은 피상담자의 귀에 '울리는 꽹과리'로만 들리기 때문이다.

3) 노인 세대의 자존감 높이기

상담자는 피상담자인 노인들 스스로 자신의 삶을 긍정적으로 평가하며, 신앙 안에서 삶의 가치와 목표를 가질 수 있도록 이끌어 주어야 한다. 자녀 세대들은 부모 세대들을 동등한 입장에서 대화의 상대자로 여기지 않고 있다. 그들은 노인 세대들을 근대화의 세계 속에서 미약하고 불안정한 존재로 여기며 그들의 부모를 자신들에게 점점 더 의지하는 귀찮은 대상으로 여기는 경향이 많아진다. 이 같은 자녀들의 생각과 마음을 부모 세대들이 알고 있기 때문에 그들은 자신에 대한 자존감이 낮아진다. 또한 노인들은 약해진 자신들의 건강과 경제적 여건, 사회적 관계의 축소 등으로 위축감을 지니고 있다. 낮아진 스스로의 모습에 자신감을 잃고 있다.

'하나님의 형상'으로 하나님의 사명을 지닌 축복된 의미를 우선적으로 노인들 스스로 가질 필요가 있다. 현대 사회의 부정적인 노인의 이미지와 노인을 기피하는 사회분위기, 그리고 자식들로부터 배척받는 현실로 인하여 노인들은 의기소침해 있으며 상실감에 가득 싸여 있다. 기독교 상담자는 현실 가운데 고통 받으며 힘들어 하는 노인들에게 '하나님의 형상' 그 자체로서의 복된 시기를 살고 있다는 소망의 메시지를 상담의 과정 가운데 전해 주어야 한다.

5. 노인상담의 기본원리

1) 상담자의 노인에 대한 선입견과 편견 점검

상담을 진행함에 있어서 그 분야에 대한 상담자 자신의 가정, 가치, 편견에 대한 인식 점검이 있어야 한다.[8] 노인상담의 경우, 노인에 대한 상담자의 잘못된 인식과 선입견 등이 있다면 그들을 향한 균형 잡힌 상담을 하기가 힘들다.[9] 상담자는 상담을 하기 전 스스로에게 질문을 던져야 한다. '노인은 완고하고 고집이 세다거나, 성에 관심이 없으며 주로 과거만 생각하고 미래에는 거의 흥미가 없다고 잘못 가정하고 있지는 않은지? 노년을 쇠약과 쇠퇴의 이미지로 보고 있는 세상의 시각에서 머물러 있지는 않은지? 노인을 존경과 지혜의 상징으로서 하나님이 함께 하는 시기로 생각하고 있는지?' 급격한 사회적 변화 가운데 이루어진 노인에 대한 선입견과 세대 차이로 인한 편견은 없는지 상담자는 자신을 점검해 보아야 한다.

2) 노인에 대한 인내의 자세

상담자는 노인 연령의 특성상, 인내를 가지고 상담에 임해야 한다. 노인들은 자신의 문제, 가족의 갈등에 대하여 선뜻 상담자에게 말하는 것을 부담스러워하고 불편해 한다. 상담자가 젊은 경우 더욱 그러할 수 있다. 상담자는 노인 피상담자가 자신의 감정을 터놓고 이야기할 수 있도록 편한 분위기와 상황을 만들어 주도록 노력해야 한다. 성급하게 문제로 초점을 맞추기보다 경청과 공감을 통한 관계 형성에 주력하는 것이 좋다.

상담자는 노인의 이야기를 지속적으로 들어주어야 한다. 연령적 특성으로 노인들은 반복적으로 이야기를 하게 된다. 상담자는 충분한 시간적, 심리적 여유를 가지고 노인 피상담자와의 상담에 임할 준비가 되어 있어야 한다. 노인의 과거와 현재의 상황에 대한 이해와 더불어 허용적인 자세를 가지고 경청해야 한다.

3) 노인의 건강에 대한 상담의 연관성 파악

노인은 건강상의 문제를 많이 지니고 있다. 상담자는 다른 세대의 피상담자보다 더욱 노인의 신체적 질병의 상황을 파악하고 건강센터나 병원과의 연계를 통하여 노년기 문제를 해결해야 한다. 육체적 건강 상태는 정신과 연관이 있음을 알고, 건강 상황을 파악하고 이에 대처해야 한다. 또한 심리적, 영적 문제가 건강에 영향을 미칠 수 있으므로 마음과 몸의 상태를 함께 점검해야 한다. 노인들은 특히 우울증, 치매 등 정신적 연약함의 문제와 더불어 육신적 노쇠화로 인한 육체적 어려움의 상황과 직결되는 시기를 보내고 있는 만큼 상담을 통한 건강의 연관성에 항상 관심을 갖고 있어야 한다.

4) 노인 가족의 참여와 협조 필요

다른 세대의 문제 또한 본인과 가족과의 연관성이 있지만 노인상담은 보다 더 가족과 관련된 어려움이 존재한다. 치매를 앓고 있는 당사자와 그 가족들, 배우자를 잃은 애도자 노인과 그 가족 등 노인상담은 당사자뿐 아니라 가족의 치유가 병행되어야 한다. 또한 가족의 협조가 필수적이고, 가족의 참여가 있을 때 보다 효율적인 노인상담이 이루어 질 수 있다.

노인은 나이가 들면서 신체적으로도 기능이 저하되는 것을 경험한다. 경제적으로도 위축되고 인간관계의 폭도 좁아진다. 활동의 제한성 속에서 노인은 점차로 사회활동과 주변에 대한 관심을 감퇴시키며 안정을 추구하게 된다. 활동범위가 좁아진 노인은 그들 관심의 방향을 주변인이 아닌 가족으로 향한다.[10] 이 경우, 가족들이 이전보다 더 약해지고 힘들어진 노인을 이해하고 수용하면 건전하고 건강한 가족 공동체의 순기능을 발휘할 수 있지만 그렇지 못할 경우, 가족 간의 갈등이 깊어지고 문제가 심각해진다. 상담자는 노인을 둘러싼 가족의 역학구조를 파악하고 이에 따른 문제점과 가족 상담의 필요성을 점검해야 한다. 그리고 가족이 중요한 역할을 하고 있는 만큼 노인의 문제를 가족들이 어떻게 협력해서 도울 수 있을지에 대한 방안을 찾고 이끌어야 한다.

5) 죽음에 대한 불안 대처하기

노년기는 인생의 발달과정에 있어 마지막에 위치하기에 '죽음'이라는 '사건'을 누구나 경험하게 되어 있다. 죽음은 삶의 일정 가운데 당연히 맞이해야 하는 과정이지만 미경험의 영역이기에 불안하고 당황하게 된다. 상담자는 이러한 노인들의 마음을 이해하고 인생의 황혼기를 의미 있게 보내며, 죽음을 수용하는 태도를 가질 수 있도록 도와주어야 한다.

노인들에게 죽음은 긴박한 문제이며, 노인상담에 있어서 이 죽음의 문제는 중요한 상담내용이 되고 있다. 죽음에 대한 노인들의 불안과 두려움은 노인 피상담자가 가지고 있는 현재의 문제를 위한 해결과 진전을 방해할 수 있다. 그러나 죽음에 대한 문제는 죽음 이후의 세계와 복음에 관한 이야기를 꺼낼 수 있는 중요한 밑거름이 된다. 상담자는 크리스천 노인 피상담자에게 죽음과 연관된 이슈를 통해 구원의 부분과 신앙을 재점검하는 기회로 삼을 수 있다. 또한 비기독교인 피상담자의 경우, 상담과정 가운데 자연스럽게 하나님의 사랑과 복음을 제시하고 이끌 수 있다.

결론

노인상담은 노인 피상담자에 대한 문제를 파악하고 상담하는 것이다. 당연히 노인의 문제 상황과 더불어 지나온 삶의 정황들, 주변의 상황, 그리고 가족 등 총체적인 부분들이 점검되어야 한다. 동시에 노인상담의 특별함은 그들이 살아온 시대적 배경의 이해에 있다. 전쟁과 그로 인한 경제적 궁핍을 딛고 일어선 세대로서, 그들은 열심히 살았고 가족을 위해 모든 것을 헌신하였다. 하지만 노쇠해진 그들에게 다가온 현실의 모습은 '외로움과 궁핍함'이다. 노인상담은 한국 노인이 걸어온 시대를 이해하고 그들의 수고를 인정하는 가운데 성경적인 관점으로 상담이 이루어져야 한다. '지혜와 존경의 대상'으로서 노인을 대해야 하고 가부장적 사회 속에 살아온 노인들에게도 '고집과 아집'적 경향에서 벗어나야 함을 일깨워 주어야 한다. 노인에 대한 올바른 인식을 갖는 것과 완고한 성향을 지닌 노인들을 이끄는 것이 노인상담이라면, 이는 참으로 쉽지 않은 상담이다. 또한 노인상담이 지닌 특징과 한계점, 그리고 어려움을 파악하고 진행해야 한다. 그럼에도 불구하고 우리는 이에 대한 사명감을 가지고 이 길을 걸어가야 한다. 왜냐하면 아무에게나 이 역할을 하나님께서 맡기신 것이 아니기 때문이다. 우리 상담자들은 크리스천 노인상담이 가야 하는 바른 여정을 이해하고 적용해야 한다.

크리스천 노인상담 : 행복한 노후의 삶을 위한 레시피

노인상담 이론

사람들은 누구나 크고 작은 문제를 가지고 살아간다. 현대 문명의 발달로 사람의 삶 자체는 윤택하여졌으나 도리어 이전보다 더 다양하고 복잡한 문제 속에서 살고 있는 것도 사실이다. 가정해체, 가족관계 및 인간관계의 문제, 우울증 등 수많은 문제들 가운데 상담의 필요성도 그 어느 때보다도 대두되어졌다. 이러한 일상생활에서 일어나는 인간의 심리적, 현실적 어려움들을 해결하기 위하여 그동안 무수히 많은 상담 이론들이 만들어졌다.

프로이드나 스키너, 그리고 로저스 등 일반 심리학에 기초한 상담 이론들이 생겨났고, 실제로 사람들의 삶의 문제에 직접적이고 긍정적인 도움을 주었다. 하지만 이들 이론은 성경에 기초한 상담 이론이 아니라 인간 중심의 이론이기 때문에 성경적 상담 이론과는 다른 입장을 취하고 있다. 그리고 많은 기독교 상담이 생겨나 하나님을 믿는 백성들을 치유하여 왔으나, 이 또한 모든 이론들이 성경적 가치관에 근거한 상담은 아니다. 모든 상담의 전제와 목적, 그리고 진행과정은 일반 심리학에 기초하면서, 단지 기도의 형식만을 도입하거나, 성경 구절만을 인용한 '무늬만 기독교 상담'인 경우도 많다.

문제는, 이 땅의 크리스천들이 상담을 원하거나 상담자를 찾아갈 때, 상담자가 지니고 있는 상담 이론들에 대한 지식이 거의 없다는 것이다. 단순히 크리스천 상담자가 하는 상담이라면 성경의 원리에 입각한 상담일 것이라는 '막연한 생각' 혹은 어떤 상담 이론이든 상관없다는 '묻지마 상담'이 이루어지고 있다. 그러나 상담 이론의 전제가 무엇인지, 상담의 목표가 어떤 것이며, 어떤 방법들을 사용하는지를 아는 것은 너무나 중요하다. 왜냐하면 상담자가 가지고 있는 이론의 차이에 따라 피상담자의 문제 치유의 방향이 바뀔 수 있으며, 결과가 달라질 수 있기 때문이다. 그렇기 때문에 노인상담의 경우에도 어떤 상담 이론에 근거해서 상담을 하느냐는 중요한 요소가 된다. 상담자는 노인상담을 하는 데 있어서 어떤 상담 이론을 따를 것인가에 대해 올바르게 알고 적용해야 한다. 성경적 관점에서 일반상담의 이론의 전제와 방법 등을 파악하고 노인들을 어떤 이론으로 상담할지에 대한 확고한 지식과 적용이 있어야 한다.

1. 정신분석적 상담

1) 정신분석적 상담 이론

정신분석학은 모든 인간의 행동이 대부분의 무의식적 갈등과 동기들로부터 온다고 본다. 사람들의 현재를 결정짓는 근원은 어린 시절 이루어진 성적인 충동과 관련되어진다.¹ 파렐(Farrell)은 프로이드의 정신분석학적 인간관을 '정신적 결정주의'(psychic determinism)로 규정지으며 모든 정신생활과 행동이 '우연적으로' 이루어진 것이 없으며 어린 시절 이루어진 상황의 결과물이며, 이는 과거의 무의식에서 기인된다고 규정한다.²

정신분석학에 있어 인간의 문제는 과거의 상처와 어려움에 기인한다. 정신분석학적 상담 가운데 피상담자들의 문제들을 분석하면, 그 원인이 되는 여러 주제들을 발견하게 된다. 그 주제들은 반대의 성을 가진 부모를 향한 강력한 느낌들, 성적인 느낌들과 행동에 대한 죄책감, 성적인 친숙함과 사랑하는 것에 대한 두려움, 자신의 성적인 정체성을 정립함에 있어서의 갈등, 어린 아이로서 원했던 것을 얻지 못했을 때 생기는 분노와 격노, 그리고 사랑/미움의 갈등이 포함되어 있다고 말한다.³ 프로이드 이론은 이러한 문제의 원인들이 성장하면서 억압되어 왔고, 이 감정들과 생각들이 무의식 가운데 인간을 억누르므로 현재의 모습을 형성한다고 본다. 본 이론의 관점에서, 노인의 문제는 유아기에 해결되지 못한 성적, 공격적 감정이나 본능과 연결된다고 생각한다. 이 시기에 해결되지 못한 감정이 노년기까지 문제를 일으킨다고 보는 것이다.³

프로이드 심리학은 인간의 문제가 죄에서 비롯된 것이 아니라 가정에서의 잘못된 교육의 결과로 나타난다고 여긴다. 다시 말하면, 정서적 문제를 가진 사람은 타락된 죄인이 아니라 그가 자라온, 또는 현재 그가 처한 환경 때문에 만들어진 희생물에 불과한 것이다. 결국, 이런 관점에서는 고통의 해결을 위해서 과거의 상처를 발견하고 해결하려는, 인간 자체 안에서 해결점을 찾으려는 움직임으로 발전하

게 된다.[4]

정신분석학적 접근에서 상담의 치유는 피상담자의 무의식 속에 억압되어 있는 감정들을 발견하는 데 있다. 어린 시절의 경험에서 기인한 문제와 감정을 인식하고 이해하며, 과거의 경험이 현재의 피상담자에게 어떠한 영향을 주는지 깨닫게 하는 것을 상담의 목표로 삼는다.[5] 프로이드 심리학에서 피상담자의 문제는 스스로의 책임이 아닌 어린 시절의 잘못된 갈등, 혹은 경험들 때문에 이루어졌다고 보며, 이에 대한 책임은 피상담자에게 귀속되어지지 않는다. 왜냐하면 피상담자 스스로 어찌할 수 없는 과거에 발생된 무의식의 세계가 세월이 흐른 현재까지도 피상담자를 지배하고 있으며 이에 대한 항거의 능력이 그/그녀에게 없기 때문이다.

2) 정신분석학 상담 방법 및 상담자의 역할

정신분석학적 상담에서 상담자는 피상담자가 과거로 되돌아가 잊어버린 과거의 경험들을 되살리게 하는데 여러 상담적 기술과 방법들을 사용한다. 그 가운데 자유 연상법(free-association)[6]이 주요한 방법으로 쓰인다. 고전적 프로이드의 치료에서 상담자의 역할은 피상담자가 마음에 생각나는 것을 말하려 노력하는 동안 그 주변에 있어 주는 것과 그 노력의 행위 동안 세 가지 기법, 즉 '직면, 해석, 그리고 재구조화'를 통해 피상담자를 도와주는 것이다.[7] 이러한 과정을 거쳐 상담자는 피상담자가 가지고 있는 억압된 기억, 욕망, 사고, 그리고 태도를 의식의 세계로 이끌게 된다. 대부분의 사람들에게 피상담자를 치유의 과정으로 이끄는 과정은 위압적일 수 있다. 본 이론을 통한 노인상담 방법은 유아기에 형성된 심리적 갈등과 부모에 대한 감정적 문제를 인식시키며 대처하도록 하는 것이다. 이 과정 가운데 상담자는 노인이 어린 시절에 경험하였던 억압적인 부모 관계 가운데 잠재되어 있었던 해소되지 않았던 감정을 일으키고 부정적 경험을 인식하도록 돕게 된다. 노인 피상담자는 상담을 통해 과거 그들을 붙잡고 있었던 무의식을 통찰하게 된다. 그리고 드러난 자신의 무의식적 갈등을 직면하며 자아를 강화함으로서 문제에게서 벗어나는 과정을 거친다.

전통적인 프로이드 분석에서 피상담자는 3년 이상의 기간 동안 한 달에 4,5번 치료에 참가하도록 요구받는다.[8] 또한 정신분석학이 매우 전통적인 형태로서 치료에 이용되어질 때, 그것은 수년에 걸친 개인적인 심리치료와 전문화된 강의를 수강하고 선정된 연구사례에 대한 지도를 거친 후에야만 상담자로서의 자격을 취득할 수 있다.[9]

상담자는 지식과 훈련에 우월한 전문가로서, 상담자의 학위와 자격이 중요하며 상담자가 모든 부분들을 안내하는 위치에 서 있게 된다. 프로이드 이론에서 상담자는 전문지식을 가진 치유자이고 피상담자는 치유해야 할 질환(pathology)를 가지고 있는 환자이다. 상담자는 피상담자에게 권위와 전문지식에 근거하여 지시하고 해석하여 들려주고 치유한다.[10] 결국, 프로이드 이론에서 상담자의 역할은 '아무 것도 모르는' 피상담자를 '우월적인' 위치에서 상담하는 책임의 자리에 서 있다.

3) 기독교적 입장

정신분석적 입장이 어린 시절의 억압적 상황과 환경이 성격형성과 성인 이후의 삶을 좌우한다는 개념을 정립한 것은 인정할 만하지만 노년기에 발생하는 심리적 어려움과 장애들을 과거 어린 시절의 탓으로만 돌리는 것에는 무리가 있다. 정신분석학적 상담에서처럼 피상담자의 문제가 인간의 죄성에서가 아닌 과거의 잘못된 생활의 패턴이나 경험에서 이루어져 왔다는 관점을 가지고 임한다면 치유의 출발이나 과정을 하나님이 아닌, '자연과학'에서 기초하는 잘못된 기준을 주장하게 되는 것이다.

성경적 입장에서는, 하나님 앞에서의 죄책감 없이 본인의 책임을 간과하는 이 같은 정신분석학적 관점에 동의할 수 없다. 해롤드 달링(Herold Darling)은 이에 대하여 다음과 같이 기술하였다. "프로이드는 자연적인 가정으로부터 추론하기 때문에, 성격에 내재한 자유, 자율성, 그리고 책임감을 받아들일 수 없다."[11] 크리스천은 하나님으로부터 창조되어진 자유의지를 소유하였고, 그것에 따라 자신이 선택한 길을 걸어가는 존재이다. 인간은 하나님의 형상으로 창조되었기에, 인간 자유의 선택권 또한 우리에게 주신 하나님의 고유한 권한이다.[12] 이는 하나님의 인도하심 속에 거하는 인간만의 독특한 자율적 책임의 특권인 것이다. 그러므로 우리는 피상담자가 과거의 경험을 도피성 삼아 현재의 잘못된 생각과 행동들을 합리화시키는 정신분석적 입장에 설 수는 없다. 피상담자는 하나님의 인격, 생각, 모습 등이 그 안에 포함되어 있는 책임을 지닌 존재이다. 그리고 그 책임의 부분은 피상담자가 가진 마음의 생각과 결정에 좌우된다. 어린 시절 일어난 사건 때문에, 또한 그 무의식의 억압 때문에 현재 모습의 책임에서 벗어날 수 없는 것이다. 그렇기 때문에 기독교적 입장에서, 노인은 하나님의 형상을 간직한 사람으로서, 자신의 문제에 책임을 지니고 있다.

프로이드는 노인들에게 있어 정신분석적 접근이 실패한다고 보았다. 노인들을 분석하고 상담하는 데 소요되는 시간이나 다루어야 할 자료가 너무 많고, 노인들이 정신적 과정이 유연하지 못하며, 또한 학습 능력이 부족한 데서 이유를 찾았다. 그러나 노인의 특성상, 그들이 의기소침하고, 반응속도가 젊은이들보다 떨어지더라도 상담이 가능하다.[13] 도리어 노년기가 지난 경험과 연륜의 풍성함이 문제를 파악하고 치유의 길로 나아가는 데 도움이 될 수 있다. 에릭슨은 그러한 의미에서 노년기의 사회적, 문화적 요인들을 인식하며 이 시기를 성숙의 시기라고 표현하였다.[14] 무엇보다 성경은 노인을 하나님이 함께 하는 존경의 대상자로, 지혜의 상징으로 묘사하고 있다. 그렇기 때문에 노인은 신체적인 노쇠함이 있을지라도, 정신적으로, 문제를 해결하고 나아갈 수 있는 존재이다.

2. 행동주의 상담

1) 행동주의 상담

행동주의 심리학은 동물과 인간의 행동에 관심이 있으며, 관찰로 증명할 수 없는 것은 배제해야 한다고 엄격하게 주장한다. 행동주의 이론을 주장하는 주요학자 중 하나인 왓슨(Watson)은 '행동주의' (Behaviourism)라는 그의 책에서 다음과 같은 주장을 발표했다.

"나에게 건강한 유아 12명을 주시오. 그러면 나는 한 아이를 무작위로 뽑아서 내가 선택할 특정한 전문가가 되게 훈련시킬 것을 약속한다"[15]

행동주의자들은 정신분석학에서 말하는 무의식을 단정적으로 부인하는 데, 그들은 우리가 직접 관찰할 수 없는 능력에 대해서는 전혀 가치를 두지 않기 때문이다.[16] 이러한 시각은 왓슨의 말에 나타났던 것 같이 인간을 행동의 훈련 및 교정을 통하여 조절할 수 있다는 것에서 비롯된다.[17] 행동주의 이론에서 비롯된 상담 이론은 반복된 교정으로 모든 것을 이룰 수 있다는 '인간 중심적 사고'이며 이 같은 관점에서 보면, 인간은 환경에 의해 주조되어지는 존재인 것이다.[18] "모든 진실은 과학적인 방법으로 추론할 수 있다"라고 말한 스테판 에반스(Stephen Evans)에서 드러나는 것처럼, 이러한 과학만능주의(scientism)의 위치는 그것을 지지하는 사람들에게는 전지전능한 매력을 지닌다.[19] 행동주의적 접근은 인간의 행동을 과학적인 방법으로 연구 조사하여 인간의 행동을 지배하는 법칙을 발견하려 한다. 그래서 수많은 행동주의적 접근을 하는 학자들은 통제된 실험을 통하여 행동을 조절할 수 있는 법칙을 발견하려 노력한다.[20] 본 상담 모델은 노인 피상담자의 문제행동을 찾아내고 행동수정을 통해 피상담자를 변화시키는 것을 목적으로 한다.

2) 행동주의 상담 방법 및 상담자의 역할

노인들을 위한 행동주의 상담 기법은 여러 가지가 있다. 불안 강도의 순서에 따라 자극 장면 및 조건의 순서를 정하고(불안위계목록 설정) 가장 큰 자극부터 가장 작은 자극까지 나열하는 가운데 이완상태에 이르게 하는 체계적 둔감법, 공포나 분노, 혹은 긴장 등의 감정을 근육의 긴장 완화를 통해 해소시키는 근육이완법 등이 있다. 이 외에도 칭찬이나 격려 등을 통해 행동의 빈도를 증가시키거나, 혹은 벌을 통해 어떤 행동을 덜 일으키게 만드는, 조작적 조건형성에 근거한 상담 방법 등이 있다.[21] 상담자는 이러한 행동주의 상담 방법들을 통해 노인 피상담자의 행동의 빈도와 비율을 수량화하여 주의 깊게 관찰한 후 그들의 문제에 적합한 상담 기법을 활용하여 행동의 변화를 이끄는 데 사용한다.

행동주의의 상담 원리는 상담자의 역할과 상담기능의 전환을 가져다주었다. 이 전까지 상담자를 감정의 반영자, 자원인사(資源人士), 습관을 변화시키는 사람, 자아개념의 가치관을 치료하는 사람 등으로 생각했다면 행동주의에서는 상담자를 행동의 변화를 일으키는 '기술자'로서 인식한다.[22] 행동주의 상담 이론에서 치유의 효과성은 상담자의 인격이나 상담자와 피상담자와의 관계의 질 등이 아니라 피상담자의 문제에 적용되는 기법들에 달려 있는 것이다.[23] 특히 엘리스(Albert Ellis) 같은 학자는 인간 속에 습성화되어 있는 행위는 너무 깊이 뿌리 박혀 있기 때문에 상담관계가 친밀해진다고 할지라도 인간의 습성화된 행위를 제거하기에는 역부족이라고 생각한다.[24]

행동주의 학파에서 상담자와 피상담자와의 관계를 인간 중심 상담보다 덜 중요시 여기고 상담자를 '행동교정 기술자'로서의 위치로 보고 있지만 여전히, 상담자는 전문가적 입장에 서 있다. 본 접근에서, 상담자는 교사요, 지시자요, 교정자요, 권위를 가지고 피상담자를 지도하는 자이다.[25] 결국, 행동주의 학파는 '상담자'라는 '행동 교정자'를 통하여 노인 피상담자의 잘못된 행위를 발견, 교정, 변화할 수 있다는 신념을 가진 것이다.

3) 기독교적 입장

　기독교 신앙은 행동주의가 표방하는 결정주의-모든 인간의 사건들은 선행했던 사건들의 불가피한 결과라고 하는 관점-를 배격한다. 행동주의에서는 인간 자유의지를 지닌 인간의 책임 소재를 흩트리는 잘못을 범하고 있다. 행동주의에서는 행동교정이 사법적 처벌을 대체해야만 한다고 주장한다. 문제를 갖고 있는 사람에게 있어, 하나의 부정적인 행동유형(거짓말을 반복하는 것과 같은)은 그 사람을 나쁜 사람으로 만들지 않는다.[26] 결국, 피상담자의 책임이 과거의 행동에서 비롯된 것이기 때문에 그 마음과는 상관없는 '무책임'의 영역을 가지게 되는 것이다.

　하지만, 우리는 스키너의 이러한 이론에 반대한다. 그는 환경의 중요성을 강조했기 때문에 인간의 모든 책임을 무시하였을 뿐만 아니라 인간에게 주신 존엄성을 부인했다. 행동주의파들은 죄와 구원을 신화라고 하면서, 인간의 삶을 변화시키는 데 있어 성령의 자리를 허락하지 않는다. 그들에게 예수 그리스도는 고도로 발달된 동물이며 환경에 의해 완전히 조건화된 사람에 불과하다.[27]

　행동주의자들이 행동 수정의 방법들을 적용하는 데 있어, 그들은 하나님을 의존하기보다는 인간적인 노력을, 마음자세보다는 외적 행동을 강조한다. 행동의 수정에 대한 자세는 하늘에 계신 아버지와 이야기하고자 하는 겸손한 소망과는 거의 혹은 전혀 상관없이 추진된다.[28] 인간을 단순하게 동물과 동일시 여기는 이러한 행동주의자들의 주장 앞에서, 분명히 우리들은 말할 수 있다. "하나님께 대한 우리들의 관계와 책임성만이 우리들을 동물들과는 질적으로 다른 것으로 만드는 것이다."²⁹ 행동주의의 입장에서 본다면, 인간은 환경의 변화에 의해 모든 것을 바꿀 수 있는 인본주의적 발상을 통해, 피상담자는 '동물'과 같이 취급되어진다. 하지만 우리들은 하나님을 영화롭게 하기 위해 창조되어진 특별한 존재이기에 행동의 습관만으로 인간이 변할 수 있다는 행동주의자 학파의 주장에 뜻을 같이 할 수 없다. 물론 행동주의에서 말하는, 행동의 변화를 통해 인간의 삶을 개선시키는 일은 중요하며 또한 실제적인 효과를 거두며 상담학의 발전에 기여한 것이 사실이다. 제이 아담스(Jay Adams)의 상담 이론 또한 행동의 습관에 대한 중요성을 이야기했다. 아담스는 사람의 변화가 옛 자아를 버리고 새로운 자아를 옷 입도록 권고 받는 것이라 이야기했으며, 이 과정 가운데 자신의 자아를 적응시켰던 잘못된 습관으로부터 벗어나는 것이 '탈습관화'이며, 새로운 자아를 옷입는 것이 '재습관화'라고 규정하였다.³⁰ 하지만 아담스는 크리스천이 환경의 조절로서가 아닌, 성령의 도우심으로 행동의 습관을 개발시킬 수 있다고 보았다.³¹ 그렇기 때문에 기독교 상담적 측면에서, 노인은 단순히 행동과 환경의 조건으로 바뀌는 존재가 아닌, 성령의 인도하심 가운데 변화되는 하나님의 형상이 담겨진 소중한 존재이다. 상담자는 자신의 선택과 행동에 책임을 지는 노인 피상담자를 도우며 치유의 길로 이끄는 역할을 해야 한다. 아서 코에스트러(Arthur Koestler)는 행동주의를 일컬어 '마음을 평면적으로 보는 관점'으로 표현하면서 인간의 민감성, 상상력, 열망, 하나님에 대한 믿음, 다른 사람에 대한 사랑 등 사람들의 내적 생활의 복잡성과 다양성을 반영하지 못한다고 보았다.³²

행동주의에서는 행동의 변화만을 강조한 나머지, 그 행동을 변화시키는 하나님의 은혜와 도우심을 간과한다. 그리고 그 하나님의 인도함을 의지하며 자신의 마음의 변화를 통해 습관의 개선을 위해 노력하는 인간의 책임 영역을 보지 못하고 있다. 기독교적 관점에서는, 인간은 환경의 조절을 통해서 변화되어지는 존재가 아닌, 하나님의 소중한 창조물로서, 다양하고 복잡한 생각과 마음을 가진 인격체이다.

3. 인간 중심 상담

1) 인간 중심 상담 이론

프로이드 심리학 이론에 20여 년 동안 큰 영향을 받아오던 기독교 목회상담은 1940년대에 들어서 칼 로저스(Carl Rogers)라는 학자를 만나게 된다. 칼 로저스는 자유주의 목회상담 운동에 거의 절대적인 지지를 받았다. 왜냐하면 그의 이론이 인간 중심적이며 비지시적이었기 때문이다. 이 이론은 인간의 본성이 본래 죄인이라는 데에 강한 반발을 가지고 있다. 칼 로저스 이론의 가장 중심적인 핵심은 인간의 성장과 자아실현에 기초하고 있다. 그는 어떠한 인간이라도 자기 개발과 변화를 통하여 부정적 성격보다는 자기의 가능성을 최대한도로 발휘할 수 있는 사람으로 발전할 수 있다고 본다.[33] 본 상담 이론은 노인 피상담자가 스스로 자신의 문제를 해결할 수 있다고 믿는다. 이는 피상담자가 변화의 역량이 있기 때문이며 상담자의 직접적이고 적극적인 개입없이 문제를 극복할 수 있다고 전제하기 때문이다.

인간 중심 이론의 기본 입장은 "본질적인 진리(no essential truths)

가 없다"는 포스트모더니즘에 입각한다.³⁴ 절대적인 진리가 없다는 포스트모더니즘은 인간의 다양성을 말하고 있으며, 각 개인마다 가능성을 부여하는 '상대주의'를 추구한다. 포스트모더니즘은 모더니즘에 대한 반발을 그 특성으로 한다. 본 접근은 근대의 합리주의가 참다운 인간의 해방을 가져다주지 못하고 이성에 의한 또 다른 폭력과 억압을 낳았다고 보면서 인간 이성의 위치를 내려놓는 시도를 한다. 포스트모더니즘의 사상적 배경의 핵심은 다원주의와 상대주의라 할 수 있다. 어떠한 주장이나 입장도 다른 입장보다 우월한 위치에 서서는 안 된다는 전제를 가진 다원주의는 타자를 인정하고 자신의 상대성을 인정한다.³⁵ '인간 중심'을 표방하는 로저스의 이론은 이같이 인간의 선택과 결정에 최우선을 두는 입장으로서 각 개인의 가능성을 발휘시키는 데 집중하고 있다. 인간 중심 상담에서 인간의 가능성을 극대화시키며, 주어지는 모든 상황과 사람에게 절대적인 가능성을 부여하는 이유는, '피상담자는 전문가'(client is the expert)라는 이야기 치료의 명제와 맥을 같이 하고 있다. 따라서 상담자는 피상담자를 "문제로부터 분리해서 보려하며, 그들이 문제와의 관계를 변화시킬 수 있는 여러 가지 기술과 자격, 신념, 가치관, 열정, 능력을 가지고 있다"고 가정한다.³⁶

2) 인간 중심 상담 방법 및 상담자의 역할

로저스 이론에서의 상담과정은 피상담자의 감정을 자연스럽게 유도하는 상담자의 도움을 받아 피상담자 스스로 자신의 문제가 무엇인지를 발견하는 과정이다. 이 과정은 피상담자의 자아존중을 소중하게 여기고 자아결정의 능력을 자극한다. 로저스의 인간 중심주의의 접근은 '자아'(self)에 초점을 둔다. 개인이 효과적으로 적응하고 기능하는 데 결정적인 것은 자기 자신에 대한 건강한 관점이라는 것이다. 본 접근에서는, 인간이 자신의 잠재력을 인격적으로 완전히 실현하기 위해서는 수용과 존중의 환경이 필요하다.[37] 상담자의 지시적인 권위주의를 타파하고 피상담자 스스로 자신의 어려움을 진지하게 고려할 수 있는 권리를 가진다는 것이다.[38]

인간 중심 상담 이론에서 주장하는 상담관계의 필요충분조건은 상담자의 자세이다. 상담자는 '일치성 혹은 진실성(congruence or genuineness)' '무조건적인 긍정적 존중(unconditional positive regard)' '공감적 이해(empathic understanding)'의 자세를 견지해야 한다고 말한다. 어느 상담 이론보다 상담의 과정 속에서 치유가 일어날 수 있는 가장 중요한 요소로 여기는 것은 '상담자와 피상담자와의 관계'이며, 이를 위해서 필요한 상담자의 무조건적이며 긍정적인 배려의 의미를 로저스는 다음과 같이 말하고 있다. "그것은 그 순간 피상담자에게 어떤 느낌들-두려움, 혼돈, 상심, 자만, 분노, 증오, 사랑, 용기, 또는 경외심 등-이 떠오르든지간에 그것들을 모두 상담자가 진심으로 포용하는 것을 의미한다. 즉 상담자가 피상담자를 비소유적인 방식으로 보살피는 것이다. 다시 말해, 상담자가 피상담자를 조건적으로서가 아니라 전체적인 입장에서 대우하는 것을 의미한다."[39] 이러한 신뢰관계를 통해 상담자는 노인 피상담자가 스스로 문제를 느끼며 발견하도록 촉진시키는 역할을 감당한다. 본 이론에서 노인 피상담자는 자신의 감정을 허용하고 표현하는 것을 통해 최고의 '자기 이해와 자기 일치'에 도달하게 되며, 이를 통해 문제를 해결할 수 있게 된다.[40]

로저스 이론에서 상담자는 인내의 자세를 가지고 피상담자를 '공동저자'로 인정한다. 이 같은 권위자에서 동반자로서의 관계이동의 모습은 부모-자녀, 교사-학생간의 관계에서도 동일하게 적용된다. 지금까지 기존의 상담문화는 전문가적인 상담 이론과 방법을 가지고 있는 상담자와 도움을 구하는 연약한 태도의 피상담자의 관계의 모습이었다. 이에 따라 상담자는 자신도 모르는 사이에 피상담자의 문제를 풀어주려는 '해결사'의 자세를 취할 수 있다. 그렇기 때문에 로저스의 비지시적이고 내담자 중심의 이론은 많은 이들에게 공감을 불러 일으켜 왔고 치유의 효과를 거두어 온 것이 사실이다. 로저스가 말하는 '무조건적 존중'의 자세란 상대방 행위의 옳고, 그름이나 좋고, 나쁨에 상관없이 그를 하나의 인격체로 인정하고 받아들이고 존중해 주는 것이다. 따라서 어떤 기준을 세워 판단하거나 평가하지 않고 상대방의 생각, 느낌, 행동을 하나의 전체로서 받아들이고 존중하는 것이다.[41] 상담자는 '아무 것도 모르는 입장'을 견지한 채 노인 피상담자의 어떠한 결정도 받아들이는 것이다. 이는 피상담자의 의견을 무조건적으로 수용하고 받아들이는 자세를 표방하기 때문이다.

3) 기독교적 입장

인간 중심 상담이 표방하는 '인간 존중'과 '무조건적 공감'의 자세는 상담에 있어 분명히 중요하고 필요한 요소이다. 하지만 로저스의 신학은 한계가 있는 인본주의이다. 그것을 계속 분석해 나가면, 결국에 가서 하나님 아래 인간이라는, 인간의 가장 깊은 차원은 보지 못하고 마는 일종의 비인간화 작업인 것이다. 그것은 또한 하나님 자신의 구원

행위와 무관하게 인간에게는 궁극적으로 자기-성취를 할 수 있는 능력이 있다고 떠벌이는 것이다.[42] 로저스의 기본적인 생각은 인간의 본성은 건설적이고 믿을 만하다는 점에서 근본적으로 선하다는 것이다. 그는 타락 이후의 인간의 죄성을 간과하고 있다.[43] 타락 이후, 인간의 힘으로는 아무 것도 할 수 없는, 그렇기 때문에 예수 그리스도를 필요로 할 수밖에 없는 성경의 입장과 전격적으로 배치될 수밖에 없다.

인간 문제 해결의 절대적 가치의 기준은 성경이지 자기 자신이 될 수 없다. 왜냐하면 성경은 인간 삶의 원리이자 기준을 제시하는 '절대가치'를 지닌 하나님의 말씀이기 때문이다. 만일 피상담자가 자신의 기준에 입각하여 전적인 선택권을 가지는, '책임자'의 위치에 선다면, 동성애나 혼전 성결 등의 모든 문제는 개인의 입장 차이에 따라 변한다. 사회적 사안이나 문제에 대하여 피상담자가 어떻게 바라보느냐에 따라 해결하는 방식이 달라지기 때문이다. 노인상담에 있어 상담자가 우리 사회가 보는 노인을 향한 부정적인 시각을 따라서는 안 되는 이유가 여기에 있다. 우리는 사회의 흐름 가운데 변화되는 가치관을 따르는 상담 이론이 아닌 변하지 않는 하나님의 말씀을 절대기준으로 삼는 상담을 진행해야 한다. 성경이 노인을 어떻게 바라보는지 관심을 가지고 피상담자인 노인과 그 가족들을 대하고 이끌어 주어야 한다.

로저스 상담 이론이 하는 질문은 문제를 가진 피상담자를 올바른 가치관을 통하여 바른 길로 인도하는 데 주안점을 두는 것이 아니라, 피상담자의 의견이 어떠하든지 그것을 무조건적으로 수용하며 최고의 해결책으로 인정하는 것이다. 그것은 피상담자의 '전문가적 책임'을 우선적 기준으로 삼는 인간 중심 상담의 관점 때문이다. 결국, 로저스 상담 이론의 궁극적인 목적은 피상담자로 하여금 충분히 기능하는 인간(the fully functioning person)이 되도록 돕는 것이다. 이는 피상담자 스스로 치유의 길을 찾아가는 능동적 인간으로서의 큰 역할을 감당할 수 있으나, 궁극적으로 모든 결정의 우선권이 성경이 아닌 피상담자의 사고와 결정에 있게 만드는 구조적 잘못을 저지르고 있다. 기독교 상담의 목표는 결코 충분히 기능하는 노인이 아니다. 인본주의 상담이 목표하는, 능동적 인간으로서가 아닌, 하나님의 뜻을 따르며 그분의 은혜 가운데 '자유함'을 누리는 노인으로 인도하는 것이 기독상담자의 사명이다.

4. 기독교 상담

1) 인간관

상담자는 상담에 있어 피상담자나 상담과 관련된 사람을 올바로 이해해야 한다. 사람을 온전히 이해한다는 것은 그 사람의 성장배경과 주변 환경, 그리고 현재의 심리 등을 정확히 파악할 때 가능하다. 더구나 기독교 상담자는 항상 하나님, 사람, 그리고 창조와 관련된 성경적 견해에서 상담의 방법론이 나오듯 성경적 관점에서 사람을 이해해야 한다.[44] 세속적인 심리학이나 가치관을 토대로 한 인간이해로써는 하나님의 영광을 위하여 살도록 하는 기독교 상담의 목적을 이룰 수가 없다.[45] 기독교 상담자가 성경에서 말하는 노인에 대한 관점을 바르게 이해할 때, 올바른 기독교 상담이 가능해지며, 그에 따른 상담의 목표를 이룰 수 있게 된다.

(1) 하나님의 형상으로 지음 받은 노인

인간이 하나님의 형상을 입었다는 것은 하나님을 우리들이 투영한다는 것이다.[46] 사람의 존재는 비물질적인 존재이며 영혼을 갖고 있다. 따라서 하나님과 같은 영적인 존재들로서 핵심을 이루는 것이다. 이처럼 하나님의 형상으로 지음을 받은 인간은 하나님이 온 우주의 통치권을 행사하듯이, 지상의 동물들과 피조물들에 대하여 다스리는 책임을 가지게 되었다.[47] 모든 창조물을 다스리는 '청지기'로서의 사명은 다른 존재물에 대한 책임과 함께 자기 자신의 책임을 동반한다. 이는 인간 스스로가 모든 면에서 '완전한 존재'이신 하나님을 투영하고 있기 때문이다. 하나님의 형상으로서의 인간 탄생은 하나님을 투영하는 존재로서 '책임'을 소유한 존재로서의 정체성을 지니게 되었다.

우리 사회가 바라보는 노인의 모습은 신체적으로, 사회적으로 힘을 잃은 연약한 존재로 인식되고 있다. 하지만 노인에게는 하나님의 형상이 담겨져 있다. 그렇기 때문에 우리들은 노인을 소중하고 가치 있는 존재로 존귀하게 여겨야 한다. 하나님의 형상으로 지음 받아 이 땅에서 받은 사명의 길을 평생 걸어온 분들이기에 소중하게 그들을 인정해야 한다.

(2) 죄로 타락한 상태의 노인

창세기 2장 7절에 따르면, "여호와 하나님이 흙으로 사람을 지으시고 생기를 그 코에 불어 넣으시니 사람이 생령이 된지라"고 했다. 맥도날드(McDonald)는 "사람은 자연의 일부이면서 동시에 하나님께 속한, 티끌과 신성의 복합체"라고 말한다.[48] 하지만 인간타락의 결과로, 인간은 하나님 형상으로서의 '책임의식'을 가지고 살아가기보다 자기 스스로의 책임을 회피하는 인간상을 낳았다. 인간은 하나님이 만드신 땅과 창조물들을 책임성 있게 통치하는 임무가 주어졌지만 그 책임의 지침들을 불순종함으로써 위반하였다. 동시에 인간은 항상 열려져 있었고 응답하셨던 하나님에 대해서도 반항적이며 반역자가 되었다.[49] 그 결과 인간은 하나님으로부터 유기 당했으며 자신들이 저지른 잘못에 대한 책임을 달게 받게 되었다. 이제 인간 스스로의 힘으로 '선'의 자리에 이르지 못하게 되었으며 하나님을 적대시하는 불신앙의 자리에 머물게 되었다. 이에 따라 노인도 원죄와 자범죄로 인하여 스스로의 힘으로는 의의 자리에 이를 수 없는 부패한 존재이다. 개혁주의 신학의 입장에서, 상담자는 인간의 힘으로는 어쩔 수 없는 죄인의 몸과 마음을 지닌 존재로서 노인을 받아들이고 이해하여야 한다.

(3) 성령의 역사로 회복할 수 있는 노인

하나님의 말씀에 대한 불순종은 낙원으로부터의 추방과 더불어 죄된 성품으로 살 수밖에 없는 죄인이 되었다. 그러나 하나님의 형상은 타락으로 인해 손상되고 왜곡되었지만 인간의 고귀성과 존엄성이 완전히 없어지지는 않았다. 죄로 타락했지만, 그럼에도 불구하고, 인간은 성령의 역사로 변화할 수 있는 존재인 것이다.[50] 비록 죄악으로 인해서 모든 측면이 더럽혀졌다고 하더라도 그리스도 안에서 구제되어 '이전의 영광'을 되찾아 하나님께 영광을 돌릴 수 있는 책임 있는 존재가 피상담자의 영역인 것이다. 맥도날드는 이를 다음과 같이 쓰고 있다. "인간의 주된 목적은 하나님을 영광되게 하는 것이다. 그러나 인간은 단지 하나님의 영광을 반영하는 한에서만 하나님의 바람에 응답할 수 있을 뿐이다. 그리고 그것은 인간이 하나님의 아들이 되는 선물과 함께 하나님의 모습을 따라서 창조되었기 때문이었다"[51]

노인 피상담자는 성령의 역사로 변화되고 회복될 수 있는 사람이다. 하나님의 영광이 부족하게 되어 하나님 형상의 이미지가 흐려졌던 사람이었지만 결국에는 다시 회복될 수 있는 가능성이 있는 존재이다. 피상담자는 오직 '하나님의 은혜' 안에서 회복될 수 있기에 상담자는 노인 피상담자의 어떠한 문제가 있을지라도 소망을 바라보며 상담을 진행해야 한다.

2) 기독교 상담의 이론

기독교 상담학 분야에서 많은 기독교 상담 이론들이 있지만 여기에서는 '권면적 상담'을 중심으로 기독교 상담을 설명하고자 한다. 제이 아담스(Jay Edward Adams) 박사[52]는 많은 저서들과 강연들을 통하여 비기독교적 전제를 바탕으로 한 상담 이론을 배격하고 성경적 원리에 따른 기독교 상담의 상담 방법을 전파하려고 애써왔으며, 기독교 교육 및 상담재단(CCEF)을 통하여 상담 이론의 확산을 위해 노력하였다.[53] 아담스는 왕이시며 교회의 머리 되신 그리스도께서 문제를 가진 하나님의 백성을 개인적으로 성경을 통하여 상담하시려 하시고 이같이 복음의 가치를 토대로 이루어진 상담을 '권면적 상담'이라고 불렀다.[54] 아담스는 '성경은 정확무오한 하나님의 말씀으로 신앙과 행위의 유일한 규범'이라는 전제를 가지고 이를 상담의 원리에 적용하였다. 그는 1970년에 'Competent to Counsel'이란 책을 발간하여 상담의 새로운 학파를 이루어 그의 제자들과 함께 성경적 상담 원리를 실천하는 데 앞장서고 있다.

본 상담의 목적은 두 가지인데, 하나는 영혼 구원이며 또 다른 하나는 성숙한 인격과 생활이다.[55] 권면적인 상담에서는 인간의 죄악 때문에 하나님과의 관계가 잘못되었고 이로 인한 문제의 발생을 이미 알고 있기 때문에 '왜'라는 질문을 던지지 않는다. 그렇기 때문에 피상담자가 무엇을 했으며, 지금까지 해 온 일이 무엇인가에 대한 관심과 이에 대한 문제를 바로 잡아 주려 노력한다. 그리고 본 상담 이론은 경청을 거쳐 인간의 문제에 대한 가장 깊은 종류의 개입과 권면을 통해 인간의 생각과 행동을 변화시키는 상담 방법론을 따른다.

무엇보다도 권면적 상담은 성경이라는 거울을 통해 피상담자의 문제를 발견하고 변화를 위해 나아가며 하나님의 백성들의 치유를 위한 해결점을 찾는 것이다.[56] 로저 하딩은 권면적 상담에 대한 공헌을 다음과 같이 말하고 있다.

> 상담에 대한 아담스의 공헌은 상담이 성서적이어야 한다는 긴급한 요구, 심리학의 세속화에 대한 도전, 죄악에 대한 직면, 성령의 힘과 하나님의 영광을 위하여 삶의 새로운 패턴을 형성하는 것에 실제적인 도움을 준다는 점에서 매우 중요하다.[57]

성경에서 상담의 동기를 찾으며 성경의 목표를 토대로 삼아 성경에서 주어지고 명령된 원리와 실천에 따라 모든 상담을 진행해 나아가는 것이 본 상담이 지니고 있는 가장 큰 강조점이며 초점이다.[58] 기독교 상담은 성경을 토대로 기독교 세계관에서의 상담이어야 하며,

그것은 결국 상담의 과정과 그 결과를 통해서 피상담자에게 기독교적 세계관과 인생관을 어떻게 함양할 것이냐 하는 문제로 귀결되어져야 한다. 그런 점에서 기독교 상담은 헬라 사상을 중심으로 한 자연 중심적 내지 인간 중심적 세계관과는 달리 하나님 사상에서 출발하는 하나님 중심의 기독교 세계관으로부터 비롯되어야 한다. 이것은 개혁신학의 주제성구라 할 수 있는 "만물이 주에게서 나오고, 주로 말미암고 주에게로 돌아감이라"(롬 11:36)는 하나님 중심적 세계관에 근거하고 있다.59 정신분석학, 행동주의, 인본주의 상담은 무엇보다 인간의 생각을 중심으로 하는, 인간의 행복을 위한 상담이다. 그렇기 때문에 일반 상담들은 노인의 행복한 삶을 목표로 삼는다. 하지만 기독교 상담은 하나님 중심의 성경적 상담이기에 기독교 노인상담은 성경이 말하는 원리인, 하나님의 영광을 위해 노인이 살아갈 수 있도록 한다. 그리고 잘못된 습관에서 벗어나 올바른 습관을 가질 수 있도록 성령의 은혜 안에서 마음을 변화시키는 것이다.

3) 기독교 상담의 방법

권면적 상담은 세 가지 요소로 구성되어 있다. 첫 번째, 권면적 상담은 항상 문제를 포함하고 있으며 극복해야만 하는 장애물을 전제로 하고 있다. 즉 만나는 사람의 삶에 어떠한 문제가 있다는 것을 전제로 하고 있으며 이에 대한 해결의 필요가 있는 것이다. 두 번째, 권면적 상담은 문제를 언어적 수단에 의해 권면적으로 해결한다. 이는 상담이 '말에 의한 훈련'이며 권면 또한 성격과 행동을 효과적으로 변화시키려는 목적을 가지고 상담적 형태로 만나는 것이다. 세 번째, 권면적 상담은 피상담자를 괴롭히는 그의 생활을 변화시키는 것을 의미한다.[60] 노인을 위한 기독교 상담의 방법으로, C.C.E.F[61]에서 제시한 상담 모델인, 'Heart Model'이 있다.

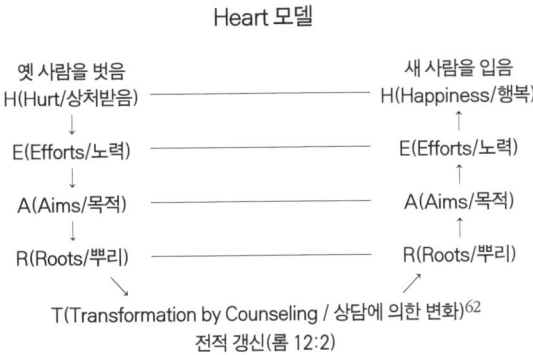

위 상담 모델에서는 왼편에서 오른편으로 이동하며 변화되는 모습을 묘사하는 데, 옛 사람이 가진 'Heart'에서 새 사람의 'Heart'로 바뀌는 과정을 제시하고 있다. 본 모델은 상담을 통하여 죄악된 인간이 가지고 있는 불안, 공포, 원망, 죄책에서 벗어나 행복한 삶의 목적, 즉 하나님의 영광을 위한 목적을 가진 삶으로 바뀔 것을 말하고 있다.[63] 본 상담 모델이 의미하는 것은 마음의 변화를 통한 변화이다.

표 왼쪽의 Heart는 다음과 같이 진행된다. Hurt는 노인이 지니고 있는 마음의 상처, 외로움 소외감 등의 아픔 등을 말하고 Efforts는 이런 상처와 문제들로부터 벗어나려는 노력인데, 비효과적이고 잘못된 인간적인 노력을 말한다. Aims는 이 땅에서의 헛된 욕망과 성공 등을 추구하는 목표를 의미한다. Roots는 이러한 상처와 노력, 그리고 목표 등이 개인의 이기적 마음에서 기인한 세속적 삶의 발자취에 근거한 것임을 나타낸다.

　이러한 옛 사람은 상담을 통하여 새 사람으로(오른쪽 Heart)로 변화되어지는 데(Transformation), Roots는 성령의 은혜에 근거한 변화의 근거를 의미한다. 뒤 이어 나오는 Aims는 문제해결을 넘어서 하나님의 영광을 위해 살도록 돕는 기독교 상담의 목표이다. Efforts는 옛 습관(나쁜 행동)이 아닌, 새로운 습관(좋은 행동)으로 바뀌는 노력을 의미한다. 마지막으로, 이 같은 과정을 통하여 결국 노인은 문제에서 벗어나 하나님과의 관계를 회복하며 예수 그리스도 안에서 누리는 행복(Happiness)을 얻게 된다.

4) 기독상담자의 역할 및 자세

　기독교 상담에서 상담자는 피상담자가 하나님의 영광을 위하여 살도록 하기 위한 '상담의 도구'로서의 역할을 감당해야 한다. 기독교 상담자는 하나님의 백성된 피상담자를 하나님의 말씀으로 위로하고 권면하여 그들을 예수 그리스도의 장성한 분량에까지 이르도록 도움을 주는 사역자인 것이다.[64] 성경의 절대가치를 부인하고 모든 대상의 가치를 인정하는 상대주의에 기인한 포스트모더니즘(postmodernism)의 격랑이 몰아치는 흐름 속에서 여전히 기독교 상담은 하나님의 뜻을 따라 바른 길을 찾아 가는 역할을 감당해야 한다. 무엇보다 피상담자가 사고와 행동의 과정 가운데 잘못된 방향으로 나아갈 때 상담자는 상담을 이끄시는 '성령'의 도우심을 간구해야 한다. 오직 하나님의 말씀에 근거하여 이 땅에 오직 그분의 영광이 드러날 수 있기를 구하고 나아갈 때 그것이 바른 기독교 상담자의 책임 있는 자세이다. 노인

상담의 상황이 힘들고 어려울지라도 상담자가 좌절하지 않고 피상담자와 그를 둘러싼 모든 상황을 헤쳐나가며 담대하게 상담을 할 수 있는 이유와 근거가 여기에 있다. 피상담자인 노인의 마음을 움직이고 변화시키는 주체는 성령이며 상담자는 성령의 역사를 돕는 도우미요, 중재자일 뿐이다.

상담을 이끄는 주체는 상담자가 아닌 성령이지만 상담자는 피상담자를 성경의 원리에 근거하여 문제를 발견하게 하고 하나님의 뜻을 바르게 발견하도록 돕는 책임을 부여받았다. 그렇기 때문에 상담자는 피상담자의 생각과 선택만을 존중하는 태도에서 벗어나야 하며 세속적인 이론이나 자신의 경험에 근거한 권위를 가지고 피상담자를 이끄는 모습을 취해서도 안 된다. 성경적 입장을 따르는 상담자는 인본주의적 상담의 입장처럼, 맹목적으로 피상담자의 생각과 선택을 모르고 또한 관여할 수 없다는 입장(not knowing position)에서 벗어나 피상담자를 사랑하시고 이끄시는 하나님의 뜻을 소개하고 이끌어 주어야 한다. 상담자가 치유의 과정에서 피상담자 스스로 가진 가치관에 따라 어긋난 선택을 해 나갈 때에도 상담자가 피상담자를 무조건적으로 존중하고 용납한다면 그는 잘못된 길로 나아갈 것이고 결국 상담자는 그에 따른 책임에서 자유로울 수 없는 것이다.

기독교 상담자는 노인 피상담자를 사랑하시고 이끄시는 하나님의 뜻을 소개하고 이끌어주는 목자의 마음으로 상담자를 이끌어 주어야 한다. 겸손한 태도로 그들의 말을 경청하고 이해하는 가운데, 성경의 원리를 따라 이끌어 주는 '공감적 권면'의 자세가 필요하다. 이는 방임의 자세도 아니요, 세속적 이론을 기준으로 따르는 무분별한 모습도 아니다. 오직 성경의 권위를 인정하고, 그 뜻에 순응하며 그 진리의 말씀대로 노인들을 온전히 이끌어 주기 위한 책임의 자리에 기독교 상담자는 서야 한다.

결론

이 땅에 절대적 가치는 존재하지 않으며 각자가 지니고 있는 생각과 사고가 옳다고 주장하는 포스트모더니즘의 흐름 가운데 기독교 상담은 앞으로 어떤 치유여행을 해야 하는가? 또한 일반 세속적 상담 이론을 무분별하게 수용하는 기독교 상담 이론의 혼동 속에서 어떤 정체성을 지녀야 하는가? 반후저는 기독교의 상대주의와 다원주의의 시대에서 기독교의 진리주장은 삶과 죽음을 통해 증거 되어야 한다고 강조했다. 결국 신학적 진리들을 주장하는 바른 인식론적 방식은 증인의 삶을 통해 이루어지는 것이다.[65] 그는 기독 신학자의 자세를 이렇게 표현한다.

> 기독교 신학자는 하나의 해석자-증언자여야 하며, 진리를 말하는 사람이자, 행하는 사람이어야 하고 더 나아가 진리를 위해 고통을 받는 자여야 한다. 진리는 복음적인 열정을 수반하며… 기독교 진리주장을 한다는 것은 궁극적으로 십자군 전쟁도 아니요 순례자의 길도 아니요 심지어는 선교사의 여행길도 아니며, 순교자의 행위이다.[66]

필자는 기독교 신학자뿐 아니라 크리스천 상담자 역시 하나의 해석자이며 진리를 말하는 자라고 생각한다. 그리고 결국, 그 진리의 길로 나아가는 최종적 자세는 '순교자적 행위'이어야 한다고 확신한다. 왜냐하면 삶의 어려움에 처한 사람을 상담하는 행위가 죽음을 각오한 처절한 투쟁적 모습은 아니지만 하나님의 말씀이 상담 현장에서 훼손과 멸시를 받는 흐름 가운데 기독교 상담자는 분명 상담 가운데 하나님의 말씀의 생명력 있는 가치를 위해 온 몸을 바치는 '순교의 정신'을 필요로 하기 때문이다.

어떠한 상담 이론으로 노인상담을 할 것인가는, 상담의 방법(method)이 아닌, 상담자의 가치관이 달려있는 태도(attitude)의 부분이다. 일반 노인상담의 목표는 노년기가 경험하는 삶의 아픔과 어려움을 덜어주고 건강한 노년의 모습을 만드는 데 있다. 하지만 기독교 상담은 문제해결과 더불어 피상담자가 하나님의 영광을 위해 살도록 돕는 데까지 나아간다. 그렇기 때문에 기독교 노인상담은 피상담자인 노인에 대한 이해와 더불어 하나님이 창조하신 형상으로서의 그들의 가치를 인정하고 당면한 문제와 아픔을 성령 하나님의 은혜로 치유하게 이끄는 것이다. 크리스천 상담자는 기독교 상담이 추구하는 상담의 목표를 확고하게 정립하고 노인의 문제로 나아가야 한다. 그들의 고통에 공감하며 단순히 삶의 어려움을 해결하는 데서 끝나는 것이 아니라 그들 가운데 임하는 하나님의 뜻과 섭리를 바라보게 해야 한다. 그리고 그들이 하나님의 사랑을 느끼며 회복되도록 할 때 크리스천 노인상담의 본질을 온전히 실행하는 것이다.

크리스천 노인상담 : 행복한 노후의 삶을 위한 레시피

노인과 자녀 세대의 갈등해결을 위한 의사소통 모델
- 한국 노인부양 상황을 중심으로 -

노년을 준비치 못한 한국의 노인들은 자녀들로부터의 부모부양에 관한 회피적 태도로 인해 경제적으로, 그리고 감정적으로 고통 받고 있다. 노인들은 '부모를 모시는 마지막 세대인 동시에 자녀의 부양을 받을 수 없는 첫 세대'라는 인식 가운데 여러 어려움을 경험한다. 후 세대에 대한 서운한 마음과 외로움, 물질적 고충 등 현실적 문제에 직면하고 있다. 성인자녀 또한 '샌드위치' 세대로서, 자녀양육의 부담감과 동시에 직면하는 부모부양의 고충을 호소한다. 40-50대의 중년 세대는 가정적으로 재정적 지출이 가장 많은 시기인 동시에 직장생활의 어려움, 퇴직 등 극심한 스트레스를 경험하고 있다. 더불어 부모의 노쇠로 인하여 부양에 대한 압박감을 받고 있다. 결국 이러한 부모부양에 관한 갈등구조와 관계는 결과적으로 노인부모와 성인자녀 모두에게 어려운 상황을 초래하고 있다.

1. 노인부양에 관한 사회적 상황의 변화

한국의 산업화는 사회의 여러 분야와 삶을 변화시켰지만 노인부양의 형태와 모습을 크게 바뀌게 하였다. 노인부양에 관한 사회적 요소의 변화 요인은 세 가지로 나타난다.

첫 번째로 인구학적 요인의 변화를 들 수 있다. 한국은 산업화 이후 출산율과 사망률이 현저히 줄어들었고, 더불어 평균수명이 연장되었다. 이에 따른, 고령화 시대의 도래와 함께 증가한 노인 인구는 현대 산업과 의학의 발전 등이 주는 혜택이기도 하지만 노인들을 부양하는 가족과 사회 복지 체계에 있어서는 노년의 오랜 기간 동안 이들을 돌보아야 하는 부담으로 작용할 수밖에 없다. 한국의 노인 인구는 2000년에 인구의 7%를 넘어서 2017년에는 14%로 증가하고, 2025년에는 초고령사회의 기준인 20%를 초과하는, 세계 노인 인구 증가 역사상 초유의 기록을 달성하게 된다. 이 같은 한국의 노인 인구의 급속한 증가는 노인부양 측면에서는 새로운 도전이 될 수밖에 없다.

두 번째로 노인부양에 영향을 미치는 사회적 배경으로는 인구이동을 들 수 있다. 산업화와 도시화는 젊은 세대들에게 시골에서 도시 지역으로의 급격한 이동의 계기를 만들어 주었다. 더욱이 산업화된 사회에서 사람들은 그들의 직장을 이전보다 더욱 많이 바꾼다. 비록 그들이 같은 회사에 있다고 하더라도 많은 사람들이 다양한 이유로 자주 다른 근무 지역으로 옮길 수밖에 없는 상황이 될 때, 노인 부모들은 자녀들을 따라 잘 모르는 지역으로 옮기기보다는 그들의 고향이나 정들었던 동네에 남기를 선호하게 된다.

한국은 1960년대 이후 급속한 경제성장을 이루면서 산업 시설물들이 도시에 세워졌고, 새로운 도시와 산업 단지들이 조성되었다. 이 같은 경제성장은 젊은 세대들로 하여금 그들의 부모 세대들과 따로 살 수밖에 없는 요인을 제공하였다. 1975년 1,440만의 농업인구는 40년이 지난 2015년에는 261만여 명으로 5분의 1에도 미치지 못하는 것을 볼 때 많은 수의 젊은이들이 도시로 이동했다고 볼 수 있다.[1] 일 년 중 추석과 같은 명절에 부모를 찾아 떠나는 '민족의 대이동' 현상이 이 같은 인구이동을 반증한다. 젊은 세대들의 대이동으로 말미암아 시골에는 부모와 같이 사는 세대가 아닌, 노인들만이 남아 지키는 모습을 보게 된다.

세 번째로 여성의 경제활동 참여의 증가현상이 부모부양에 영향을 미쳤다. 오늘날 한국여성의 경제활동 참가율은 여권신장과 교육수준의 향상으로 꾸준한 증가추세를 보이고 있다. 특히 노인부양에 직접적인 역할을 감당하는 25-54세 기혼여성의 경제활동 참가율은 1990년대 초 50% 미만이었으나, 2015년 59.6%로 증가되었다.[2] 여성의 경제활동의 참여현상은 사회참여와 개인의 능력개발, 그리고 경제적 도움이라는 측면에서 긍정적 효과를 갖지만 가족의 돌봄 역할 구조면에서는 변화가 불가피하게 되었다. 전통적인 가족부양을 담당해 왔던 여성인력의 부족은 노인부양의 약화를 가져왔다.

2. 한국의 노인부양에 관한 세대 갈등의 문제

한국 사회와 노인 문제를 생각할 때 빠트릴 수 없는 중요한 주제가 가정이다. 한국 사회는 전통적으로 노인이 존경을 받아왔다. 자녀들은 그들의 부모를 존경할 뿐만 아니라 그들의 노년을 돌보아야 할 것을 배워왔다. 이는 자녀의 마땅한 도리와 책임을 명시하는 '효' 사상에 근거한 것이다.[3] 한국 사회는 가부장적(家父長的) 문화로서 가장의 권위 아래 집 안의 모든 일들이 이루어져 왔으며 그 연장자에게 순응하는 것을 미덕으로 삼아왔다. 노년의 부모를 같은 집에서 모시며 물질적, 심리적, 모든 부분에 이르기까지 부양하는 것을 당연한 관습으로 여기었으므로 현대에서 발생되는 노인 문제가 거의 일어날 수 없었다.

그러나 최근에 빠른 산업화의 변화는 노인의 존재와 가치를 가정과 사회로부터 가치절하시켰다. 노인의 권위가 절대적이었고 모든 이들의 존경 가운데 살았던 한국 노인들은 경제적 어려움, 건강의 악화, 역할 상실 등의 문제와 함께 그들의 약화된 이미지와 지위로 인하여 상실감을 맛보고 있다. 어렵고 힘든 시대적 상황 속에서 오직 가족을 위해 헌신하며 모든 생애를 보낸 지금의 노인 세대들로서는 이러한 변화를 쉽게 받아들일 수 없는 것이다. 문제는 지금의 노인 세대들이 지금까지 그들의 부모와 가족들을 돌보기에 급급한 나머지 자신들을 위한 노후 자금을 모으지 않았다는 것이다. 노인들은 그들의 부모 세대의 노후를 책임졌던 것처럼 자녀들이 그들의 노년을 돌볼 것을 믿었기 때문에 따로 은퇴 이후의 준비를 할 필요가 없다고 생각했다. 여전히 일부 노인들은 전의 세대들처럼 그들의 자녀들로부터 부양을 원하는 반면 지금의 젊은 세대들은 그들의 부모들을 책임지기를 원치 않고 있다.[4] 정부 또한 노인들의 생계와 복지를 위한 적절한 기금을 확보해 놓지 않았다.[5] 그러므로 많은 수의 노인들은 직업 없이 자녀나 정부로부터 아주 미약한 보조를 받고 있으며, 열악한 노년의 삶을 보내고 있는 노인의 경우, 자신들의 모든 것을 희생하면서 키워

온 자녀들에게서 배신감을 느끼고 있다.

근대화는 노년의 부모를 돌보는 문제에 있어서 한국인들, 특히 젊은 세대들의 사고를 변화시켰다. 농경사회와 비교해 볼 때 산업사회에서는 노인들의 역할이 축소되는 반면 자녀들은 대가족에서 핵가족으로의 변화와 개인주의적 풍조의 확산으로 말미암아 그들의 부모를 돌보는 책임을 회피하려 하고 있다. 한국 사회에서 노인들은 그들이 부모 세대에게 해왔던 것처럼 그들의 자녀들로부터 여전히 존경과 공경, 그리고 부양을 받아야 한다고 생각하여 왔다. 그러나 자녀들은 노인 부모들의 그러한 기대를 충족시킬 수 없다고 생각한다. 이러한 노인 부모와 성인 자녀 간 기대의 불일치는 노인부양에 있어 심각한 충돌을 야기한다. 한국 사회는 전통적인 효 문화의 한 흐름과 부모 부양에 관한 사회적 변화의 다른 한 흐름이 부딪치는, 상충된 두 세대 간의 갈등을 경험하고 있다. 젊은 세대들은 그들의 부모 세대로부터 전통적인 사회문화적 환경의 영향을 받지만, 그들은 새로운 사회 환경에서 성장하면서 이전 세대와 다른 사고방식을 갖게 되면서 새로운 문화적 형태를 쉽게 수용하고 기존의 문화적 관습을 뒤엎는 성향이 있다.[6] 한편 노인 세대들은 새로운 것에 대한 도전과 수용보다는 이전의 전통을 고수하며 안정된 사회질서를 유지시키려는 데 더 많은 애착을 갖는다.[7] 더욱이 한국 사회에서 효와 관련된 부모에 대한 부양의 문제는 지금의 노인 세대들이 최고의 덕목 중의 하나로 생각하여 지켜왔고 믿어왔던 도덕규범이었다.

자녀의 지원을 받지 못하는 빈곤 노인들의 증가, 그리고 당연한 것으로 여기었던 효의 부양을 받지 못하는 데 대한 자녀들에 대한 배신감 등 그리고 이로 인하여 지나온 삶에 대한 상실감과 앞으로의 삶에 대한 자포자기적 자세는 현 노인 세대들이 경험하고 있는 어려움이다. 또한 그들의 상대편에는 부모부양과 자녀양육이라는 버거운 무게를 감당하고 있는 자녀 세대의 고충이 있다. 이에, 부모부양의 갈등으로 인한 세대 간의 고민과 충돌을 치유하기 위해서 두 세대 간의 의사소통 모델을 제시한다.

3. 의사소통 모델로서의 Church Round Table

노인부양을 둘러싼 세대 간의 갈등을 해소하고 원활한 의사소통을 이루기 위해서는 서로 간에 자신의 생각을 자유롭게 표현하고 상대방의 의사를 순수하게 수용하는 '열린 대화'(open dialogue)가 필요하다. 이를 위해 중세 기사들 간에 권력다툼을 지양하고 동등한 입장에서 자유로운 대화의 장을 열었던 아더 왕의 Round Table을 소개한다. 중세 영국에서 수백 명의 기사들이 자신들의 영토와 권리를 주장하고 나설 때, 아더 왕은 이 갈등을 해결하기 위한 방법으로 Round Table에서의 대화를 이끌어내었다. 왕은 원탁회의를 통하여 기사들보다 높은 위치에 서 있는 우월적인 관계를 벗어나 동등한 입장에서 서로의 생각과 갈등에 대한 대화를 이루어 나아가는 계기를 삼았다.

화해의 가치를 추구하는 Round Table은 이후에 이해 집단들 간 혹은 나라들 간의 원활한 협상을 위한 도구로써 사용되어졌다. 심지어 2005년 5월에 열렸던 남한과 북한의 당국자 회의가 '남북한 원탁회의'라는 이름으로 열려졌었다. 본 연구에서는 이 Round Table을 교회 안에 도입하여 Church Round Table의 개념을 제시한다.[8]

이 Church Round Table은 Round Table의 정신에서 표출된 세 가지 기독교적 철학을 담고 있는데, 그것은 비움(Kenosis), 동등됨(Equality), 그리고 화해(Reconciliation)이다. 상담자와 갈등의 대상자인 노인 부모와 성인 자녀 등, 세 사람이 참여하는 Church Round Table은 앞에서 언급된 세 가지 개념을 준수하며 노인부양을 둘러싼 세대 간 갈등을 해결해 나아가는 의사소통 모델인 '대화의 틀', '상담의 틀'을 의미한다.

4. 자기 비움(Kenosis)

노인부양을 둘러싼 노인 세대와 자녀 세대 간 갈등을 해소하기 위한 첫 번째 관점은 'Kenosis'(자기 비움)의 태도이다. 자기 비움의 자세는 예수 그리스도가 하나님과 동등됨을 버리고 인간의 모습으로 이 땅에 내려오신, '낮아짐'의 모습이다(빌 2:5-7). 그리스도가 십자가 위에서 희생과 자기 헌신으로 그의 삶을 완전히 포기한 것이다. 하나님의 능력을 소유하고 있으면서도 하인의 자세로서, 그리스도 스스로 어떠한 권한조차도 갖기를 거부하였다. 이는 그가 하나님 나라를 위하여 아무런 권리나 특권을 가지고 있지 않게 되었던 것이다.

아더 왕은 중세 영국과 유럽의 지배자 중 최고의 힘을 소유한 왕이었다. 그의 영광스러운 지배는 중세 역사 가운데 가장 위대하고 용기 있는 왕의 대명사로 불리고 있다. 그러나 Round Table에서 아더 왕은 기사들과 함께 우월적 지위에서 벗어나 기사들과 함께 원형 탁자에 앉았다.[9] 군사와 외교적 성공을 지닌 왕의 신분으로서 기사들과 함께 동등한 입장에 자리를 함께 한 것이다. Round Table의 이미지는 왕과 기사들 사이에, 기사와 기사들 사이에 어떠한 우위가 없는 것을 말한다. 그러한 아더 왕의 자세는 자기 비움의 자세로 설명될 수 있다.

노인부양을 둘러싼 세대 간 갈등의 가장 큰 문제는 힘(권력)의 차이에서 비롯된다. 노인 세대와 자녀 세대들은 서로 다른 힘의 우위를 점령하고 있다. 노인 세대가 여전히 가족을 대표하는 지위적 우위를 가지고 있는 반면에 자녀 세대는 근대화의 흐름 속에서 현재 한국 사회와 가족을 책임지는 실질적 가장으로서의 힘을 지니고 있다. 이 두 세대들은 각자가 가지고 있는 자신들의 힘의 우위를 놓지 않으려 한다. 노인 세대들은 전보다 약하여진 지위와 권한 가운데에서 여전히 자녀들이 자신들의 이야기에 복종하며 자신들의 노년을 책임지며 부양하기를 원하고 있다. 노인 세대의 관점에서 자녀들은 여전히 그들 부모의 관점을 수용하고 복종할 대상으로 간주된다. 그러나 빠른 경제적 성장과 과학기술의 발달로 젊은 세대들은 경제적 능력을 책임지는 자리에 서게 되었고, 그들에게 있어, 노인 세대들은 경제적 무능력과 함께 '지나간 세대'로 인식되었다.

각자 지니고 있는 위치와 능력이 우위에 있다는 이 같은 사고방식은 노인부양을 둘러싼 두 세대 간의 갈등의 요소가 된다. 자기 비움(Kenosis)의 자세는 자신의 힘과 권한을 주장하고 내세우는 이 같은 상황 속에서 서로를 이해하고 열린 대화를 이루기 위하여 필요한 모습이다. 두 세대가 완전히 그들이 가지고 있는 우월적 태도를 내려놓는 자기 비움의 모습이 있을 때 서로를 파트너로 인식하고 진정한 대화가 시작될 수 있는 것이다. 노인 세대는 누가복음 15장에 나오는 아버지와 같이 당시 사회의 가부장적 권위주의 구조를 탈피하여 '집으로부터 나와 거리에서 아들을 마중하는' 자기 비움의 자세를 가질 때 얼어붙은 갈등의 실마리가 풀려질 가능성이 있는 것이다.[10]

자기 비움의 자세는 기술정보와 경제적 생산능력이 힘의 정도를 가늠하는 현대 문화와 상반되는 모습을 취하고 있다. 현재의 자녀 세대들은 근대화로 말미암아 그들의 부모들보다 경제적으로 정보적으로 높은 위치에 서 있음을 당연시하는 문화적 배경을 가지고 있다. 그러므로 그들은 부모의 이야기를 들을 때나 의견을 받아들일 때 부모보다 상대적으로 지위적 우월감을 가지고 대하게 된다. 자녀 세대들은 노인 세대들에게 자기를 낮추고 비우는 모습을 보일 때 상호 화합적인 대화가 이루어질 수 있다. 자녀들 또한 자신들이 지니고 있는 기득권을 내려놓고 부모 세대를 대하지 않는다면 진정한 의사소통과 갈등의 치유는 이루어질 수 없다.

가부장적 사고로 평생을 살아온 노인 세대들이 자신의 권한을 제한하고 대화에 임한다는 것은 쉽지 않다. 동시에 자녀들 또한 그들이 가지고 있는 경제적, 지식적 우월의 자세를 내려놓고 갈등을 풀어가는 것은 어려운 일이다. 하지만 세대 갈등에서 자기 비움의 자세가 성립될 때 상호 이해의 대화가 이루어지게 된다. 두 세대 간에 각자 가지고 있는 힘과 권위를 포기하는 실제적 결심과 실행이 있을 때 열린 대화의 장으로 나아갈 수 있다.

5. 동등됨(Equality)

동등됨의 자세는 상대방을 자신과 동등한 입장에서 상대의 입장과 생각을 전적으로 받아들이는 모습이다. 한국 사회에서 노인부양을 둘러싼 노인 세대와 젊은 세대 간에 대화가 원활하게 이루어지지 않는 이유는 대화 가운데 한쪽이 다른 한쪽을 지배하는 '지배 구조'가 이루어지고 있기 때문이다. 노인 세대들은 가부장적 문화의 토대 가운데 성장하였고, 이에 익숙하여진 상하 복종의 관계 속에서 지배적인 사고와 자세로서 대화를 진행시킨다. 약해진 경제적, 사회적 지위에도 불구하고 그들은 여전히 권위적 태도로 자녀들을 대하고, 이에 대하여 젊은 세대들은 부모 세대의 이 같은 태도에 반발심을 갖게 되고 그들과의 대화에 벽을 느끼게 된다. 자녀 세대들 또한 부모 세대들을 동등한 입장에서 대화의 상대자로 여기지 않고 있다. 그들은 노인 세대들을 근대화의 세계 속에서 미약하고 불안정한 존재로 여기며 그들의 부모를 자신들에게 점점 더 의지하는 귀찮은 대상으로 여기는 경향이 많아진다.

이러한 상황에서 Church Round Table의 동등됨의 자세는 가장 중요한 대화의 모습으로 작용한다. 아더 왕은 누구도 우위에 서지 않고 누구와도 동등한 이야기를 할 수 있는 원탁을 만들 것을 지시했었다. 그 Round Table에는 모든 사람이 동일했으며, 어느 누구도 우월한 위치에 있지 않았다. 왕과 기사들 모두가 동등한, 아무도 높은 지위에 있는 사람이 없는 자유대화의 장소가 Round Table이었다. 동등함의 상징으로써 묘사된 Church Round Table은 상대방의 입장을 동등하게 수용하는 대화적 분위기를 이루어 나간다. 상대방의 입장을 동등하게 여기는 가치는 노인부양을 둘러싼 자녀 세대와 노인 세대 사이에 새로운 대화적 분위기를 이끌 수 있는 것이다. Church Round Table 안에서 상담자의 중재 아래 두 참여자(노인, 자녀)들은 어느 누구도 우월한 위치에 있지 아니하고 상대방의 입장을 완전히 받아들이는 열린 대화의 분위기를 이루어 나간다.

그러면 Church Round Table에서 어떻게 이러한 동등됨이 실천될 수 있을까? 우선적으로 성공적인 의사소통이 이루어지기 위해서는 다른 사람을 중요한 타자(significant other)로 여기는 것이다.[11] 다른 말로 하면, 상대방이 없으면, 나도 존재하지 않는다는 사고를 가질 때 상대방의 의견을 열린 마음을 가지고 받아들일 수 있는 것이다. 이같은 관점에서, 무조건적으로 다른 사람을 받아들이는 자세가 필요하다. 다른 사람을 객체가 아닌, 주체로 받아들이지 않고서는 갈등을 겪고 있는 두 사람 사이에 존경이 담긴 동등한 분위기가 만들어질 수 없다. 노인부양을 둘러싼 노인 세대들은 그들의 권위적인 자세를 내려놓고, 자녀 세대들을 향해 말하고 생각하는 동등한 마음을 가지고 받아들여야 한다. 동시에, 자녀 세대들 또한 부모 세대를 열등한 존재로서 생각하는 것이 아니라 활동적이고 동등한 파트너로서 인정할 때 동등한 접근이 이루어질 수 있다. 두 세대 간에 동등한 관계가 형성될 때 상대의 입장을 이해하고 받아들이는 자유로운 대화로 나아가게 된다.

"당신은 내가 보는 것보다 더 많은 것을 본다"는 관점에서, 무조건적으로 상대방을 받아들이는 모습이 필요하다. 상대방을 주체로서 받아들이는 자세 없이 서로 간에 존경심을 품고 동등함을 이루는 것은 불가능하다. 진정한 대화는 "다른 사람의 모든 입장의 진정한 장점을 발견하는 것"과 연관되어 있는 것이다.[12] 상대방의 생각과 입장을 완전하게 용납하는 자세는 노인부양을 둘러싼 한국 사회의 두 세대 간의 갈등을 풀기 위하여 꼭 필요한 실천요소이다.

Church Round Table에서 자녀의 의견을 무시하는 유교적 사고의 틀에서 비롯되는 권위적 흐름은 자녀 세대의 관점을 받아들이는 동등함의 모습으로 변화되어야 한다. 자녀 세대들 또한 노인 세대를 수동적 수용자나 완고한 권위주의자로 보는 것이 아니라 능동적이며 동등한 동반자로서 받아들일 때 진정한 대화의 장이 이루어질 수 있다. 부모 세대들과 판이하게 다른 성장배경 속에서 자라난 자녀들은 부모의 의견을 귀담아 듣지 않거나 소홀히 여기는 경향이 있다. 이는 삶을 살아가는 힘의 균형에 있어 부모가 이전에는 강하였지만 이제는 자신들보다 여러 부분에 있어 열세하다고 느끼며 그에 따라 그들의 의견을 덜 중요시 여기기 때문이다. 이 같은 마음이 자리 잡고 있는 상황에서는 계속적인 갈등구조가 생기게 된다. 자녀들이 부모 세대가 살아온 시대적 상황과 권위적 태도를 보일 수밖에 없는 배경을 이해하려는 마음과 더불어 그들의 생각과 경험을 '강점'으로 존중하고 수용하는 자세를 지닐 때 화해의 실마리가 생겨날 수 있다.

6. 화해(Reconciliation)

Church Round Table 안에서 갈등을 겪고 있는 두 세대 간에 Kenosis(자기 비움)와 Equality(동등됨)의 가치가 실천되어질 때, 마지막 주제인 화해가 이루어질 수 있다. 그것은 아더 왕의 이상적 주제인 'one for all and all for one'(모두를 위한 하나와, 하나를 위한 모두)이며 하나님과 죄인 된 인간의 화해를 위해 이 땅에 내려오신 예수 그리스도의 성육신의 목적을 드러내는 요소이기도 하다.

비록 갈등에서 화해의 장으로 나아가는 데 여러 장애물이 있을지라도 상담자와 두 갈등 대상자가 '화해를 위한 소통모델'로서의 Church Round Table의 가능성을 믿고 나아간다면 분명한 치유의 계기가 이루어질 수 있다. Round Table에서 나타나는 자기 비움과 동등의 가치가 실현되어 화해의 장으로 나아갔듯이, 노인부양을 둘러싼 두 세대 간에 자신들이 가진 우월적인 힘의 모습을 내려놓고 상대방의 위치에서 서로의 주장을 온전하게 받아들인다는 노력을 한다면 Church Round Table이 추구하는 열린 대화를 이끌어 낼 수 있다. 다음은 본 의사소통 모델의 세 가지 원리인 자기 비움, 동등됨, 그리고 화해의 가치를 도식화한 것이다.

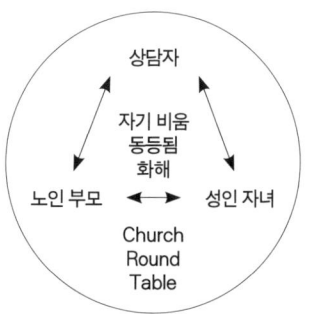

한국 사회에서 노인부양에 관한 세대 간 기대의 불일치는 많은 노인들과 자녀들 간의 갈등을 유발하고 가정과 사회문제를 야기한다. 두 세대 간의 갈등의 문제에 있어 일방적인 젊은 세대의 이해와 용납을 요구하는 것이 아니라 노인 세대가 그들이 가진 권위적인 자세와 마음을 비우고 열린 마음으로 자녀들 세대를 이해할 때 화해의 방향으로 나아갈 수 있다. 젊은 세대들 또한 자신들이 가진 기득권을 내려놓고 노인 세대들의 갈등과 어려움을 열린 마음으로 받아들인다면 둘 사이에 자유로운 분위기의 의사소통이 이루어 질 수 있다.[12]

결론

노인은, 늙었다는 이유로 생각과 태도에서 노쇠하고 완고하며 기술이 낡은 것으로 인식되는 측면이 있다. 이는 분명한 차별적 태도이며 편견이다. 하지만 오래된 옛 습성으로 인한 고집스러움 때문에 젊은 세대들과 생각의 차이를 일으키는 부분도 실제로 존재한다. 한국의 노인 부모와 성인 자녀는 우리 사회의 독특한 문화적 배경과 사회 변화 가운데 세대 간 갈등의 요소를 지니고 있다. 특별히 부양의 대상자인 부모 세대와 이에 대한 부담감을 가지는 자녀 세대의 고민 사이에서 두 세대는 충돌하고 있다. 현재의 중년 자녀들은 어려서부터 부모 세대와 친밀한 관계를 형성하지 못한 세대이다. 당시 부모들은 생존이 우선이었고 자녀들과의 관계를 생각할 만한 상황이 아니었다. 당시는 부모와 자녀와 쌍방형의 대화를 하는 사회적 분위기가 형성되지 못했던 시대였다. 두 세대 간 갈등과 충돌이 생겨나게 된 것은 어쩌면 당연한 현상일 수도 있다.

노인 부모와 중년 자녀는 자기를 비우고 상대를 동등하게 여기는 태도를 보이며 화해의 길로 나아가야 한다. 상담자는 두 갈등 대상자 사이에서 '중재자와 치유자'로서의 책임감을 가지고 함께 노력하며 '화해자'로서의 역할을 감당해야 한다. 부모 세대와의 화해는, 중년 세대에게 소중한 경험이다. 성장 과정에서 다소 일방적인 부모의 소통방식으로 힘들고 어려웠던 아픔을 지니고 있는 그들은 부모를 이해하고 대화하며 상처를 치유 받을 수 있는 계기를 만들 수 있는 것이다. 노인 부모 세대 또한 오직 가족을 위해 헌신하며 희생했던 지난날의 노고를 인정받지 못하며 외로움과 배신감에 젖어 있는 지금의 마음을 내려놓는 자세가 필요하다. 그리고 자녀를 인정하고 자신보다 더 낫게 여기는 모습으로 나아갈 때 소통의 토대가 이루어지는 것이다. 가장 가까운 관계이면서 서먹하고 힘겨웠던 노인 부모와 성인 자녀 관계가 화해의 길로 나아가게 될 때 우리의 가정은 '아픔에서 기쁨으로,' '갈등에서 평안'으로 변화되는 '기적'을 경험하게 된다.

크리스천 노인상담 : 행복한 노후의 삶을 위한 레시피

교회와 노인상담

목회는 잃어버린 한 영혼에 대한 간절한 관심이다. 그 관심은 구원의 영역도 있지만 성도가 처한 문제와 고통에 대한 부분도 해당된다. 노인은 우리 사회에서 '약자'에 속한다. '강자'였던 시대적 상황도 있었지만 이제는 노후의 여러 문제에 직면해 있으며 가정과 사회로부터 소외당하는 입장에 서 있다. 이제는 목회자들이 좀 더 이들이 처한 삶의 문제와 아픔들을 어루만지는 목회 상담적인 역량을 키우는데 노력해야 한다. 치유공동체로서의 교회의 본질을 추구해야 한다.

1. 한국교회가 지니고 있는 노인상담의 어려움

1) 가정문제 및 노인에 대한 무관심

2015년 한 해 동안 약 11만 쌍의 부부가 이혼하는 세태 속에서 당사자들과 그 가정의 자녀들은 대체로 해체된 가정으로 인한 아픔과 갈등을 겪을 수밖에 없다.[1] 높은 이혼율의 문제는 성도가 모인 교회 공동체라고 해서 별반 다르지 않다. 이 같은 현상은 선교 100여 년을 넘어서는 한국교회의 눈부신 성장 이면에 가려진 교회의 아픔이기도 하다. 물론 가정이 겪고 있는 어려움이 한국교회의 전적인 잘못만은 아니지만, 그동안 한국교회가 가정을 세우는 사역에 마음과 노력을 다하지 못한 것을 감안할 때 일정 부분 책임을 느껴야 하기 때문이다. 한국교회는 성장 위주의 목표로 인하여 '교회 중심주의'의 정책을 견지하여 왔다. 주일 예배 이외에도 주중의 수요기도, 금요기도, 구역예배 등 교회를 중심으로 한 성경공부와 행사를 가져왔다. 이러한 분위기로 인하여 한국교회는 많이 성장했지만, 그 이면에는 교회 그 자체를 사실상 하나님의 나라로 대체하려는 의식구조인 '교권주의(敎權主義)'가 흐르고 있다.[2]

이 같은 교권주의가 가져오는 많은 문제점 중의 하나가 교회와 가정 사이의 단절 현상이다. 그동안 한국교회는 교회를 향한 헌신과 봉사에 모든 시간과 역량을 쏟아 부어왔지만 가정을 향한 관심과 교육 및 치유에는 소홀히 해왔음을 부인할 수 없다. 오히려 교회 활동을 위해 가정의 희생을 일정부분 요구하였고, 가정을 세우기 위한 노력은 부족했다. 이러한 측면에서 한국교회는 가정을 향한 교회의 책임을 재정립하면서 가정을 세우는 일에 역량을 결집해야 한다.

한국 가정이 당면하고 있는 여러 문제점 가운데 하나는 노인 문제이다. 현재의 노인 세대는 가정과 사회를 위한 헌신과 노력을 다 바쳤던 세대이다. 하지만 갑작스러운 사회의 발전과 변화로 '뒷방 늙은이'가 된 듯 한 노인은 자신들의 역할 부재로 인한 상실감과 외로움을 지니고 있다. 교회는 이들을 이해하고 치유할 인식을 갖지 못하고 있는 것이 사실이다. 교회의 중추적인 역할을 감당하며 헌신의 세월을 보낸 후 '소외'의 시간을 보내는 노인들을 돌보고 아픔을 감싸주는 본질적인 역할을 감당하지 못하고 있다.

또한 노인들은 가족관계의 갈등요소를 가지고 있다. 가족 가운데에는 어린이 혹은 청소년 자녀와 부모와의 갈등도 있지만 성년 자녀와 노인 부모 사이의 생각의 차이와 갈등이 있다. 한국 사회는 급속한 경제발전과 함께 사회의 변화가 이루어지면서 세대 간의 차이가 생겼고, 그 간극이 세계에서 가장 큰 나라 중 하나이다. 한국 사회는 전통적으로 노인이 존경을 받아왔고 자녀들은 그들의 부모를 존중해 왔다. 자녀는 마땅히 지켜야 할 도리로서 부모에게 효를 다 했지만 부모와의 관계는 원활하지 못했다. 가부장적 수직적 관계 가운데 성장해 온 한국의 부모자녀 세대 간 관계는 자유롭게 자신의 이야기를 내어 놓고 상대의 의견을 듣는 자유로운 문화가 형성되지 않았다. 산업화의 발전 가운데 성장해 온 중년 세대들은 빠른 변화의 세태 가운데 여전히 엄격한 사고와 방식을 고집하는 부모와의 생각의 차이로 인한 갈등을 겪고 있다. 교회는 이러한 노인과 그들과 연관된 가정의 문제에 '무관심'의 모습을 보여왔음을 부인할 수 없다.

2) 가부장적 유교문화로 인한 상담대화 구조의 어려움

전통적인 한국 사회는 나이의 많고 적음이 중요시 되는 문화를 가지고 있다. 가정에서 할아버지(혹은 아버지)의 권위 아래 모든 가족이 순응을 하고 질서가 유지되었다. 남성 연장자의 말 한마디는 집 안의 대소사를 결정할 만큼 '질서의 규범'으로 작용되어 왔다. 부권(父權) 중심주의 문화는 가정과 사회에서 어른의 역할과 지위를 보장하였다. 가정의 부모에게 순종하고 사회의 모든 노인에게 존경을 표현하는 흐름은 소중한 덕목으로 이어져 왔다.

한국교회는 사회의 일반규범 안에서 존재하기 때문에 사회의 흐름과 분위기에 영향을 받을 수밖에 없다. 자연적으로 가정에서 지니는 전통적인 유교적 가부장적 어른의 권위는 교회 안에서 목회자에게 옮겨가게 되었다. 아버지의 말씀에 순종하고 따르는 것처럼 목회자의 지도와 권위에 복종하는 모습이 한국교회 안에 형성되어졌다. 교회 공동체를 형성하는 직분들인 장로, 안수집사, 권사, 집사, 평신도로 이어지는 수직적 구조 역시 교회를 이끄는 계급적 성격이 더해져 목회자의 위치 또한 그 모든 직분들을 이끄는 '가장'으로서의 모습을 띠게 되었다. 이러한 수직적 구조를 더욱 강하게 지탱할 수 있었던 것은 '하나님의 종이요, 말씀의 대언자'라는 목회적 권위였다. 가부장적 문화 가운데 형성된 어른에 대한 존중과 교역자에 대한 존경의 흐름 속에서 목회자는 교회 내 어른으로서의 지위와 이미지를 형성했다. 이 같은 모습은 한국교회의 성장을 이끄는 데 큰 역할을 감당하여 왔다.

하지만 교회의 공동체를 이끌고 어려운 난관들을 헤치고 나아갔던 '아버지'로서의 목회자의 진취적인 모습은 상대적으로, 성도들로 하여금 목회자에게 편안하게 다가서지 못하게 하는 요인이 되었다. 전통적인 한국 목회자의 이미지는 말씀을 선포하고 교회를 이끄는 '권위 있는' 리더였기에 성도들은 목회자를 존경하는 동시에 자신의 문제를 서슴없이 내어놓기 힘든 관계로 인식하였다. 목회자 또한 교회의 어른이자 목양을 맡은 책임자로서의 생각 때문에 성도들이 자신의 문제와 어려움을 이야기할 경우, 쌍방 소통형의 상담을 하기보다는 즉각적인 해결책을 제시하는 데 우선순위를 두었다. 시간을 내어 그들의 문제를 함께 아파하면서 어려움을 나누는 '친근한 대화적 구조'를 이끈다는 것은 목회자에게 익숙하지 않은 태도였다. 성도가 상담을 요청하면 목회자는 훈계 형식의 '설교'를 하고 성도들은 그 말씀을 들으면서 마음의 평화와 해결책을 찾기도 하지만 많은 경우 답답한 마음으로 발걸음을 돌리기도 했다. 이 같은 목회자와 성도간의 일방적 대화 구조는 한국교회 내에 흐르고 있는 '가부장적 계급구조'로부터 영향을 받은 경향이 있다. 서구 개인주의와 평등주의의 영향으로 많이 약화되어지기는 했지만 전통적인 교회 구조 가운데에서는 여전히 수직적 구조가 주류를 이루고 있으며 따라서 목회자-성도간의 양방형 상담 구조 형성은 쉽지 않은 상황이다.

'상담자'로서의 친근한 모습보다는 '목양자'로서의 목회자 이미지는 당연히 노인들과의 관계 설정과 그들과의 상담대화적 측면에 있어 어색함과 부담감이 될 수밖에 없다. 목회자 스스로도 그러하지만 노인들 또한 자신의 어려움과 문제를 목회자에게 다가가서 차분하게 대화를 나눈다는 것은 익숙하지 않다. 노인들에게 있어, 설령 목회자가 자신보다 연소(年少)할지라도 여전히 그들에게는 '아버지'와 같은 존재로서 다가오기 때문이다.

3) '대화 구조'에 익숙지 않은 남성 목회상담자로서의 특징

교육자의 역량과 성향에 따라 교육의 효과가 달라지듯이 상담도 마찬가지이다. 상담자가 어떠한 교육과 훈련을 받았느냐는 상담이 효율적으로 이루어지느냐 마느냐의 중요한 척도가 된다. 또한 상담자가 내향적이냐 외향적이냐에 따라 피상담자가 느끼는 반응에도 차이가 있을 수 있다. 그러면 상담자의 성별(性別)은 상담에 어떠한 영향을 줄 수 있을까? 우선적으로 상담자가 남녀의 차이는 앞서 말한 상담자의 '역량과 성향'보다는 상담 자체에 미치는 영향력은 그다지 크지 않다고 보인다.

하지만 분명히 남성과 여성의 태생적인 특징은 상담의 형태에 영향을 줄 수 있다. 남성은 대체로 논리적이고 일 중심적(혹은 해결적인) 성향이 강한 반면 여성은 감성적이며 관계 중심적인 성향이 더 강하다. 그러기에 남성이 갖고 있는 논리적이며 해결 중심적 특징은 문제를 풀어가는 데 도움이 될 수 있으며 여성의 섬세한 경청적 자세는 상처 받은 피상담자의 마음을 이해하는 데 긍정적 효과를 가져온다.

문제는, 한국교회는 남성 목회자가 절대적으로 많다는 것이고, 이러한 남성목회자들의 특성으로 말미암아 목회상담의 상황에서 문제에 대한 이해와 공감의 태도가 미흡하다는 것이다. 상담자가 문제를 해결하는 능력이 있다고 하더라도, 피상담자는 상담자가 우선적으로 그 마음을 이해하고 경청하려는 모습을 보일 때, 마음의 평안을 얻게 되고 그 자체만으로 상담의 큰 효과를 거둘 수 있다. 하지만 많은 남성목회자의 경우, 차분하게 문제를 듣고 공감하는 자세보다는 때로는 성급하게 문제를 판단하고 해결책을 제시하는 과정을 밟고 있다.

상담자는 문제를 가지고 있는 사람들의 아픔을 들어주고 어려움들을 해결해 주는 사람이다. 피상담자의 가슴 속의 문제를 함께 공감해 주지 않으면 피상담자의 마음을 열 수 없고 문제의 깊이에 도달할 수 없게 된다. 노인상담의 경우, 피상담자는 대체로 자신의 어려움을 선뜻 말하는 것이 힘들지만, 막상 상담이 시작되면 많은 이야기를 반복적으로 자세하게 풀어놓는 경우가 많다. 이러한 경우, 문제해결을 위한 논리적인 남성적 태도는 문제 해결적 측면에는 도움이 되기도 하지만 상담에 있어서 더욱 중요한 부분은 초기 관계 형성을 위한 감성적인 여성적 성향이다. '권면'이 효과를 거두기 위해서는 '공감'이 우선되어야 하는 것도 '관계'가 중요한 이유이다.

목회자가 피상담자의 입장에서 인내를 가지고 노인의 어려움을 관심 있게 들어야 하는 것은 효율적인 상담의 '기술적인' 측면이 아니다. 피상담자의 마음을 배려하고 그 아픔을 어루만지는 '태도적인' 성육신의 자세이다. 예수 그리스도가 전심으로 인간을 위해 육신으로 이 땅에 내려와 사람의 눈높이에서 구원의 사역을 이루었듯이 상담자의 권면이나 충고가 효과를 거두기 위해서는 피상담자의 마음을 헤아리는 공감과 이해가 필수적인 것이다.

남성목회자들은 태생적으로 관계중심적인 성향을 많이 지니지 못하였고 성장 과정에서도 그러한 경험과 교육을 받지 못한 측면이 있다. 그들은 가부장적 문화 가운데 가족들과의 친밀한 관계형성을 맺지 못했고, 자연스럽게 마음을 나누는 대화 구조의 형태에 익숙하지 않다. 대화 중심보다는 논리(성취) 중심적 관계를 맺었고 이는 목회 현장에서도 자연스럽게 이어졌다. 성도들의 고충에 대하여 들어주기보다는 지도하고 해결하는 데 익숙해 왔기에 성도의 말을 경청하고 상담대화적 관계 형성이 제대로 이루어지지 못하는 실정이다. 이 같은 목회자로서의 특성은 노인 목회상담의 역할을 익숙하게 감당하기 어려운 모습으로 드러난다.

4) 목회상담자로서의 전문성 결여

현대인들은 많은 문제를 겪으며 위기와 스트레스 상황 속에서 살아가고 있다. 목회는 이 땅에서 상처 입은 성도들의 마음을 헤아리며 그들에게 신앙의 가치와 방향을 정립하는 사역이다. 그러기에 목회사역에 있어 '상담'적 기능은 더욱더 필요하게 되었다. 성도들은 이전보다 많은 다양한 어려움들을 일상에서 경험하고 있으며 목회자들은 그들의 아픔을 돌보고 치유하는 역할을 하게 되었다.

교회 안의 노인들은 대체로 오랫동안 신앙생활을 해온 분들이 많다. 그렇기 때문에 신앙심이 깊고 겉으로 볼 때, 아무 문제가 없어 보이는 경우가 많다. 하지만 그들 또한 각자 지나온 세월의 무게만큼 여러 말 못할 사정과 어려움들이 있게 마련이다. 도리어 남들에게 보여지는 경험과 연륜이 주는 이미지로 하여금 섣부르게 자신의 문제를 드러내지 못하는 고충이 존재한다.

하지만 많은 목회자들은 힘들어 하는 성도들, 그리고 노인의 상황을 어루만져 주지 못하는 경우가 많다. 그 이유는 목회자들이 '신학과 교회의 전문가'로서의 모습에 비해 인간을 이해하고 마음을 보듬는 '치유자'로서의 성숙도가 부족하다는 데서 원인을 찾을 수 있다. 현실적으로 한국교회에서 목회자와 성도들과의 상담은 제대로 이루어진다고 볼 수 없는 상황이다. 그 우선적인 이유는 목회자 때문이다. 클라인벨은 목회자가 상담을 제대로 할 수 없는 두 가지 요인으로, 시간부족과 훈련부족을 들었다.[3] 첫 번째, 많은 예배 인도, 심방, 행정, 갖가지 모임, 그리고 예기치 않은 일 등으로 목회자들은 여러 가지 바쁜 일정에 쫓겨 차분하게 상담을 할 만한 시간적, 정신적 여유가 없다.

두 번째, 상담자로서의 훈련의 부족에 따른 문제가 있다. 상담사역에 있어, 인간에 대한 깊은 이해가 부족하고 훈련이 없는 경우에 상담을 감당하겠다는 것은 마치 소경이 소경을 인도하겠다는 것과 마찬가지이다.[4] 목회자의 상담에 대한 학습과 훈련부족은 당연히 상담 실행의 어려움을 낳을 수밖에 없다. 이 같은 현상은 이미 신학교 교육에서부터 예견되어진다. 현재 대부분의 신학대학원에서 상담과목은 전체 과목 중 1과목 정도에 불과하다. 더구나 상담실습은 전무하다. 노인상담을 제대로 하기 위해서는 노인학, 노인심리 이해, 노인상담 실습 등 '노인'이라는 특정 계층을 위한 상담의 이론과 실습이 이루어져야 하지만 실제로는 상담의 기본을 이해하는 정도로 끝나는 실정이다.

이렇게 부족한 상담 교육체계를 거쳐 목회자는 교회 안에서 '전문상담자'로서의 지위를 지니고 수많은 사람들을 만나고 상담하게 된다. 교회 내 상담을 할 수 있는 역량의 '절대 시간'과 '절대 훈련'이 부족한 것이다. 그 가운데 목회자들이 성도들의 문제를 접하고 이들과의 상담에 부담감을 느끼는 것은 어쩌면 당연한 결과이다. 상담의 전문적 역량이 부족하기 때문에 본인의 삶의 경험과 신학적 역량만을 토대로 상담을 할 수밖에 없게 된다.

2. 치유공동체로서의 교회의 역할

현대 사회는 급변하는 근대화와 산업화로 말미암아 삶의 변화를 가져오게 되었다. 1960년대 들어 한국은 농경사회에서 산업사회로 바뀌었고 70-80년대를 거치며 물질적인 풍요를 이루어 가게 되었다.

90년대부터는 인터넷의 발달로 일부에 한정되었던 정보를 손쉽게 누리는 편리함을 경험하였다. 그러나 생활의 부유함과 편리함에 반비례하여 사람들의 정신세계는 황폐해지기 시작하였다. '물질 만능주의'와 '성공주의'의 가치관을 지향하는 모습으로 인하여 우리들의 삶은 바빠지기 시작하였고 경쟁적으로 바뀌었다. 이러한 가운데 현대인들은 점점 지쳐갔으며 정신건강에 부정적인 영향을 끼치며 내면세계의 갈등과 고민, 그리고 삶의 여러 부분에 있어 어려움을 겪고 있다.

교회는 이렇듯 문제와 고민 속에 힘들어 하는 사람들이 모인 공동체이다. 교회 구성원들은 예수 그리스도를 구원자로 믿고 하늘의 가치를 따라가기를 소망하는 믿음의 성도들로 구성되어 있지만 여전히 '죄인'된 신분으로 연약한 인간 본연의 모습을 지니고 있다. 그렇기 때문에 교회는 이처럼 고통의 여정 가운데 있는 영혼들을 향한 치유의 공동체이어야 한다. 칼빈은 교회를 '어머니의 따스한 품'으로 비유했다. "하나님은 교회의 품속으로 그의 자녀들을 모으시기를 기뻐하시고, 이들이 유아와 어린이로 있을 동안 교회의 도움과 목회로써 양육시키고, 이들이 장성하여 신앙과 목표에 도달할 때까지 교회의 어머니다운 돌봄으로 인도하신다."[5] 이렇듯 교회는 이 땅의 모든 여리고 연약한 이들의 상처어린 마음을 보듬고 치유해 주어야 할 사명을 지니고 있다.

하지만 한국교회는 진정한 '치유자'의 모습을 보여주지 못하고 있다. '소통과 안식'의 이미지보다는 사람들로부터 '충돌과 갈등'의 모습을 보여 왔다. 교회 안에서 성도들의 문제를 싸매주기보다 오히려 아픔을 외면하고 들추어내는 경우도 발생하였다.[6] 어머니로서의 따스한 성품 속에서 '자녀 된 성도'들이 온전히 자라나야 하지만 교회와 목회자가 그러한 역할을 뚜렷하게 보이지 못함으로 한국교회는 사회로부터 긍정적이지 못한 모습을 보이고 있다.

그럼에도 불구하고, 여전히 교회는 돌봄 사역의 소중한 현장이다. 예수 그리스도의 돌봄을 통해서 치유와 돌봄을 경험하게 함으로써 연약한 이들을 세우고 그들을 복음의 능력으로 살아가게 만드는 것이다.[7] 교회는 한국 사회의 디딤돌이 되었던 노인들, 그리고 이제는 역사의 뒤안길에서 이전의 영광(榮光)을 그리워하며 힘겨운 마음을 추수리고 있는 그들을 하나님의 따스한 품으로 감싸 안아 주어야 한다. 그들의 헌신과 희생의 뒷받침 가운데 이룬 현재의 가정과 사회, 그리고 교회의 모습에 대한 감사의 마음을 잊어서는 안 된다. 그리고 그 공로에 대한 보상과 보답을 할 수는 없을지언정 그들의 아픔과 어려움을 외면해서는 안 된다. 교회는 노인들을 향해 순전한 돌봄의 마음과 실천이 있어야 한다.

3. 노인을 위한 교회에서의 상담

1) 필요충분조건, 목회자의 역할

목회자는 설교와 교육, 그리고 심방 등 모든 목회의 영역 가운데 성도들을 돌보고 그들의 영적 돌봄을 이루어야 한다. 목회자는 영혼을 소생시키고 휴식을 주며 심령의 평화를 누리게 하는 목양의 책임을 지니고 있다.[8] 목회자는 상담 사역에 관하여 소명을 받은 사람으로 복된 소식을 선포하고 성령께서 중생시키신 사람들에게 하나님의 말씀을 전하는 특별한 사역을 위하여 부름을 받은 사람이다.9 제이 아담스(Jay E. Adams)는 목회자의 상담에 대해 "목회자는 상담사역에 있어서 특별한 소명을 받은 사람이며, 목회상담을 위한 가장 좋은 훈련은 신학교육"10이라고 하면서 이를 강조하였다. 치유공동체로서의 교회의 중심에는 목회자가 존재한다.

먼저 목회자들이 상담에 대한 필요성을 느끼고 이에 대한 관심과 노력이 개인과 주변에 있을 때, 상담을 통하여 교회 공동체 안에서 서로의 아픔을 나누고 세워가는 상담의 분위기가 세워지고 그 가운데 치유의 기쁨이 만들어 질 수 있다. '상담을 통한 치유'에 대한 목회자의 지속적인 관심과 노력 가운데 성도들의 적극적 참여와 훈련이 함께 이루어진다면 교회 공동체에서의 상담은 성도의 삶을 치유하고 변화시키는 사역으로 자리를 잡아갈 것이다. 노인을 위한 교회에서의 상담이 정착되기 위한 가장 중요한 요소 역시 목회자의 관심이다.

사회와 개인에게서 생겨나는 여러 심리적, 영적 문제로 말미암아 교회 안에 상담의 필요성은 목회자들 사이에서도 그 어느 때보다도 절실하게 느껴지고 있다. 이러한 시대적 변화의 흐름 가운데, 좀 더 효율적인 상담교육이 이루어져야 한다. 먼저는, 신학교에서 성경적 가치관에 입각한 기독교 상담의 교육시간과 방법을 위한 연구와 노력이 이루어져야 한다. 그리고 목회 현장에서 상담의 어려움을 느끼고 있는 목회자들을 위한 상담교육이 총회와 노회의 유기적인 연계 가운데 이루어 질 필요가 있다.

목회자의 기독교 상담에 대한 바른 인식 전환과 교회 안의 상담을 위해서는 기독교 상담의 교육이 필요하다. 목회자가 인본주의적 상담 이론에 대한 분별력이 있을 때 교회 안에서 활용되어지는 상담 이론에 대해서도 바른 판단을 할 수 있으며 선별할 수 있게 된다. 교회 안의 성도가 기독교 학교에서 상담을 배웠다고 해서, 혹은 기독교 상담을 공부했다고 해서 무조건 교회 안에서 상담사역을 허락하는 것도 목회자의 기독교 상담에 대한 무관심이자 무지일 수 있다. 기독교 학교 안에서도 일반 상담 이론을 배울 수 있으며, 기독교 상담이라고 해서 모두가 성경적 가치에 근거를 둔 상담 이론이 아니기 때문이다. 그렇기 때문에 목회자가 성경적인 기독교 상담을 배움으로써 먼저 바른 일반 심리 이론이 교회에 끼칠 수 있는 위험성을 인식할 수 있고 교회에서 온전한 기독교 상담을 행할 수 있다.

교회 내에서 노인상담을 위해 가장 중요하고 효율적인 부분 또한 목회자의 역할이다. 실제로 한 조사에서 자살 충동과 관련하여 목회자의 이야기를 듣고 마음을 돌린 경우가 제일 많은 것을 볼 수 있다.[11] 그러므로 목회자의 상담에 의해 많은 문제를 지니고 있는 노인들과 그 가족들을 치유의 길로 나아가게 할 수 있음을 볼 수 있다. 목회상담의 역할이 강화된다면, 성도들의 문제가 공동체 안에서 좀 더 다루어지게 되고 그 가운데에서 성도들의 문제, 가정의 어려움이 치유되어지는 역사가 일어난다. 노인들의 상처와 아픔 역시 목회상담을 통한 믿음의 공동체, 사랑의 공동체 안에서 하나님의 치유의 역사를 경험하며 회복되어 갈 수 있다.

2) 영혼을 돌보는 교회의 모습

교회가 돌봄의 공동체가 되기 위해서는 목회자와 성도 모두가 이를 위한 노력과 수고를 해야 한다. 성도는 각자의 맡은 자리와 영역에서 지체들의 어려움과 아픔을 함께 공감하며 위로할 수 있어야 한다. 또한 목회자는 목회 영역에서 한 영혼을 향한 세심한 마음과 사랑이 표현되어질 때 교회는 그리스도의 몸 된 교회 안에서 하나 됨과 사랑으로 회복되어 질 수 있는 것이다.

교회는 상처입은 영혼을 돌보는 본질의 모습을 회복해야 한다. 이를 위해서 한국교회는 다른 어떠한 것보다 생명을 살리는 이 문제에 대해 중지를 모으고 연합적 노력을 실천해야 한다. 예를 들어, 가전제품이 고장 날 경우, 전국 어디에서든 소비자 거주지 중심으로 제품의 수리 및 보완을 받을 수 있는 서비스센터가 존재하듯이 한국교회가 힘을 합친다면 충분히 검증된 상담센터를 각 도시 혹은 지역마다 세울 수 있다. 그래서 우울증 혹은 삶 속에서 감당하기 힘든 여러 문제들이 발생되었을 경우, 언제든 지역에 연결된 기독교 상담연구소 혹은 상담실을 찾아갈 수 있는 시스템이 구축된다면 치유 효과가 충분히 있으리라 여겨진다.[12] 물론 교회마다 상담실이 존재하면 더할 나위 없이 좋겠지만 현실적으로 쉽지 않기에, 교단을 초월하여 지역교회가 힘을 합치거나 혹은 노회별로 '기독 상담센터' 설립에 마음과 힘을 합칠 수 있다. 각 교단과 한국교회가 이 부분에 뜻을 모은다면 우리 사회가 미처 역할을 감당하지 못하는, 뜻 깊은 치유사역에 앞장 서는 것이다. 더 나아가 상담을 통하여 '치유를 통한 복음사역'[13]을 자연스럽게 행할 수 있다. 지역사회에 존재하는 상담실을 통해 비기독교인이 상담을 받을 수 있기 때문이다. 그리고 상담과정에서의 관계형성이 이루어지고 복음이 소개되어질 수 있다.

삶의 어두운 문제를 지니고 있는 젊은 세대의 사람들처럼 교회의 노인들 또한 남들에게 말할 수 없는 우울증, 학대, 성(性) 문제, 자살

등 갖가지 문제들에 노출되어 있다. 사회 가운데 많이 드러나지 않지만 심각한 어려움들을 간직하고 있는 실정이다. 그렇기 때문에 교회는 노인들을 위한 실제적인 '살리는 운동'을 실천해야 한다. 이제는 외형적 성장에 치중했던 과거의 행적을 회개하는 마음으로 가정과 교회를 살리고, 무엇보다 소외받는 이 땅의 영혼들의 회복을 위한 노력을 적극적으로 시작해야 한다.

3) 구역제도를 통한 상담

보통 4-7명 정도의 구성원으로 이루어진 '구역'은 소그룹 모임 형태로써, 지금까지 한국교회 안에서 성도 간의 관계를 맺는 가장 기본적인 조직으로 존재하여 왔다. 교회에 처음 출석한 사람들에게는 소속감을 심어주는 중요한 친교의 장을 마련해 주기도 하고, 개인적인 침체의 경험을 하고 있는 이들에게는 위로와 격려를 제공해 주는 역할을 해 왔다. 구역제도를 통한 상담형태는 주일 예배 모임만으로는 이루어지기 힘든 '개인 신앙 점검과 문제 해결'의 활성화를 통해 성도들의 삶을 더욱 풍성하게 할 수 있다.

소그룹으로서의 구역이 가지고 있는 요소 중 하나는 교제 가운데 삶의 변화를 일으키는 중요한 역할을 한다는 것이다. 이것은 일종의 소그룹 치료 요소라 할 수 있다. 구역 조직이 상담의 중요한 역할을 감당할 수 있는 근거는 먼저, 구역의 성격 때문이다. 구역에서는 자기 개방이 다른 형태의 모임에서보다 쉽게 나타나는 것이 특징이다. 구역마다 보편적으로 일주일에 한 번씩 모여 예배를 드리고 그 후에 교제가 이루어진다. 이러한 개방성과 지속성이 이 모임을 상담의 중요한 장으로 활용할 수 있는 이유가 된다.

구역의 인도자가 상담자로서의 역할을 감당할 수만 있다면, 이 공동체 안에서 누구에게도 말할 수 없는 내적 아픔과 문제가 드러날 수 있고, 말씀에 근거한 회개와 치유의 역사가 일어날 수 있다. 구역장들은 이미 구역원들의 사정을 알고 이해하는 공감대가 형성되어 있기 때문에 준비된 구역장이 '상담자'로서의 역할을 제대로 실행한다면 기대 이상의 효과를 거둘 수 있는 것이다. 삶의 심각한 문제를 가지고 있는 성도라 할지라도 대부분 목회자에게 선뜻 상담을 요청하지 않는 한국교회의 정서로 미루어 볼 때, 구역장은 교회 내에서 성도들이 겪고 있는 개인적인 상처를 하나님의 사랑으로 감싸주는 치유자로서의 역할을 감당할 수 있다.

이러한 구역 공동체는 비슷한 위치의 거주지에서 자주 만나기 때문에 다른 어떠한 모임보다 친밀할 수 있다. 그렇기 때문에 구역 안에서 자신의 문제를 허심탄회하게 내어 놓을 수 있는 장점이 있는 반면에 개인적인 비밀이 구역 밖으로 퍼질 수 있다는 단점도 있다. 그러므로 서로의 문제를 듣고 비밀을 지켜야 하는 상담자로서의 기본 윤리를 지속적으로 교육, 강조하는 것도 중요하다. 또한 구역 제도를 통한 상담은 교회 안에서의 실제적인 상담 형태인 동시에 평신도의 잠재성을 활용한다는 측면에서도 긍정적이다.

우리 사회는 노인 인구가 점점 많아지고 있기 때문에 교회 내에서 구역원의 구성 또한 연로한 분들이 많아질 수밖에 없다. 그렇기 때문에 구역장은 노인들을 위한 최적화된 상담자이다. 피상담자와의 관계가 이미 형성된 평신도 사역자인 구역장을 상담자로 교육시키고 이들을 통해 구역원들 혹은 지역의 믿지 않는 이들을 상담케 하는 것이다. 이를 위해서는 목회자의 결단과 의지가 필요하다. 부교역자 혹은 평신도 지도자에게 상담교육을 시키고 그들에게 목양을 맡기는 '동반자적 목회 파트너쉽'이 없이는 불가능하다. 목회자의 인식전환과 노력 가운데 평신도 동역자인 상담자를 통해 열정어린 상담이 진행되어진다면 이들을 통해 노인과 속한 가족의 갈등과 문제들이 훨씬 많이 치유되어질 것이다.

4) 세대 간 갈등 해소를 위한 목회적 노력

교회는 노인부모와 성인자녀 간 갈등을 겪고 있는 부모 혹은 자녀들을 위한 관심을 가져야 한다. 이들을 직접 상담의 장으로 이끌어 서로간의 마음을 열고 상대의 생각을 열린 마음으로 받아들이는 관계로 이끌어 주어야 한다. 하지만 현실적으로 목회자가 전문적인 상담자는 아니기 때문에 세대 간 갈등을 상담하는 것이 쉽지 않다. 그럼에도 불구하고 목회자는 갈등의 해결과 화해의 장을 만들어 주어야 한다.

설교를 통해 성경적인 노인의 모습, 자녀에 대한 이해, 갈등 상황에서의 신앙적인 화해의 바른 모습 등을 전할 수 있다. 공과공부, 세미나 등을 통해서도 세대 간의 차이와 이해에 대해서 지속적인 교육을 할 수 있다. 직접적인 상담이 힘든 경우, 전문 상담자에게 그 역할을 맡길 수 있다. 세대 간 갈등은 교회 내에서 눈에 보이는 직접적인 문제는 아니지만 가정의 중심축을 이루는 부모자녀 관계에 있어 큰 어려움이요, 후대에까지 이어지는 중요한 요소이다. 그렇기 때문에 목회자가 이 부분에 관심을 갖는 것은 가정을 세우는 사역에 함께 하는 의미 있는 목회의 방향이다.

또한 세대 간 갈등 해결을 위해 실제적인 방안을 실천할 수 있다. 교회교육이 교회에 대하여 새로운 힘을 공급하여 주려면 그것이 공동체에 뿌리박은 교육이 되어야 한다.[14] 교회는 전 세대가 한데 어우러져 신앙으로 함께 세워져 가는 공동체이다. 그러므로 교회 안에서 어린아이와 부모, 그리고 조부모가 함께 예배드리고 친교함으로써 세대 간의 갈등을 허물고 하나님 안에서 진정한 가족으로서의 영적 교제를 나누어야 한다.[15] 교회의 상황마다 다르겠지만, 가능하다면 한 달에 한번 혹은 분기별로 전 세대가 함께 예배를 드리는 것은 세대 간의 공감과 이해를 불러일으킬 수 있는 좋은 프로그램이다. 함께 예배를 드리며 공동의 경험을 나누고, 예배 후 세대가 함께 어울리는 순서와 각 세대에 맞는 교육과 상담이 병행되어진다면 효과를 극대화시킬 수 있다. 1-2년에 한번 정도, 1박 2일, 혹은 2박 3일의 전 세대가 함께 참여하는 캠프 프로그램 또한 각 세대 간의 대화를 유도하고 함께 어울릴 수 있는 좋은 시간과 공간을 마련해 줄 수 있다.

결론

칼빈이 언급한 '어머니의 품과 같은 교회'의 모습은 현대 교회가 앞으로 나아갈 방향을 제시하고 있다. 특별히 한국교회는 사회로부터 부정적인 이미지로 비난받고 도외시 당하고, 공격당하고 있다. 교회 안에서조차 서로의 상처와 아픔을 치유해 주기보다는 다른 지체의 고통을 들추어냄으로 그 상처를 도리어 크게 만들기도 한다. 교회는 예수 그리스도의 놀라운 은혜로 말미암아 고통 받고 소외당하고 힘들어 하는 영혼들이 쉼을 얻고 성장하는 믿음의 공동체이다. 그렇기 때문에 목회자는 서로 간에 위로하고 소망을 주는 사랑의 공동체를 이루기 위하여 먼저 스스로의 모난 부분을 깨트리는 작업에 임해야 한다. 상담을 통해 자신이 바로 서고, 성도들을 바로 세울 때, 진정 교회는 어머니의 따스한 품처럼 모든 이들을 감싸 안을 수 있으며, 그같은 진정성이 보일 때, 이 사회는 교회를 새로운 눈으로 바라볼 것이다. 노인은 가정과 사회에서 소외된 존재로 살아간다. 교회에서마저 노인들을 따스함으로 대하지 않는다면 그들은 갈 곳을 잃고 헤매일 수밖에 없다. 상담을 통한 치유공동체야말로 다양한 삶의 변화와 어려움 속에서 신음하고 있는 이 세대를 살아가고 있는 노인들에게 절실히 필요한 사역이며 치유사역의 본질을 실행하는 교회 존립의 목적이기도 하다.

노인 성(性) 상담

  노인에게 있어 성(性)의 문제는 가장 원초적인 욕구이면서 미묘하고 복잡한 사안이다. 다른 문제들과 달리 노인의 성은 사회적으로 부정적인 시각이 많기에 이 부분을 드러내 놓고 다루기 힘들기 때문이다. 하지만 노인에게 성은 하나님이 부여하신 선물이요 자연스러운 삶의 현상이다. 가족이나 사회가 노인의 성을 온전히 이해하지 못하면 노인의 속 깊은 마음과 고민을 외면하게 된다. 노인에게 있어 성의 문제는 조심스럽지만, 중요한 이슈이다.

1. 노인의 성에 대한 이해와 실태

1) 일반적 인식

  성(性) 문제만큼 인류사 가운데 오래 되었고 큰 영향력을 발휘하는 것은 드물 만큼 인간의 삶 가운데 성은 큰 비중을 차지하고 있다. 하지만 이러한 중요성에도 불구하고 성에 대한 연구는 인간 생활 가운데 가장 미진한 분야이다. 특히 노인의 성과 성생활은 관심의 대상이 되지 못했다.[1] 그 이유는 일반적으로 우리 사회가 '젊음지향'을 추구함으로써 노인들에 대한 관심이 덜해지는 것처럼 노인들의 성 문제 또한 그 범주에서 벗어나지 않았기 때문이다.

우리나라의 경우 성행위를 인간의 가장 원초적인 욕구로서 남녀간의 사랑과 친밀감의 표현방법으로 간주하지 않았고, 성을 자녀의 출산을 위한 과정으로서만 의미를 부여하였다. 그래서 성에 대한 욕구의 억제를 미덕으로 삼았다.[2] 이러한 성문화는 현대 사회에 들어서 큰 변화를 가져와 이성간의 성적인 욕구와 행위가 자연스럽게 표현되기 시작했지만 노인들의 성행위에 대해서만큼은 노인들 스스로 뿐 아니라 사회 전체가 아직까지 부정적인 시각으로 바라보는 실정이다. 나이가 들면 성에 대한 관심이 없어지거나 성행위를 할 수 있는 신체적 기능이 불가해진다고 생각한다. 그래서 노인들이 성에 대한 관심을 표현하는 모습을 '꼴불견'으로까지 여기는 것은 '노인들은 성과 연관성이 없다'라는 이 시대의 성(性)인식 때문이다.

어른이 성(性)을 논한다는 것 자체가 천한 것으로 여겨지는 '유교적 양반문화'는 성에 대하여 노인 스스로 움츠러드는 결과를 낳게 되었다. 한국 사회에서 노인은 가정의 대소사를 결정하는 '큰 어른'으로서의 역할을 감당하는, 권위와 존경의 대상이었다.[3] 그런 어른이 음지에 속해 있는 성과 관련된 문제를 호소한다는 것은 그들에게 있어 '있을 수 없는' 일인 것이다. 그러므로 노인의 성은 감추어져 왔으며, 젊은 세대들은 노인의 성에 대한 무지와 무관심의 태도를 보이게 되었다.

2) 성에 대한 실태/ 노인의 성(性)은 살아있다

'죽어도 좋아'(2002)라는 노인의 성(性)을 다룬 영화의 출현은 한국 사회에서 이전까지 음지에서 존재하던 노인의 성을 양지로 끌어들인 역할을 감당하였다. 그 전까지 노인들에게 있어 성은 드러내기에 점 잖지 못한 이슈였으며, 더구나 '노인이 무슨 성적 문제냐?'라는 식의 사회적 편견으로 인해 노인들의 성은 더욱 뒤로 감추어져 갔다.[4] 하지만 그 이후 노인들의 성에 대한 관심과 연구가 많아졌다.

대부분의 노인은 실제로 이성에 대해 성적 욕구를 느끼고 성적 상상을 하며 기회가 된다면 이성 친구를 사귀고 싶다고 대답하는 경우가 절반이 넘는다. 이는 결국 노인들이 느끼는 성적 욕구나 필요성이 젊은이들과 비교해 볼 때 그다지 차이가 없으며 단지 노인이라는 신체적, 생리적, 사회적 위치 등의 어려움이 성적 욕구를 현실적으로 충족시키기 어렵게 만드는 측면이 있다.[5] 노인들은 실제로 성에 대한 욕구와 관심을 가지고 있으며 이를 표출할 수 있는 신체적 능력을 가지고 있다. 인간의 성적 반응은 노화 과정에 의해 느려지기는 하나 없어지지는 않는다. 남성 노인들의 경우 지속적인 성생활이 이어지고 그와 유사한 환경이 규칙적으로 주어질 때 건강 여부에 따라 80대까지도 만족스러운 성생활을 할 수 있으며 여성 노인들 또한 원만한 성적 능력을 유지한다.[6]

고령사회에 들어와 오늘날 대부분의 노인들은 과거의 노인들에 비해 더 많은 시간들을 노후에 보내게 되었다. 자녀와 가족을 위해 헌신했던 시기를 지나 새롭게 인생을 누리고 활기찬 세대라는 측면에서 '신중년(新中年)'(60세-75세)이라는 신조어가 생겨나기까지 하였다.

새롭게 자리매김한 노년 세대들이 건강한 삶을 살아가기 위해 필요한 것 중의 하나가 성에 대한 대처인식과 능력이다. 아직까지 노년의 성에 대한 전통적인 인식이 남아 있지만 실제로 노년 세대들은 통계적으로, 실제적으로 성에 대하여 적극적이며 혁신적인 모습을 보이고 있다.

2. 노인의 성과 연관된 특징

1) 생물학적 요인

성적 능력에 관한 연구결과 일반적으로 노인과 젊은이들 사이에는 차이가 발생하였는 데, 남성의 경우, 노인은 젊은이보다 발기하기까지 시간이 더 걸리고 발기 시간은 더 길고 사정에 대한 감각은 줄어든다. 절정기에 수축의 강도와 빈도가 줄어들고 정액의 양도 적어진다. 사정 후에는 발기가 더 급격히 사라지고 재발기에 걸리는 시간도 길어진다. 이러한 변화는 테스토스테론(Testesterone)이 부족하기 때문이며 그 변화는 사람들마다 크게 다양하다.[7] 여성의 경우 에스트로젠(Estrogen)이 분비되지 않음으로 질경련, 불감증 등이 찾아온다.[8] 에스토로젠이 결핍되면 피부 감각이 상실되어 애무나 삽입시 쾌감을 느끼지 못할 수 있는데, 이는 에스토로젠 투여로 교정할 수 있다. 남성들과 마찬가지로 여성 노인들도 절정기 이후에 각성 수준이 더 빨리 떨어진다. 하지만 여성이 젊은 시절부터 주 1-2회씩의 정기적인 성적 자극을 받아왔다면 이러한 생리적인 변화들은 상대적으로 크지

않다.9

　성행위는 노인 남성과 여성에게 있어 여전히 중요한 측면이다. 노인의 성기능적 변화에 따른 문제는 의학 및 심리학적인 방법을 통해 치유되어질 수 있다.10 사람들은 일반적으로 노인이 되면 성적 관심이나 능력 모두 쇠퇴한다고 생각한다. 그러나 노인이 됨으로써 발생되어지는 성기능의 저하현상은 정상적인 부분임에도 불구하고 성기능 장애로 잘못 생각하는 경우가 많이 있다.11

　성생활을 계속하는 노인들은 그렇지 않은 노인들과 비교하여 노인성 질환의 유병율이 적기 때문에 노인들이 겪게 되는 의료비용을 절약할 수 있다. 그리고 노후의 생활만족도를 높일 수 있으므로 노후의 성생활은 중요하다. 하지만 문제는 노인 스스로가 그들의 성생활에 대해 부정적인 고정관념을 가지고 있는 것이다.12 노인들이 경험하는 생리적 변화와 차이에도 불구하고 노인의 성행동 패턴은 젊은 사람들과 큰 차이가 없다. 상담자는 성에 대한 부정적 태도와 편견을 피상담자가 가지고 있다면 이를 바꿀 수 있도록 도와주어야 한다. 그리고 노년기에 가질 수 있는 다양한 신체적 질병과 관련된 성적 한계와 대안을 알려주는 것도 중요하다.13 무엇보다도 피상담자가 성에 대해 보다 적극적인 자세를 가질 수 있도록 이끌어 주어야 한다. 성에 대해 관심을 가지는 것이 결코 부끄러운 것이 아닌, 지극히 당연한 것이며 도리어 건강하다는 증거임을 인식시키며 도와줄 필요가 있다.

2) 심리적 요인

　사람의 성기능은 20세를 기점으로 하여 절정에 이르렀다가 서서히 저하하는 과정에서 심리적인 영향을 받게 된다. 더욱이 노인이 됨으로써 경험하는 건강의 쇠퇴와 은퇴 등으로 이루어지는 현실적 어려움과 더불어 성기능의 약화는 심리적인 반응을 일으키게 된다. 이제는 성적인 관심과 행위는 멀어졌다고 생각하거나 자신의 나이가 있으니 불가능하다고 느낌으로써 성적 욕망이나 표현을 포기하기도 한다.[14] 자신의 성적 매력에 대해 부정적으로 인식하기도 하고 성적 욕망과 분출에 대해 죄의식을 갖기도 한다. 또한 노화, 발기부전 등 건강 악화와 더불어 성관계 성공에 대한 두려움을 느낀다. Master와 Johnson은 남성 노인의 경우 성행위의 중단이나 실패는 신체적인 면보다는 성교 실패의 두려움과 성행위에 대한 성공의 걱정과 같은 심리적인 면이 더 중요하다고 말하고 있다.[15]

이 같은 심리적인 영향은 직접적이기보다는 노인의 성에 대한 사회의 부정적인 견해가 지배하는 데에서 원인을 찾을 수 있다. 노인들은 성생활을 하지 않으며, 성적 욕구가 희박하며, 여성은 폐경과 함께 성행위는 막을 내리고 성행위는 인체에 해롭기 때문에 성은 노인에게 불필요하고 성행위를 자제하는 것이 바람직하다는 편견이 아직까지 우리 사회에 남아있는 실정이다.[16] 노인들은 성의 문제를 지니고 있으면서도 사회적 무관심과 사회 및 가정의 중심에서 물러나 있는 '왜소함'의 분위기 때문에 성의 이슈를 겉으로 꺼내기 힘들어 한다.

상담자는 노인 피상담자로 하여금 그들이 느끼는 성에 대한 고민과 두려움을 자유롭게 상담자에게 말하도록 권고해야 한다. 노인들의 성과 관련된 부분에 대한 부정적인 사회의 이미지에 계속 신경을 쓰고 스스로를 억압하다 보면 자신이 문제를 갖고 있는 부적절한 존재라고 느끼게 된다. 이러한 생각은 내적인 불안으로 발전한다. 게다가 마음에 갖고 있는 고민과 생각을 내어 놓지 않는 상황이 지속되면 급기야는 문제에 짓눌려 버리게 된다. 다시 말해 강박 증세를 갖게 되는 것이다.[17] 과도한 불안 때문에 만성적인 우울 상태나 신경증 상태에 이르기도 하며, 심한 경우 자살을 선택하기도 한다.[18] 기독교 상담자는 성적인 문제로 힘들어 하고 두려워하는 노인들을 향해 성에 대한 하나님의 계획과 인도하심을 이야기해 주어야 하고 올바로 이해시켜야 한다.

3) 사회 환경적 요인

성에 대한 노인의 관심과 욕구는 사회적 문제와 범죄로까지 이어진다. 2009년 서울특별시 산학협력단의 조사에 의하면 노인들이 경험하는 성문제 다섯 가지[19] 중 사회적 문제로서 성매매와 성범죄 두 가지를 발표하였다. 첫 번째, 성매매는 매춘업소를 방문하거나 원조교제를 하거나 등산지, 공원, 쪽방 등에서의 성매수를 말한다.[20] 한국소비자원이 2012년 10월 2일 '노인의 날'을 맞아 전국 60대 이상(평균 72.1세) 노인 500명을 대상으로 조사한 바에 의하면 성매매 경험을 한 노인비율이 46.5%였다. 그 가운데 성병감염 경험이 있다는 사람이 32.1%로 나타났다. 확인된 성병의 종류는 임질(17.0%)과 요도염(13.8%), 매독(6.4%) 등이었다.[21]

노인 성문제의 두 번째의 경우 성범죄로서, 2013년 10월 국회 안전행정위원회 김영주(새누리당) 의원이 경찰청으로부터 제출받은 성범죄 현황 자료에 따르면 61세 이상 노인이 저지른 성범죄 건수가 2008년 710건, 2010년 955건, 2012년 1104건으로 증가했다. 범죄

유형별로는 강간·강제추행이 가장 많았고 통신매체 이용 음란, 카메라 촬영 등이 뒤를 이었다.[22]

이 두 가지 요소의 공통점은 성적인 욕구의 분출이다. 노인의 성에 대한 사회의 부정적인 인식 때문에 노인 스스로가 성행위를 자제하거나 포기하는 경우도 있지만 그렇지 않은 경우 성적인 욕구가 표출될 수밖에 없다. 그 결과가 성매매이고 성범죄이다. 하지만 아직까지도 사회 일각에서는 이 같은 노인 성매매 혹은 성범죄에 대해 '노인 성생활 충격'이라는 표현을 쓰면서, 생소하고 있을 수 없는 망측한 일을 저질렀다는 사건보도를 하고 있다. 다시 말하면 여전히 노인의 성에 대한 우리 사회의 편견을 보여주고 있다.

3. 성경과 노인의 성

성은 하나님께서 창조해 주신 것이다. 하나님은 우리를 남자와 여자로 만드셨고 성교를 부끄러운 것으로 여겨지지 않게 하셨다. 그러나 유감스럽게도 오늘날 하나님의 의도에서 벗어난 성문화가 번성하고 있다.[23] 노인의 성문제 또한 죄악된 인간의 욕구충족에서 출발한다. 인간의 성은 신인(神人) 관계를 상징한다. 구약에서 이스라엘은 하나님의 신부로 언급되었으며(사 62:5), 이스라엘 백성들이 다른 신을 숭배했을 때는 간음이라는 단어를 사용했다(렘 7:9, 23:10, 겔 16:32, 호). 신약에서는 믿는 자 개개인이 주님께 연합된 것으로 말해졌다(고전 6:17). 결국 신인관계는 그리스도와 그분의 신부인 교회의 연합된 관계이다. 이는 성과 관련하여 성적 쾌락이 인간 자신의 욕구 충족만을 위한 것이 아니라 부부간의 친밀한 연합을 위해 만들어졌고 이를 통해 하늘에 계신 아버지와 함께 하는 것이다.[24]

기독교 상담자는 성경에서 말하는 성적 개념을 정립하고 성경이 추구하는 원리를 피상담자와 사회에 알리고 교육시킬 책임을 지니고 있다. 상담자는 사회적 억압으로 인한 노인들의 성에 대한 욕구를 건전하게 해소할 수 있는 방법을 찾아야 한다. 그리고 그 원리와 방법은 성경이 추구하고 나아가는 방향 안에서 인도되어져야 한다.

4. 노인 성 상담의 필요성과 실제

1) 노인 성 상담의 필요성

노인들은 젊은이들보다 기력과 외적 표출의 정도는 떨어지지만 여전히 성에 대한 관심과 반응을 보이는 것이 현실이다. 이제 한국인의 평균수명은 80세를 넘었으며 고령사회로의 진입이 이루어졌다.[25] 황혼이혼과 재혼 등이 급격하게 늘어가고 있으며 노인과 관련된 성문제 또한 사건기사로 심심치 않게 드러나는 상황이다. 더이상 노인의 성문제를 무시해서도 안 되며 간과해서도 안 된다. 노인의 외로움, 건강, 치매 등의 문제와 함께 성문제 또한 중요하게 처리되어야 할 사안이 된 것이다. 그렇기 때문에 노인들이 지니고 있는 성적인 문제들에 대한 이해와 상담이 필요하다. 노인들의 성적 고민과 어려움들에 대하여 그동안 사회는 무지했고 무관심했다. 최근 노년의 성에 대한 문제가 문화적으로 사회적으로 많이 드러나게 되었고 확대되었지만 노인들을 위한 성 상담 부분은 여전히 소외의 영역으로 남아 있다. 노인의 성에 대한 접근은 무시될 문제가 아닌 존중받아야 하는 소중한 사안이다.

특별히 교회에서 성문제를 거론하는 것 자체가 쉽지 않은 상황에서 노인들의 성문제에 대한 전문적 상담은 거의 없었다. 하지만 이제는 그동안 한국 사회와 가정의 경제적 기반을 닦기 위하여 헌신자로 살아왔던 어른들이 남몰래 간직하고 겪는 성적(性的) 고민들과 문제들을 과소평가해서는 안 된다. 목회자, 상담자들이 함께 이 부분에 대하여 심사숙고하며 관심을 갖고 대책을 마련해야 할 때가 되었다.

2) 노인 성 상담

노인들의 성문제를 다루는 것은 민망한 일이 아니다. 또한 영성에서 벗어나는 일도 아니다. 왜냐하면 노인들은 하나님의 은혜의 발달 과정에서 마지막 황혼의 여정을 지나는 소중한 하나님의 형상을 입은 존재들이기 때문이다. 그들에게 있어서 성과 연관된 문제는 본능적 욕구와 연관된 중요한 일이기에 그에 관한 고민과 어려움들을 상담하는 것은 소중한 사역이다.

(1) 상담자 자신이 가지고 있는 성에 대한 이해를 파악한다

성 상담을 하기 위해서 상담자는 자신이 가지고 있는 성에 대한 이해를 파악해야 한다. 상담자가 가지고 있는 가치에 따라 성 상담의 내용과 결과가 달라질 수 있기 때문이다.[26] 예를 들어, 기독교 신앙을 가졌을지라도 동성애나 혼전 성관계 등을 용인하는 경우가 있다. 성경에서 말하는 성에 관련된 가치관이 무엇인지 상담자는 명확히 알아야 하며 그 관점 안에서 상담이 이루어질 때 바른 기독교 상담이 이루어질 수 있다.

블록(Block)은 노인의 성생활에 대한 '잘못된 믿음'(myth)을 제시하였는 데 그 중 몇 가지는 다음과 같다. '젊은이들이 느끼는 성 극치감이 더 강렬하다', '여성이 충분히 질윤활이 안 되거나 남성이 즉시 발기하지 않는다면 흥분이 되지 않는 것이다', '성행위는 성 극치감을 느껴야 비로소 이루어지는 것이다'[27] 이 같은 인식은 노년층의 성에 관한 이해가 잘못된 부분이 있음을 볼 수 있다. 젊은이들이 느끼는 성의 극치감이 육체적으로 더 민감할 수는 있을지 몰라도 노년 세대들 또한 감정적으로, 그리고 정신적으로 성적 황홀감을 느낄 수 있다. 만약 상담자가 이처럼 성에 대한 선입견 및 편견이 있다면 바른 노년의 성 상담을 할 수 없다. 상담자가 노년의 성에 대하여 접할 수 있는 상황과 경험이 부족하다면 여러 연구와 경험(노인들과의 대화나 상담 등)을 통해 바른 성에 대한 인식을 세우거나 바꿀 수 있는 계기를 마련해야 한다. 상담자가 노년 세대의 성문제에 대하여 어긋난 인식을 나타내거나 표현한다면 노인 피상담자는 마음의 문을 닫거나 상담의 진전은 기대하기 힘들게 된다.

(2) 공감하고 이해하는 태도로 귀를 기울이라

상담자가 노인 피상담자의 성 경험이나 성문제를 들을 때 이해가 안 된다거나 비난의 태도를 만약 보인다면 그 상담은 눈에 보듯 뻔한 결과를 낳을 것이다. 지금의 노인들은 기나긴 인생의 시간들을 어렵게 보내온 세대들이다. 더구나 대체로 자신의 아픈 문제들을 쉽게 다른 이들에게 내 보이지 않는 성향을 지닌 분들이다. 그것이 성적 문제일 경우는 더욱 그러하다. 그렇기 때문에 상담자를 찾아왔을지라도 직접 문제를 드러내려 하지 않는다. 그러므로 상담자의 기본자세인 공감의 태도가 다른 어떤 세대나 문제에서보다 더욱 필요하다.

만일 상담자가 남성 위주의 문화 속에서 성장하였다면 본인이 인식하지 못하는 사이에 여성 차별적 사고와 언행을 나타낼 수 있다. 상담자가 남성 노인의 입장에서 여성 노인을 무시하고 성적관계에서 우월적 지위를 남용하는 것을 인정하는 듯한 생각과 태도를 가지고 있지는 않는지 스스로를 점검해 보아야 한다.[28] 상담자는 피상담자를 대하는 처음부터 온정과 이해심, 그리고 비판하지 않는 태도를 보이는 것이 중요하다. 그럴 때 피상담자는 조금씩 자신의 성문제와 실패 등에 대하여 이야기하게 되고 심지어는 부끄럽거나 불안한 마음, 죄의식에 사로잡힌 여러 상황 등을 꺼내놓게 된다. 성에 연관된 문제를 드러낼 수 있도록 부드럽게 격려하는 것이 필요하다. 노인들이 성적 문제에 대하여 찾아오는 것, 말을 시작하는 것은 쉽지 않은 일이라고, 성문제는 모두가 겪는 일이라고 이야기해 준다. 그리고 피상담자가 성에 관련한 이야기를 하는 경우에는 그것에 대해 칭찬하는 것이 좋다. 비록 연세가 많은 노인일지라도 칭찬은 더욱 마음을 열 수 있게 하는 계기와 용기를 낳게 만든다. 지속적으로 상담자가 피상담자를 배려하고 공감과 이해의 태도를 보인다면 노인들은 상담자의 깊은 배려의 마음에 힘을 얻고 자신의 짐을 내려놓는 첫 발걸음을 내디딜 것이다.

(3) 성과 관련된 필요한 정보를 모으고 구체적인 문제에게까지 접근하라

때때로 상담자는 노인의 성에 대해 정확한 정보를 주어야 하며 혹은 그런 정보를 얻는 곳에 관해 알고 있어야 한다.[29] 상담자는 피상담자의 문제와 행동을 이끌어 나아가야 한다. 그러기 위해서는 상담자는 피상담자의 문제의 본질을 제대로 파악하고 필요한 요소들을 점검하고 확인해야 한다. 노인 피상담자가 지금 겪고 있는 성적인 문제가 무엇인지를 질문하고 그에 대한 그들의 잘못된 생각과 태도를 파악한 후 바른 해결의 방향으로 이끌어 주는 것이다. 만약 피상담자가 성문제와 연관된 신체적 혹은 정신적인 어려움을 느끼거나 이야기한다면 상담자는 성욕구, 성빈도, 성에 대한 대화 등 성과 연관된 문제의 질문들을 던짐으로써 상담을 진행해야 한다.

노인 피상담자와의 상담을 통해 얻어진 정보를 통하여 상담자는 피상담자에게 성적인 문제를 은폐하거나 드러내지 않을 때 생길 수 있는 더 큰 문제를 이야기해 줌으로써 구체적인 문제에까지 도달할 수 있도록 도와야 한다. 상담이란 구체적인 일들을 다룰 때 가장 효과적이다. 때때로 노인 피상담자는 성관계의 구체적 기술, 성트러블을 해결하는 방법, 이성에 대한 성적관심, 재혼과 연관된 고민과 갈등 등에 대한 실질적인 제안을 필요로 한다.[30]

실질적 문제를 다룰 경우, 피상담자의 생각과 행동이 문제를 해결하거나 감소시키지 못하는 경우, 상담자는 피상담자로 하여금 구체적인 대안으로 이끌어 주어야 한다. 또한 피상담자가 보지 못할 수 있는 위험과 문제가 드러날 경우 지적해 주어야 할 필요도 있다. 구체적 문제에 직면하는 가운데 상담자는 피상담자에 대하여 지속적인 지원과 격려를 해 주어야 한다.

(4) 하나님의 도우심을 느끼게 하라

노인에게 성문제는 부끄러움과 좌절감을 낳게 하기도 한다. 하지만 상담자는 이러한 피상담자의 마음을 이해하고 이들의 마음을 소망으로 바꾸는 역할을 해야 한다. 아무리 어렵고 힘든 문제일지라도 하나님 앞에서는 어떠한 것도 치유될 수 있다는 확신을 심어주어야 한다. 그러기 위해서는 상담자 스스로 소망의 사람이 되어야 한다.

성문제에 대한 어려움이 지속될 때 노인들은 인생의 종착점에 이르렀다는 회의감과 절망감 속에 빠지게 된다. 이와 연관된 상담을 하면서도 불안감에서 벗어나지 못하는 경우가 많다. 상담자는 이러한 노인 피상담자에게 그 어떠한 어려움의 순간에서도 함께 하시는 하나님을 소개하며 더욱더 그분에게 신앙으로 다가서게 하는 '인도자'가 되어야 한다. 노인을 위한 성경적인 성 상담은 어떠한 기술적 방법을 통한 치유가 아니라 하나님의 능력을 의지하여 문제를 해결하는 방향으로 나아간다. 인간이 안고 있는 고통의 문제는 자신의 힘으로 모든 것을 해결하려고 하는 욕망에 빠진다. 하지만 하나님은 인간의 문제를 근원적으로 해결하시는 분이며, 하나님만이 이것을 성취하실 수 있다.[31] 진정한 치유를 위한 노인 성 상담은 이러한 하나님의 절대 능력을 신뢰하며 피상담자로 하여금 하나님의 절대 도우심을 느끼며 소망을 갖게 하는 데 있다.

(5) 위탁도 가능하다

성 상담의 경우, 노인 피상담자에게 다른 상담자를 소개해 주는 것이 좋을 경우가 때로 생긴다. 다음과 같은 경우 소개가 필요하다. 피상담자가 상담자가 다룰 수 있는 것보다 더 복잡한 성문제를 가지고 있을 때, 강한 죄의식을 지니고 있거나 자신을 몹시 힐난할 때, 성적으로 왜곡되어 있을 때, 상담자가 지닌 성적 정보보다 상세한 정보를 필요로 할 때, 피상담자의 몸이 아프거나 제대로 기능하지 못하고 있다는 생각이 들 때 등이다. 상황이 이런 경우 상담자는 상담을 계속해야 할지, 관계를 끊을지, 또는 다른 상담자를 소개할지의 여부를 결정해야 한다.[32]

물론 피상담자의 상황과 상담자의 판단에 따라 상담을 이어갈 수도, 중단할 수도 있지만, 만일 상담자 자신이 감당하기 힘든 영역이라고 판단될 때에는 보다 전문적인 상담자에게 위탁(transference)해야 한다. 위탁은 원래 상담자가 무능하다거나 어려운 피상담자를 제거하려는 시도를 의미하는 것이 아니다.[33] 그보다는 어느 누구도 모든 사람을 도울 수 있는 시간과 정력, 정서적 안정성, 지식, 기술 또는 경험을 가지지 않았다는 것을 인정하는 것이다.[34] 이에 대하여 상담자는 결코 부끄러워 할 필요도, 이유도 없다. 만일 상담자가 자신의 역량을 넘어서는 상담 상황을 그대로 끌고 진행한다면 문제를 더욱 악화시킬 수도 있게 된다. 이는 결국 피상담자를 위한 것이 아니기에 상담에 있어 '위탁'은 도리어 상담자의 책임 있는 행위이다.

(6) 성과 관련된 교회에서의 교육과 상담 실시

한국교회는 지금까지 노인교육에 무관심해왔다. 노인들에 대한 관심 자체가 부족했던 사회의 현실을 반영한 것이기도 하지만 앞으로 교회는 노인 문제에 대한 시각을 달리하고 이들을 위한 교육과 상담에 많은 애정과 관심을 가져야 한다.[35] 노인들이 지니고 있는 여러 문제들, 그 가운데 성에 관련된 사안들을 파악, 교육하고 상담할 때 교회가 지닌 치유의 기능을 발휘할 수 있다.

한국교회의 일반적 교육에 관한 인식 가운데에는 '성인들의 교육은 그저 되어지는 자연적인 것'으로 보는 경향이 있다.[36] 이는, 교육이 필요한 아동이나 청소년과는 달리 성인들은 성숙한 존재들이기에 교육 없이 자연적으로 성장해 나아갈 수 있다는 인식 때문이다. 하지만 이는 잘못된 사고이다. 노인들 역시 교회 공동체 안에서 특수한 계층이 아닌, 교육이 필요한 '교육 대상자들'이다. 교육은 생의 종말과 유기적으로 연결, 통합되어야 할 연속성, 다양성, 복합성을 띤 '평생교육'이기 때문이다.[37] 성교육은 어린이나 청소년에게만 해당되는 것이 아니다. 노인들을 대상으로 한 교육프로그램에서 실제적인 성문제와 어려움 등을 교육하고 필요한 부분을 상담함으로써 노년 세대가 지니는 성문제에 대한 고충들을 해결해 주어야 한다. 노인들이 더이상 성문제를 은밀하게 은폐하거나 잘못된 정보나 조언에 따라 행동하는 것을 방치해서는 안 된다. 이제는 교회가 노인들의 세계를 이해하기 위한 발걸음을 한 발 내딛으며 나아가야 한다.

(7) 노인 대상의 성 전문 상담자가 있어야 한다

인간은 생애별 발달단계의 시기가 있다. 각 단계별 성장과 특성을 지니고 있는데 현대 사회에 이르러 노년 세대의 특별한 변화가 도래하였다. 이 전의 노년 세대에 대한 나약하고 부정적인 이미지에서 벗어나 활기차고 자신의 인생을 즐기려는 특정한 노인 세대층(신중년/60-75세)도 형성되었다. 그러기에 노인들의 성에 대한 관심과 표현은 더욱 커지게 되었고, 이를 위한 전문 노인 성 상담자가 필요하게 되었다.[38] 노인들도 성을 건전하고 자유롭게 즐길 수 있는 권리가 있고 노인들의 대부분이 성에 대한 욕구를 가지고 있기 때문에 노인들의 성생활, 성문제, 재혼 등 성에 대한 담론과 어려움을 토로할 수 있는 노인 대상의 전문 상담기관과 전문가가 필요한 것이다.

현대 사회에서 청소년, 부부, 아동 등 여러 생애 계층의 상담자와 전문가들이 활동하고 있지만 유독 노인상담 전문가는 거의 찾아볼 수 없으며 더구나 성 상담 전문가는 전무한 형편이다. 그만큼 노인 문제에 대한 인식이 우리 사회에서 부족했으며 노인 성문제가 자유롭게 논의되어지는 분위기가 아니었던 영향도 있다. 더구나 교회에서는 노인들이 성에 대해 이야기를 나누거나 상담을 할 만한 분위기가 형성되지 못해 왔다. 성경의 원리와 어긋난 성문화가 지배하는 사회 가운데 성경적인 관점으로 노인들의 성문제를 접근하고 상담이 이루어져야 한다. 그러기 위해서는 한국교회 내에서 구체적으로 노인들의 성문제와 고민을 실질적으로 도울 수 있는 '기독교 전문 성 상담자'가 필요하다.

(8) 가족 상담

한국 사회에서 성에 대한 인식은 비밀스러운 내적 의식이었다. 드러내 놓고 성을 표현하는 것은 천한 것으로 여겼다. 더구나 체면을 중시 여기는 어른들의 성에 대한 관심은 불경건하게 생각되어졌다. 성에 대한 개방적인 서구문화의 도입으로 자유로운 성 문화가 이루어지긴 했지만 전통 문화적 측면에서 노인의 성은 여전히 숨겨져 있는 부자연스러움이다. 그렇기 때문에 노인의 성문제가 드러났을 때 자녀들은 이해가 안 되는 민망한 사안으로 받아들인다. 상담자는 자녀들에게 노인의 성에 대한 욕구와 관심이 젊은이의 그것과 크게 다르지 않은 것을 가르쳐 주고 이해의 과정으로 이끌어 주어야 한다.

상담자는 노인 피상담자의 자녀뿐 아니라 배우자에 대한 관심을 가져야 한다. 현 노인 세대는 성문제를 자유롭게 거론할 수 없었던 시대를 거쳐 왔다. 그렇기 때문에 성문제가 발생했을 때 혼자 해결하려는 마음을 가진다. 하지만 성에 대한 지식이 부족하거나 성에 대해 자유롭게 해결하기 힘든 사회적 분위기로 인해 문제가 악화되는 경우가 많다. 상담자는 노인의 성문제로 인한 어려움의 상황에서 배우자가 가질 수 있는 혼란된 마음을 정돈하고 문제 해결의 과정으로 나아가도록 이끌어주어야 한다. 노인 성문제에 있어 가족 상담은 어떠한 다른 상담의 경우보다도 필요하고 중요하다.

결론

젊은 남녀 간의 사랑과 성은 아름답게 보지만 노인의 사랑 표현은 저속하게 여기는 사회의 부정적인 시각은 노인들 스스로를 위축하게 만든다. 인간발달단계 가운데 자연스럽고 정상적인 노년기의 성 인식과 행위임에도 불구하고 노인들은 사회적 편견과 성에 관한 현실 욕구 사이에서 외줄 타기를 하게 된다. 물론 이 전보다는 육체적, 정신적으로 건강한 노인들의 출현과 개방된 사회 분위기로 인해 노인의 성 담론이 다양해지기는 했지만 노인의 성 이슈는 더욱 공론화 될 필요가 있다. 국가기관 또는 교회에서 노인들을 대상으로 직접적인 성교육을 실시하는 것이 노인들에게 도움이 된다. 이러한 교육을 통해 노인들이 성을 터부시하는 선입견에서 벗어나는 데 일조할 수 있다[39] 기독교 상담자는 이러한 교육과 더불어 사회적 편견으로 움츠려 있는 노인들과 가족들에게 한층 더 가까이 다가서야 한다. 성에 관련된 고충을 듣고 그들의 문제를 해결해 줄 때 주변 누구에게도 쉽게 말하지 못했던 답답했던 그들의 마음은 만족스러움으로 바뀔 수 있게 된다.

크리스천 노인상담 : 행복한 노후의 삶을 위한 레시피

노인 학대 상담

    학대는 사람으로서의 존중감을 빼앗는 가혹한 행위이다. 학대의 원인에는 여러 가지가 있지만 많은 경우, 우월적인 지위나 힘을 지닌 존재가 자신보다 약한 이에게 학대 행위를 하게 된다. 노인 학대의 경우, 노인이 가족 공동체에서 상대적으로 약한 경제적 지위나 힘을 지녔기 때문에 학대가 일어날 수 있다. 지금의 노인 세대는 건강한 육신과 사회적 힘을 보유했었던 젊음의 시절이 있었다. 그렇기 때문에 노인 학대는 피해자에게 받아들이기 힘든 큰 상처와 자괴감을 가져다 줄 수밖에 없다. 상담자는 특별히 학대로 인한 노인 피상담자의 감정과 어려움들에 대해 민감하고 세밀하게 다가서는 노력이 필요하다. 노인 학대 상담은 피해자에 대한 학대 원인과 심정 파악, 가족들과의 관계, 그리고 사회적 연계 상황 등 총체적인 노력 가운데 이루어져야 한다.

1. 노인 학대의 정의

노인 학대에 대한 사회적 인식은 1980년대부터 미국에서 드러나기 시작하면서 노년층이 겪고 있는 부정적인 현실을 인식하기 시작하였다. 우리나라는 전통적으로 노인을 공경하는 문화 가운데 노인 학대의 문제가 음성적으로 진행되어지다가 2000년대 들어 사회적으로 이에 대한 법이 제정되면서 노인 학대를 다루기 시작하였다.[1] 노인 학대는 현재 노인복지법에서 다음과 같이 규정하고 있다.

"노인 학대라 함은 노인에 대하여 신체적, 정신적, 성적 폭력 및 경제적 착취 또는 가혹행위를 하거나 유기 또는 방임을 하는 것을 말한다"
(노인복지법 제1조2 제3호).[2]

신체적 학대는 의도적으로 폭력이나 육체적 고통이나 상처를 가하는 행위이고, 때리기, 조르기, 적절하지 못한 약물 제공, 묶거나 감금하기, 성적 폭행을 포함한다. 정신적 학대는 위협, 협박, 언어 학대를 포함한다.[3] 성적 학대란 노인에게 성적 수치심을 주는 성폭행, 성희롱 등 당사자와의 합의없이 행해지는 성적 접촉 또는 강제적 성행위를 말한다.[4] 경제적 착취는 노인들이 은퇴를 위해 모아 놓았던 재산을 박탈하거나 강요나 허위 진술을 통해 돈이나 물건 등을 가로채는 것을 뜻한다. 유기 또는 방임이란 노인에 대한 보호의 의무를 지키지 않거나 적극적으로 거부하는 행위를 말한다.[5] 부양자가 노인에게 무관심하게 혹은 냉담하게 대하거나 치료적 상황이 주어졌을 때 돌보지 않음으로써 노인을 어려움에 빠지게 하는 것을 의미한다.

2. 노인 학대의 실태 및 특징

보건복지부에서 조사한 '전국 노인 학대 실태조사'(2010)[6]에 의하면 노인 학대를 경험한 노인은 전체 노인의 13.8%로 나타났으며 학대유형별로는 정서적 학대(67%)를 경험한 노인이 가장 많았고, 방임(22%), 경제적 학대(4.3%), 신체적 학대(3.6%) 순으로 나타났다.

학대 경험자의 특성으로는 농어촌, 여성, 배우자가 없는 경우, 연령이 높을수록, 교육 및 소득 수준이 낮을수록, 건강상태가 나쁠수록 노인 학대를 많이 경험한 것으로 나타났다. 학대에 대한 대응태도는 무대응이 65.7%[7], 가족 혹은 이웃에 신세한탄 27.6%, 이웃에 도움요청 4%, 노인보호 전문기관이나 경찰서 등에 신고 2.5%로서 피해에 대한 적극적인 태도가 많이 부족한 것으로 나타났다. 또한 가족관계 및 자존감 영역의 조사에서는 학대 경험자의 경우 가족관계 점수(50점 만점) 및 자존감 점수(40점 만점)는 각각 28.8점과 24.5점으로 학대 비경험자의 35.1점과 27.1점에 비해 낮은 것으로 나타났다.

노인에 대한 학대 행위자는 자녀 50.6%, 배우자 23.4%, 자녀의 배우자 21.3%로 자녀 세대에 의한 학대가 전체의 71.9%로 조사되었다.[8] 학대 행위자의 학력을 살펴보면 초등학교 졸업자가 40%(중학교 졸업 이하 78.5%)로 가장 많았으나 대학 및 대학원 졸업인 고학력 학대 행위자도 14.8%로 조사되었다.

노인 학대의 또 다른 범주로, 60세 이상의 노인이 된 자녀가 고령의 부모를 학대하는 '노-노' 학대가 늘고 있다. 보건복지부에 의하면 2010년 944건이었던 노노학대 사례는 2014년엔 1.7배인 1천 562건으로 증가했다.[9] 60세 이상의 노인에 의한 노부모 학대가 증가하는 이유는 자신도 보살핌을 받아야 하는 노년기에 접어들어서도 나이 든 부모를 모셔야 하는 신체적, 경제적 어려움에 따른 부양 스트레스가 증가되어지고, 이는 부모 학대로 나타나고 있다.[10] 고령화가 늘어가고 노인이 노인을 모시는 가족형태가 계속되는 한 '노-노' 학대의 형태는 앞으로 점점 늘어갈 수밖에 없는 실정이다.

3. 노인 학대의 원인

다른 유형의 가정폭력과 마찬가지로 노인 학대가 발생하는 데에는 여러 원인으로 이루어진다. 어느 한 요인으로 설명되는 것이 아니라 개인적, 가정적, 그리고 사회적인 측면이 종합적으로 연관되어 발생되어진다. 앞에서 언급된 노인 학대 실태조사에 나타난 노인 학대 원인에 대하여 여러 계층을 대상으로 조사한 결과는 다음과 같다.[11] 위 조사결과를 종합해 보면 노인 학대의 원인에 대한 5가지 범주가 드러난다.

	학대 행위자의 개인적인 원인 (특성)	피해자와 행위자의 갈등관계	노인 개인적인 원인	노인복지서비스 부족	노인에 대한 부정적 인식
일반노인	20.3%	15.9%	50.1%		11.0%
학대 경험자	41.2%	11.5%	노인의 낮은 경제 상태 17.0% 노인의 건강상태 9.2%		
일반국민		43.1%		26.6%	15.3%
전문가	8%	69%		10.9%	

1) 학대 행위자의 개인적인 특성

노인 학대의 원인을 학대 행위자의 개인적인 특성이라고 진단한 그룹은 일반국민을 제외한 일반노인 20.3%, 학대 경험자 41.2%, 그리고 전문가에서 8%로 나타났다. 학대 행위자의 개인적 특성은 크게 두 가지로 볼 수 있다.

첫 번째는 학대자가 겪는 스트레스 상황이다. 학대자는 삶 속에서 여러 가지 개인적인 문제를 갖고 있는 경향이 있다. 학대자가 경험하는 생활 속에서 발생하는 스트레스가 결코 노인 학대에 대한 정당한 변명이 될 수는 없다. 하지만 스트레스의 축척은 분명히 노인을 향한 학대가 이루어지는 원인을 제공한다.[12] 의존적인 노부모를 모셔야 하는 책임으로 인해 가족들의 스트레스는 누적될 수 있다. 부모를 학대하는 성인자녀는 대개 경제적, 정신적, 그리고 정서적 문제를 가지고 있는 경우가 많다. 노인부양으로 인한 경제적 어려움이라든지, 직장에서의 업무 과중, 재정적 어려움, 다른 가족 구성원으로부터 부양의 도움을 받지 못하는 상황 등 여러 문제 상황이 쌓이면 그들은 노인을 공격할 수 있는 높은 가능성을 보인다.[13] 부양자가 알코올 중독이나 약물 중독 등 어떤 상황에서 심한 집착이나 중독 증세를 보이는 경우 자신의 감정이나 행동을 통제할 수 없는 가운데 학대 행위가 나타날 수 있다.

두 번째는 노인에 대한 학대 행위 원인을 학습된 폭력에서 기인되었다고 본다. 성장과정에서 폭력행위를 보고 성장한 아동은 가정에서의 관찰과 참여를 통해 학대를 학습해 왔다. 또한 사회적 분위기와 매스미디어를 통해 폭력이 일상화되고 폭력으로 문제가 해결되어지는 것을 본 아동은 폭력적 성향이 학습화되어 폭력적인 경향을 가지고 성장하게 된다.[14] 한 노인 학대 연구에 따르면 비폭력적으로 자라난 400여 명의 아동 중에서 한 명만이 부모를 학대하는 반면 학대를 받고 자라난 아이들 중 12명 중 한 명이 부모에게 폭력을 행사하는 것으로 나타났다.[15] 이처럼 학대를 받으며 울분과 좌절 속에서 자라난 성인 자녀들 가운데 자신의 부모를 학대할 가능성이 크다.

2) 피해자와 학대자의 갈등 관계

조사되어진 네 그룹에서 유일하게 공통적으로 꼽은 항목인 노인학대 발생의 주된 원인은 노인과 학대 행위자 사이의 갈등 상황이다. 대개 노부모를 부양하거나 책임지는 성인 자녀들은 '샌드위치 세대'로서 자녀를 양육해야 하는 부담감과 더불어 부모를 모셔야 하는 특별한 상황에 처하게 된다.[16] 더욱이 한국 사회는 급속한 산업화로 말미암아 미처 노후를 준비하지 못한 노년 세대와 부모 세대를 부양하는 것에 대한 부담감을 느끼는 자녀 세대의 부양에 대한 '생각의 차이'가 다른 나라들보다 더욱 큰 실정이다. 일부 노인들은 자녀에게 부양을 받지 못하는 상황을 못마땅해 하고 이전 세대와는 달리 부양을 '필수'로 여기지 않는 자녀 세대들과 갈등이 생기게 된다.

이러한 상황 가운데 부양에 전적인 책임을 지닌 부양자와 부양 대상자인 노인은 오랫동안 감정적 대립관계가 축적되는 경우가 생긴다. 부양자인 자녀가 물질적인 어려움을 겪거나 여러 긴장된 상황에 처해 있는 경우 갈등 구조는 증폭되어진다.[17] 여러 가족이 있지만 한 사람에게만 부양의 책임이 주어질 때, 사생활이 보장되지 않는 주거

공간 등 노인과 부양자 간의 관계를 악화시킬 수 있는 여러 상황이 주어진다.

3) 노인의 개인적인 원인[18]

학대받는 노인의 개인적인 특성을 살펴볼 때 성격이 독특하여 피부양자인 가족과 융화되지 못하거나 통제하기 어려운 경우가 많다. 노인 학대를 가장 많이 받는 사람들 가운데에는 신체적으로 정신적으로 혹은 둘 다 문제가 있는 경우가 많다. 이 경우 노인부양을 책임지는 사람들의 갈등이나 분노를 일으키는 원인제공의 상황이 된다.[19] 관절염, 심장병, 우울증, 치매 등 오랫동안 가족 구성원에게 부담을 주는 상황이 지속되는 경우 학대 발생의 요인이 된다.

가족들을 향해 노부모가 지나치게 의존적이어서 부양자에게 무리한 요구를 하게 되고 가족들이 이 요구를 충족시키지 못하는 상황이 반복될 때도 가정 내에서 심각한 문제를 일으킨다.[20] 노인 특유의 가부장적 태도, 안하무인(眼下無人)적 모습 등 부양자와 조화되지 못하고 부양자를 무시한다면 이 또한 학대적 상황을 유발하게 하는 원인이 된다.

4) 노인 복지서비스의 부족[21]

한국 사회에서 노인 학대의 문제점이 많이 드러나지 않는 이유는 노인 스스로 학대 사실을 숨기기 때문이기도 하지만 사회, 문화적으로 학대에 대해 무관심하기 때문이기도 하다. 지금까지 아동이나 여성폭력 등에 비해 노인 학대에 대한 사회적 관심은 낮았고 전문적으로 노인 학대 문제를 관리하고 상담하는 기관이나 단체 등이 없었다. 일본의 경우 1996년 3월 '고령자 치유연구회'가 특별 양로 노인홈 '녹수원' 안에 '일본 고령자 학대방지 센터'를 만들어 전화상담 및 노인 학대 문제를 전문적으로 다루기 시작했지만 한국은 구체적인 정책 노력이 부족한 실정이다. '노인복지법'에 따라 시, 군, 구에 노인복지상담원을 두게 되어 있지만 노인복지와 관련된 전문업무가 아닌 겸직업무를 감당하므로 학대에 대해 효과적으로 대처하지 못하고 있다.[22]

물론 노인복지 서비스의 부족이 노인 학대의 직접적인 원인은 되지 않는다. 하지만 학대 문제를 처리하고 예방하는 업무를 주관하는 기관의 부재는 곧 학대에 대한 사회의 무관심을 보여주는 척도가 된다. 사회적 관심의 부족은 노인 학대자로 하여금 큰 죄책감과 부담감 없이 학대를 행하는 요인이 되며 노인 스스로 학대를 당했을 때 주변에 알릴 필요성을 느끼지 못하게 만든다.

5) 노인에 대한 부정적인 태도[23]

현대 사회는 젊음을 우상화하며 나이를 먹는 것에 대하여 부정적인 이미지를 가지고 있다. 이는 노인들의 생각이나 행동 등에 대한 좋지 않은 고정관념으로 이어진다. 이 같은 노인에 대한 왜곡된 지각은 학대를 조장하는 중요한 요인이 될 수 있다. 노인들을 공경하지 않는 태도는 노인의 인간성을 말살하고 학대자들로 하여금 양심의 가책 없이 노인들을 희생시키게 만든다.[24]

구약성경은 노인들에 대한 공경을 다음과 같이 명시하고 있다. "너는 센 머리 앞에 일어서고 노인의 얼굴을 공경하며 네 하나님을 경외하라"(레 19:32). 하지만 산업화와 근대화를 거쳐 경제적 성장을 이룬 우리 사회는 노인공경의 소중한 가치를 잃고 있다. 한국 사회는 노인들을 매우 존경하는 전통을 가지고 있었다. 조선 말엽에 한국에 온 선교사 Gale은 'Korean Sketches'(1898)라는 책에서 "조선은 노인의 천국이다. 내가 다시 태어난다면 조선에서 노인으로 태어나 노인으로 살다 죽고 싶다"라고 할 만큼 노인에 대한 예의와 인권이 높게 보장되어 있었다.[25] 한국의 노인들은 어른에 대한 공경의 문화로 인해 학대와는 거리가 먼 모습을 보여주고 있다고 알려져 왔다.[26]

그러나 노인에 대한 공경의식이 희미해진 지금 한국 사회는 제대로 된 공경의 모습을 보여주지 못하고 있다. '노인 학대 실태조사'에서는 우리 사회가 노인을 존중하는지에 대해 국민의 21%, 전문가의 17.7%만이 긍정적으로 답변하였다.[27] 이렇게 달라진 노인에 대한 부정적 태도는 노인 학대를 용이하게 만드는 사회적 풍토를 야기하고 있다.

4. 노인 학대 상담

노인 학대는 학대 상황과 관련된 복합적이고 역동적인 상호작용으로 이루어지기 때문에 노인 피상담자, 학대자, 그리고 둘 사이의 상호작용 측면, 가정환경 요인, 사회문화적 측면 등 다양한 접근 등을 통해 유기적이고 총체적인 상담역할이 필요하다.

1) 노인 학대 피해자 상담

(1) 위기개입으로서의 상담

노인상담은 노년의 특성상 장기적이고 희망적인 계획을 생각하지 않을 수 있기 때문에 피상담자에게서 역동성을 기대하기 힘들다. 더구나 학대 대상자가 협조하고자 하는 의지를 보이지 않는 경우가 많기 때문에 상담을 진행하는 것 자체가 힘든 경우도 많다.[28] 그러므로 노인 학대 피해자를 대할 때 상담자는 감당하기 힘든 상처 가운데 있는 피해자인 노인을 적극적으로 이해하고 그들의 특별한 상황에 대한 구체적 개입을 이루어 가야 한다.

노인에게 학대는 폭력적 공격으로 인해 아무 것도 할 수 없는 무기력의 상황이며, 아주 심각한 위기이다. 학대 상황에 처한 노인들은 경제적, 사회적 어려움에 처해 있고 신체적, 심리적으로도 위축되어 있기 때문에 대처 능력이 부족하다. 그렇기 때문에 상담을 통해 위기상황에 대한 도움이 필요하다.[29] 학대 행위는 노인의 생존과 직결된 상황이기 때문에 매우 특별한 지원체계가 요구되는 상담이다. 위기 개입 상황에 대한 노인 학대 상담에 대한 과정은 다음과 같이 여섯 단계를 거쳐 진행될 수 있다.[30]

첫째는, 신고이다. 전화, 내방, 가정방문, 서신, 온라인 등 다양한 경로를 통해 사례를 접수하여 그 가운데 노인 학대 여부를 판단한다. 파악된 사례를 중심으로 학대 의심 사례로 평가되면 현장조사를 해야 한다. 그러나 노인 피해자의 상황에 따라 현장조사를 할 수 없거나 힘든 경우가 발생한다. 예를 들어, 피해자가 원하지 않는 경우 혹은 더 큰 피해가 발생할 가능성이 있는 경우는 꼭 현장조사를 고집할 필요는 없다. 상담자는 피상담자의 상황에 따라 대처해야 한다. 둘째는, 현장조사이다. 현장조사에서는 최우선적으로 노인에 대한 신변보장과 안전조치를 취해야 한다. 노인 학대 상황에 대한 충분한 자료 및 정보를 수집한다. 셋째는, 사정 및 사례판정이다. 조사되어진 정보를 바탕으로 학대 사례로 적합한지 여부를 사정한다. 상담 의뢰자, 피해 노인, 가족, 다른 관계자 등과의 면담을 통해서도 구체적인 학대 사정을 거쳐 노인 학대로 판정되어진다. 판정된 사례는 지원체계 및 위기 해결을 위한 대책 계획을 수립한다. 넷째는, 상담이다. 노인 학대 피해 노인, 학대 행위자 및 가족을 위해 효과적인 상담이 이루어지는 단계이다. 학대를 유발하는 상황을 변화시키기 위한 전략을 수립하며 구체적인 개입이 이루어진다. 다섯째는, 사례 평가 및 종결이다. 상담자, 노인과 가족 혹은 기관의 관리자 및 기관의 서비스 제공자 등이 모여 사례의 목표 달성 여부를 확인하고 사례의 종결 여부를 결정하게 된다. 사례를 종결하는 경우는 학대 행위가 소멸된 경우, 학대 재발 가능성이 희박하다고 평가된 경우, 불가피한 상황에 의해 강제 종결되는 경우(예를 들어, 피해자의 사망) 등이 있다. 마지막, 사후관리이다. 사후관리는 피해 노인의 안전 여부 및 학대 재발 가능성 방지를 목적으로 이루어진다. 종결된 사례를 일정기간 정기적으로 관리하여 재발 여부를 확인한다. 정기적으로 직접 방문 혹은 전화 등을 통해 재발 여부를 확인하며 피해 노인의 요청이 있을 경우, 언제든 도움과 상담을 받을 수 있음을 상기시킨다.

학대 가능성이 있는 노인과의 상담 첫 회기에 중요한 것은 피상담자가 학대받거나 방임되는지 의구심을 가지며 파악하는 일이다. 상담자는 피상담자의 대화 가운데 숨은 뜻을 알아차리는 것이 필요하다. 예를 들어, 노인 피상담자가 "아들이 내 모든 일을 돌보고 있다"라고 이야기할 때 겉으로는 자상한 부모와 자녀 사이처럼 보인다. 이 때 상담자는 이런 질문을 할 수 있다. "그가 어떤 일을 돌보아 주나요?" "자녀가 어르신의 자금관리를 하고 있나요?" 혹은 "어르신은 생활 가운데 어떤 선택권을 가지고 있으신가요?"[31]

상담자는 '선한 의심'을 가지고 구체적 질문을 통해 노인의 삶의 행적을 파악하고 그 가운데 학대의 가능성 여부를 세밀하게 발견해야 한다. 그리고 학대 상황이 파악되면 지역의 병원(의사)이나 보호 서비스를 소개해 줄 수 있어야 한다. 목회자들 같은 경우 전문적으로 상담을 공부하지 않았기에 학대 피해 (가능성이 있는) 노인을 만났을 때 적절하게 대처하기는 힘들다. 만일 목회자가 노인 학대 피해자들을 상담해 주기 힘들다면 그들을 전문 상담자나 기관에게 연결해 줄 수 있도록 평상시 이에 대한 정보를 가지고 있어야 한다.

(2) 노인 피해자의 독립성 고취

학대를 받는 노인들은 오랜 세월동안 가까운 가족들에게 신체적, 정신적 학대를 받아왔기 때문에 내재화된 무기력감이 있을 수밖에 없다. 또한 그들이 경험한 소외감, 불안, 공포, 의존, 수치심, 저하된 자존심, 좌절 등 수 많은 아픔과 괴로움 등에 대한 공감과 위로로 함께 하는 것이 중요하다.[32]

노인 피해자의 마음과 함께 하는 것도 필요하지만 학대를 줄이고 근절하는 가장 우선적인 방법은 노인 스스로 학대 상황으로 인한 항거불능의 상황에서 벗어나는 것이다. 그러기 위해서 먼저 상담자는 노인에게 학대의 상황을 상담하는 가운데 학대가 부당한 것이라는 사실을 바로 인식시켜야 한다. 어떤 노인들은 학대 사실이 드러나면 자신이 지지받지 못하고 홀로 남겨지거나 학대가 더욱 강화되는 결과를 낳을 것이라는 두려움으로 인해 학대 상황에 대한 이야기하기를 꺼려하는 경우가 있다.[33] 상담자는 노인 피해자로 하여금 학대를 은폐하기보다는 이를 외부에 알리고 도움을 받을 수 있도록 의식을 바꾸어 주어야 한다.[34]

학대의 발생이 노인의 의존적인 특성에서 기인된 경우일 때는 상담자는 존중의 태도와 함께 단호하게 노인의 의존성으로 인한 문제점을 바로 인식시키고 '홀로 서기'를 강화시켜 주어야 한다. 학대의 원인이 되는 재정적 어려움, 독립된 주거공간의 부족, 치매 혹은 건강 등 여러 어려움들을 파악하고 이에 대한 대처상황을 만들어 주는 것이 필요하다. 그래서 노인의 독립적 생활태도와 환경을 만들어 줌으로써 노인 학대의 발생가능성을 줄이거나 없애는 계기를 만들어 주는 것이다.

(3) 하나님의 자녀로서의 자존감 회복

학대 위기에 처한 노인 피상담자는 소망을 잃고 자기 자신을 비하(卑下)하게 된다. 가족의 지지를 받기는커녕 학대의 두려움 속에서 고립감을 느끼게 된다.[35] 학대의 과정 속에서 많은 피해 노인들은 감정적으로 상처를 입는다. 학대당한 노인들은 자신을 무능력하다고 생각하며 때때로 그들이 받는 대우가 자신들 때문이라서 스스로 학대받아 마땅하다고 여긴다.[36] 이러한 감정과 생각은 영성에까지 영향을 미친다. 일부 피해자는 자신의 학대 상황에 대한 하나님의 인도하심에 대해 회의와 의심을 갖는다. 많은 학대 노인 피해자들이 하나님에게 화를 내기도 하며, 신앙의 분노를 상담자에게 향하기도 한다.

자신의 존재에 대한, 그리고 자신의 상황에 대한 믿음의 갈등 가운데 있는 학대 피해자인 노인에게 자존감을 회복하는 데에는 세 가지 과정이 있다. 첫 번째, 노인 학대의 중요한 원인이 자존감의 결핍에서 비롯된 것임을 인식시켜 주어야 한다. 학대받는 노인의 경우, 자신이 나쁘고 연약하기에 학대받는 것이 당연하다는 생각을 가지고 있는 경우가 많은데, 이것이 잘못된 것임을 바로 세워주어야 한다. 두 번째, 하나님께서는 노인 피해자를 무조건 사랑하신다는 것을 피상담자는 깨닫게 해주어야 한다. 하나님은 노인 피해자가 아직 죄인이었을 때에도 그분의 사랑스러운 존재였음을 기억하게 한다(롬 5:8). 그리고 도저히 벗어날 수 없을 것 같은 '학대'의 절망 상황에서도 피상담자를 사랑하신다는 사실을 알게 한다. 세 번째, 그러므로 피상담자는 '괜찮은 존재'이며, 설령 학대를 받을지라도 여전히 존귀한 존재인 것을 상담자는 이끌어 주어야 한다.37 노년에 가족으로부터 폭력을 당하는 극심한 고통 속에서도 가장 선한 길로 인도함을 받는 하나님의 형상이요 자녀임을 노인 피해자가 확신할 때 '회복'은 결국 이루어진다.

2) 학대자를 위한 상담

(1) 학대자 이해로 나아가기

노인 학대를 치유하기 위한 가장 효과적인 방법은 학대하는 대상자를 상담하여 폭력행위가 더이상 발생하지 않도록 하는 것이다. 하지만 학대자를 밝혀내는 데에서부터 어려움이 생긴다. 왜냐하면 노인 피해자 가운데에도 학대 사실을 숨기는 경우가 많으며 학대자 또한 자신의 행위를 숨기려 하고 학대 사실이 밝혀진다고 할지라도 부인하거나 변명하기 때문이다. 학대자 입장에서 볼 때 상담자는 피해자만을 옹호한다고 생각함으로 상담자와의 대화 자체를 거부하거나 꺼려한다.

학대자 상담의 경우 가장 중요한 점은 학대자를 정죄하려는 태도가 아닌 학대자의 마음과 학대의 상황을 이해하려는 데에서 출발해야 한다.38 '판사'가 아닌 '변호사'의 심정으로 다가서면서 피상담자와의 신뢰가 쌓일 때 온전한 상담이 이루어질 수 있다. 학대자의 경우 노인을 가해한 당사자이면서 동시에 그 마음과 행동의 변화와 치유가 이루어져야 하는 하나님의 또 다른 형상인 것이다. 학대자 가운데에서도 학대 행위로 인해 죄책감을 가지고 있을 수 있고 여러 상황의 어려움으로 인해 자신이 저지른 폭력의 상황을 힘들어 하는 경우도 있다. 그러므로 상담자는 학대자를 대할 때 폭력을 행사하는 장본인이라는 부정적인 인식만을 가져서는 안 되고 학대가 일어난 상황을 이해하는 데서 출발해야 한다.39

물론 학대자의 잘못된 생각과 행동으로 인해 명백하게 발생된 노인 학대의 상황 가운데 상담자가 무조건 학대자를 옹호할 수도 없고 해서도 안 된다. 그러나 학대가 발생한 사유가 명확히 파악되기 전에 학대자(혹은 학대 가능성이 있는 자)를 비판하거나 정죄하는 듯한 모습을 보인다면 학대자와의 상담은 진전이 없게 된다.

(2) 학대에 대한 하나님의 뜻 일깨우기

학대자를 위한 상담의 기본적인 입장은 학대자를 이해하는 데서 출발하고 학대가 발생하는 여러 원인들을 해결하는 것이 중요하다. 하지만 학대자에 대한 이해는 결코 학대 행위 자체를 용인하는 것은 아니다. 상담자는 학대자에게 학대 행위가 분명히 잘못된 것임을 가르쳐 주어야 한다. 많은 학대자들은 처음에는 자신들의 행위를 부정하거나 학대 행위에 대한 책임을 피해자나 다른 사람들에게 전가시키려 한다. 학대자의 이러한 태도에 대해 상담자는 공감하고 이해하려고 노력하지만 학대에 대한 성경적 입장을 온전히 일깨우기 위해 조심스럽지만 확고한 태도를 견지해야 한다.

성경에는 폭력적인 장면이 곳곳에 드러나지만 성경은 비폭력을 찬성한다. 디모데전서와 야고보서에서는 연장자들을 배려하고 존경하는 것이 중요한 하나님의 가르침임을 보여준다.[40] 하나님은 노인 학대에 분명히 반대한다. 이처럼 학대의 행위가 죄악된 행동이기에 회개하고 돌이켜야 한다는 것을 상담의 중요한 축으로 삼고 진행해야 한다. 학대를 독특한 행동의 성향으로 받아들이거나 불가항력적 상황에 대한 어쩔 수 없는 행위의 결과로 받아들여서는 안 된다.

(3) 학대의 원인 파악 및 문제 상담

노인 학대의 대상자는 대체적으로 직계가족이다. 아들과 며느리, 딸 등이며, 상담자는 여러 이유로 이들과 상담할 기회를 갖게 된다. 상담자는 노인의 가족보호자와 대화할 때 그들의 스트레스 상황을 파악하기 위해 노력해야 한다. 그가 가족과 주변의 일들로 인해 기진맥진한 상황인지 살펴본다. 높은 스트레스 가운데 대처능력이 결핍되었다면 학대의 가능성을 염두에 두어야 한다.[41] 학대자인 동시에 부양자인 이들은 대체로 부양 스트레스를 경험하는 경우가 많다. 이 경우, 부양에 대한 부담감을 덜어주기 위한 방법을 제안할 수 있다. 단기보호시설, 주간보호시설, 재가봉사센터 등을 소개해 준다.[42] 부양자가 경제적으로 어려운 형편에 있는 경우, 가족의 생계 부담을 완화시킬 수 있는 실제적인 대책마련이 필요하다. 상담자는 부양자에게 노인의 의료, 소득, 주거 등 여러 측면에서 경제적 도움을 취할 수 있는 정보제공을 도울 수 있다. 학대자 또한 당사자가 감당하기 힘든 어려운 상황 가운데 학대 행위가 이루어질 수 있으므로 그 원인을 벗어날 수 있도록 상담을 요청해야 한다.

학대자들은 의사소통, 갈등 해결, 그리고 스트레스 관리 등 여러 상황의 대처능력이 부족하다. 그러므로 이들을 위한 상담은 피상담자의 분노, 낮은 자존감, 그리고 자기통제의 결핍 등 여러 문제를 치유하는 오랜 여정이 될 수 있다.[43] 부양자가 지니고 있는 정신적, 신체적, 그리고 재정적 문제 등 학대를 유발하는 여러 요인들을 파악하여 적극적으로 치유하는 것이 학대 재발을 방지하는 중요한 상담의 방향이다.

3) 가족관계 회복

학대가 발생하는 가장 큰 요인 중 하나는 노인 피해자와 학대자인 가족간의 갈등이다. 노인과 부양자간 갈등을 일으키는 요소는 다양하다. 노인 학대를 둘러싼 가족치유를 위해서는 부양자와 노인, 부양자와 다른 가족 구성원 사이의 역기능적 의사소통을 파악하고 문제점이 발견된다면 이를 변화시키는 것이 중요하다.[44]

노인부양을 둘러싼 가족간의 관계의 문제해결의 첫 발걸음은 대화이다. 한 쪽의 문제이든 쌍방 모두의 잘못이든 노인과 부양 가족들간의 열린 대화(open dialogue)가 이루어진다면 관계는 점진적으로 회복의 가능성이 이루어질 수 있다. 노인은 자신이 가진 가부장적 태도, 지나친 의존성 등 부양자에게 스트레스와 부담을 주는 부분에 대한 자각이 있어야 한다. 학대자 또한 재정적 혹은 정신적 문제, 중독, 노인부양 자체의 무지 등 학대를 유발할 가능성이 있는 여러 특성 등을 점검하고 이에 대한 변화의 계기를 만들어야 한다.

이렇듯 각자에게 나타나는 상황 등을 상담을 통하여 인식하고 상대방의 부족한 부분에 대해 이해하려고 노력하는 태도를 상담자는 이끌어 주어야 한다. 노인 피해자와 학대자 모두를 향한, 힘들지만 가치 있는 관계회복의 노력이 상담자와 함께 이루어질 때 하나님이 허락하신 이 땅의 작은 천국인 가정은 회복되어질 것이다.

4) 사회적 차원의 대응방안

우리나라에서는 1998년 7월 1일부터 '가정폭력범죄의 처벌 등에 관한 특례법'과 '가정폭력방지 및 피해자 보호 등에 관한 법률'에 근거하여 가정폭력에 관한 피해들에 대처해 왔다. 하지만 이 법은 아동학대나 부부 학대에 치중하고 있어 2004년 1월에 노인 복지법이 개정되어 노인 학대의 금지, 노인 학대 예방을 위한 긴급전화의 설치, 노인 보호 전문기관의 설치, 노인 학대 신고 및 응급조치 의무, 보호인의 선임 등의 노인 학대 관련 조항을 신설하였다.[45] 하지만 이러한 법률적 제정만으로 사회 전반적인 관심을 불러일으키기에는 미비하다. 많이 개선되어지기는 했지만 한국 사회는 아직까지 '가정의 문제를 가정 내에서 해결한다'는 인식이 많다. 그렇기 때문에 '학대'의 문제를 은폐하려는 경향이 많고 결국 노인 학대의 상황을 조기에 발견하여 적극적으로 개입할 수 있는 상황이 만들어지지 않고 있다.[46]

노인 학대 문제가 사회적 공감대와 합의에 의해 개선되기 위해서는 더이상 이 문제가 가정의 울타리에서 해결될 수 없는 '폭력' 행위임을 노인, 그 가족들, 그리고 사회 구성원 모두가 알 수 있도록 사회적 계도가 이루어져야 한다. 앞서 언급한 실태조사에 나타난 것처럼 학대 경험 노인의 65.7%가 아무 대응을 하지 않고 2.5%만이 전문기관이나 경찰에 도움을 요청하였다.[47] 이 같은 수치는 학대를 사회적 문제가 아니라 개인(가족) 문제로 한정하는 경향이 드러난 것이다.

노인의 권리가 존중받아야 하는 당위성을 사회 전반에 일깨워 주어야 하며, 그러기에 노인 학대가 그 권리를 침해하고 훼손하는 심각한 문제임을 교육해야 한다. 학대 예방을 위한 홍보 및 교육이 전반적으로 필요하다. 노인 학대 위기상황에 대처하는 긴급전화 프로그램 활용, 학대 상황을 피할 수 있는 임시보호소 설치, 학대를 당한 노인들을 위한 의료서비스 개선 등 여러 정책들이 필요하다.[48] 노인 학대 문제는 개인적인 상담만으로 해결되어지는 사안이 아니다. 학대 행위에 대하여 국가와 지역공동체가 함께 관심을 가지고 국민인식 개선과 더불어 문제해결 및 예방을 위한 실천적인 방안을 위해 노력할 때 가시적인 효과를 거둘 수 있다.

5) 교회의 '생명 살리기 운동'

교회는 '생명을 살리는' 운동에 신경을 써야 한다. 사회의 빛과 소금의 역할을 감당하지 못했던 지난 시간들을 반성하고 회개하는 마음으로 우리 주변의 연약하고 소외받는 이들에 대한 세심한 관심을 쏟아야 한다. 그 대상의 우선순위에 학대받는 노인들이 외롭게 웅크리고 있는 것이다. 교회가 노인 학대 해결을 위한 구체적인 방안을 제시하기는 현실적으로 쉽지 않다. 하지만 힘들고 어렵다고 해서 꼭 해야 할 일을 하지 않는 것은 '직무유기'와도 같다.

먼저, 교회는 노인 학대에 대한 인식을 갖고 어떻게 해야 이들의 학대를 예방하고 보호할 수 있는지에 사회적 협력관계를 통한 고민과 노력이 있어야 한다. 노인 학대에 대한 관심과 실천은 노인을 공경하는 성경의 가르침을 실천하는 길이다.

교회는 학대받는 노인들에 대한 실제적 도움과 복지향상을 위해 지역사회와 협력할 수 있다. 소외받고 학대받는 노인을 돕는 것은 교회의 외적 크기와는 비례하지 않는다. 중요한 것은 교회의 존재 목적에 대한 목회자의 목회관이요, 철학이다. 지역사회에서 학대받는 노인을 알게 되었을 때 그 아픔을 공감하고 도움을 실행하는 자세가 중요하다. 교회가 생명을 살릴 때 지역사회의 '복음의 전달자'로서의 가교의 역할에 한 걸음 나아가는 소중한 밑거름이 될 것을 믿어 의심치 않는다.

결론

노인 학대는 과거 효를 중시했던 한국 사회에서는 익숙지 않은 모습이다. 나이 든 부모를 존경하고 공경하던 사회 분위기가 있었기 때문이었다. 하지만 경제적 풍요가 가져다 준 현대 사회의 장점과 더불어 정신세계의 황폐화가 이루어졌고 이로 인한 사람들의 인성과 마음의 피폐함이 생겨나기 시작하였다. 노인 학대는 피해자 또는 학대 행위자 모두의 문제이고 이를 둘러싼 우리 사회 모두의 총체적인 어려움이다.

다른 모든 상담도 마찬가지이지만, 상담자는 안타까운 마음으로 노인 학대 상담에 임할 필요가 있다. 학대 피해자는 가정과 사회에서 존경받았던 '어른'으로서의 모습을 보고 자라왔던 세대이기에 자신에게 닥쳐오는 학대의 상황을 받아들이기 힘들어 한다. 또한 학대 행위자 또한 가족이며, 그들도 하나님의 형상을 입은 소중한 존재이다. 결국에는 그들 역시 자신의 행위를 반성하고 돌이켜 학대 피해자와의 화해로 가야 하는 것이다. 학대는 법적인 문제와 도덕적 문제가 함께 연결되어 있기에 비밀스럽게 진행되며 드러나기를 결코 원하지 않는 영역이다. 그러므로 노인 학대 상담은 상대적으로 다른 상담보다도 특별한 범주임을 느끼고 피해자와 가해자 모두에 대한 특별한 관심의 자세로 상담이 진행되어져야 한다. 상담자가 담대하고 진실되게, 그리고 세심하게 상담에 임한다면 학대에 연관된 피해자와 가해자 모두를 살피고 살릴 수 있는 자리에까지 이끌 수 있다.

크리스천 노인상담 : 행복한 노후의 삶을 위한 레시피

노인 우울증 상담

　현대인들은 수없이 많은 경쟁과 생존의 투쟁 사이에서 힘겹게 살아가고 있다. 그 가운데 반복되는 스트레스와 미래에 대한 불안감 속에서 하루하루를 보내는 실정이다. 그 압박감 속에서 점점 우울증을 호소하는 사람들이 늘어간다. 우리 사회의 노인들 또한 경제적 문제, 건강 악화 등 여러 어려움으로 인하여 우울증을 겪고 있다. 하지만 사람들은 흔히 우울증을 대수롭지 않게 느끼거나 부정적으로 생각한다. 그렇기 때문에 노인들이 우울증에 대해 자연스럽게 이야기를 꺼내지 못하는 분위기가 만들어진다. 더구나 교회 안에서 '우울증에 걸린 사람은 믿음이 부족해서 그렇다'는 식의 잘못된 이야기를 하고 있다. 기독 상담자들은 우울증에 관해 올바른 이해를 하고 그들을 하나님이 우리에게 부여하신 '푸른 초장'으로 이끌어 주어야 할 책임을 가지고 있다. 겉으로 드러내지 못하고 외롭게 우울증과 싸우는 노인들을 온전히 치유하기 위해서는 우울증에 대한 바른 지식을 가지고 성경적 관점으로 치유해야 한다.

1. 노년기 우울증의 이해

1) 정의

우울증은 우울하고 슬픈 기분을 주된 증상으로 하는 가장 흔한 심리적 장애이다.[1] 우울증은 정신장애 중에서 가장 많은 사람들이 고통받는 장애이며, '심리적 감기'라고 불릴 만큼 많은 이들이 경험하는 심리적 문제이다.[2] 우울증은 3천년 이상 인간사회의 일반적인 문제로 진행되어 왔으며 유아를 포함하여 노인에 이르기까지 모든 연령대의 사람들에게 영향을 미쳐 왔다. 또한 우울증은 본인 뿐 아니라 그들의 가족, 친구, 직장동료 등 주변 거의 모든 사람들에게 영향을 미친다.[3]

현대 사회는 '성공'이라는 가치가 최우선 순위로 인정된다. 하지만 성공할 수 있는 사람과 기회는 점점 적어져 가고 있다. 따라서 자신의 기대치와 실제 모습 간의 간격은 커질 수밖에 없다. 이러한 간격은 결국 허탈감 혹은 상실감으로 나타난다. 그래서 많은 심리학자나 사회학자들은 상실감에 대해 언급하고 있다. 이제 20세기 전반기의 '불안의 시대'(Age of Anxiety)는 '우울감의 시대'(Age of Melancholia)로 바뀌었음을 말하며, 우울증이 이 시대를 대표하고 있음을 주장하고 있다.[4]

노년기에 접어들면 건강이 약화되어지고 가정과 사회에서의 존재감의 부족 등 우울감에 빠져들 수 있는 상황이 발생한다. 사랑하는 가족이나 친지의 죽음 등으로 인한 상실감에 젖어들기도 한다. 노인들은 이러한 변화에 대해 종전보다 심하고 극단적인 반응을 나타내기도 한다. 건강상의 문제로 또는 환경적인 어려움 등으로 우울증에 걸린 노인들은 일상생활에 대한 의욕과 즐거움이 감퇴하고, 피로를 느끼거나, 무가치감과 죄책감에 시달리는 모습 등이 나타난다.

2) 증상

우울증의 대표적 증세로는 슬프고 우울한 감정을 비롯하여 좌절감, 죄책감, 고독감, 무가치감, 허무감, 절망감 등과 같은 고통스러운 정서상태가 지속된다. 이 같은 부정적 기분과 더불어 일상생활의 즐거움과 의미가 반감되어 모든 활동에 의욕을 보이지 않게 된다. 또한 우울한 사람들은 마음속에서 자신의 무능함과 무가치함을 지속적으로 되새기며 자기 비난 혹은 자기 파괴적 사고에 빠져들곤 한다.[5] 그리고 가정생활이든 직장생활이든 모든 일에 의욕을 잃게 됨으로써 삶 자체가 위축되고 침체된다.[6]

우울증은 심각성이나 빈도, 지속성, 그리고 원인에 있어서 서로 다른 증상들을 보이지만 전반적으로 볼 때 노년기 우울증의 증상은 다른 세대의 그것과 크게 다르지 않다. 상황에 따라 우울증의 징후가 다양하게 나타나는 것이다. 예를 들어, 오랜 세월 희노애락(喜怒哀樂)을 함께 해온 배우자와 사별한 노인의 경우, 상실감으로 인해 우울증에 빠질 수 있으며 무력감과 절망스러운 감정을 나타내게 된다. 배우자를 위해 해 주지 못했던 자신의 무능함을 되새기며 괴로워한다. 건강도 악화될 수 있으며 주변 사람들과의 관계에 어려움을 보이는 등 평상시 행동과 다른 문제가 발생할 수 있다. 연구 결과들에 의하면 노년기 우울증은 다른 젊은 사람들의 우울증에서보다 수면장애가 더 많이 나타나고 신체 증상의 호소와 초조감이 더 많이 드러나는 경우가 더 많다. 또한 정신기능 저하와 체중감소, 그리고 인지기능의 저하(주

의집중력과 기억력 등)를 호소하는 경우가 생겨난다.7

　노년기 우울증의 어려움을 겪고 있는 피상담자의 상황을 정확히 이해하고 해결책을 제시하는 것은 상담자의 당연한 의무이며 책임이다. 하지만 많은 경우 상담자가 잘못된 판단을 내림으로써 피상담자의 상태에 심각한 결과를 내리는 경우가 있다. 상담자가 피상담자의 문제에 대해 정확한 진단을 내리게 되면 피상담자의 문제를 해결할 수 있는 결과를 낳을 수 있게 된다. 동시에 빠르고 올바른 진단은 우울증에 걸린 피상담자를 상담자가 치유하지 못함으로써 갖게 되는 죄책감에서 벗어날 수 있게 해 준다.8 그러므로 상담자는 노년기 우울증에 대한 증상, 원인 및 특성들에 대한 섬세한 판단으로 피상담자를 파악하여 어려움을 풀어나가야 한다.

2. 노년기 우울증의 원인

1) 신체적, 유전적 원인

　노년기는 인생의 다른 어떤 시기보다도 신체적 질병에 취약한 시기로 생물학적 노화가 진행됨으로써 여러 가지 신체적 질병이 나타난다. 노년기는 우울증의 증상이 주로 신체적인 증상과 연관되는 경우가 많다. 신체적 약화나 약물에 의해 생리적 변화나 대사성 변화가 나타나기도 한다. 그리고 이로 인해 우울증이 유발될 수도 있다. 우울증을 초래하는 여러 신체질환의 종류는 다양하다. 뇌의 화학적 불균형, 내분비 계통의 질환, 심장, 신장, 간 등 여러 신체적 문제는 우울증을 야기하는 요인들이다. 노년기는 신체적인 면역성과 적응력이 떨어지는 시기이기 때문에 건강상의 어려움을 겪게 되고 이는 우울증에 더 취약한 상황이 된다. 또한 우울증이 장기화되면서 대인관계와 활동의 폭이 적어지고 기분이 저하되며 식욕이 감퇴되는 등 여러 우울증세가 발생되어 건강의 악화를 초래할 수 있다.[9]

우울증 가족 중 우울증에 걸린 사람이 더 나타나는 것을 보면 우울증과 가족력과의 중요한 연관성이 있는 것은 분명하다. 하지만 보다 명확한 유전적 연관성에 관한 연구가 계속 진행되고 있는 것을 보면 확실한 유전적 원인이 규명되고 있지는 못한 상황이다.[10] 일반적으로는, 우울증의 발병 시기가 늦으면 늦을수록 유전적 요인이 상대적으로 덜 중요한 것으로 알려져 있다.

2) 심리적, 인지적 원인

우울증의 원인에 대해 수많은 학파들은 각자의 심리 이론에 따라 현대적 모델들을 제시하였다. 정신분석학적 모델에서는 우울증의 발생 원인을 상상이든 실제이든 유아 시절 사랑하는 대상의 상실로 본다. 그 대상은 아버지 혹은 어머니가 된다. 사랑하는 대상의 상실에 대한 분노는 자기에게로 돌아와 내부로 향하게 되는데, 그 결과가 우울증이다.[11]

행동주의 이론에서는 인간의 행동을 환경적 요인에 의한 학습의 결과로 설명하는데, 우울증 역시 사회환경으로부터 긍정적 강화가 약화되어 나타난 현상이라고 본다. 사람이 생활하는 데에는 칭찬, 보상, 도움, 지지 등의 다양한 긍정적 강화를 받으며 살아간다고 여긴다. 행동주의에서는 이러한 강화유발 행동이 감소되거나 상실되어 우울증이 발생하게 되는 것이다.[12] 노년기에 가족의 사망이나 실직 등 중요한 상실사건이 발생하게 되면 긍정적 강화의 중심적인 원천을 빼앗기는 셈이 된다. 이러한 과정이 지속될 때 우울증으로 발전하게 된다.

인지이론은 인간의 감정과 행동이 그 자극에 부여한 의미에 의해서 결정되어진다고 본다. 그렇기 때문에 인지 심리학자들은 우울증의 원인을 부정적인 인지 양식으로 보았다. 부정적으로 사고의 오류에 빠지게 되면 자신에게 일어나는 사건을 자기 비하와 자기 비난의 구조 속에서 해석하게 된다.[13] 우울한 사람들은 자신과 세상에 대한 비현실적인 신념과 사고 속에서 판단하고 왜곡을 반복하게 된다. 노인이 자기 자신을 왜곡하여 이 세상에서 무가치한 존재로 여기며 자포자기 한다면 우울증으로 고립되어 질 수밖에 없게 된다.

3) 사회심리학적 원인

노년기 우울증의 주요한 원인 중 하나는 환경적인 요소이다. 환경으로부터의 스트레스가 우울증의 원인이 된다. 특히 이러한 스트레스가 사람에게 위협감을 느끼게 하거나 상실과 관련이 있을 때 그 영향력은 더욱 커진다.[14] 은퇴로 인한 역할상실, 건강, 경제적 빈곤, 사별 등 중년기에 경험하지 못했던 어려움들로 인해 우울증에 취약한 세대가 노년기이다. 한국 노인들이 자신의 문제를 솔직히 드러내지 못하는 이유 중 하나는 '사회의 어른'이라는 '체면문화' 때문에도 기인한다. 신앙의 연륜을 쌓아온, 어른의 입장에서 나약하고 심약한 모습을 보이는 것 자체를 창피하게 여기기 때문이다. 또한 자녀들과 동거하는 비율이 점점 떨어지기 때문에 노인 단독세대들이 늘어가고 있다. 따라서 노인의 심리상태에 대한 가족의 관심도 덜해 질 수밖에 없다.

 노인들에게 있어 이전까지 지녔던 힘(경제적, 사회적 기득권)의 상실은 '죽음'과도 같은 고통을 수반한다. 한국 사회의 미덕으로 여겼던 '노인들에 대한 존경'의 분위기도 많이 저하되었고 노인들은 가족과 사회로부터 버림받은 상실감을 지닌 채 우울증에 처할 수 있는 여건이 되었다. 실제적으로 노인이 경제적 어려움도 함께 겪고 있는 경우에는 그 외로움이 한층 심해진다. 크리스천 노인일 경우, 아픔을 함께 나누고 도와야 할 '의무와 책임'을 가지고 있는 교회가 그 본연의 기능을 하지 못한다면 우울증이 배가될 수 있다.

3. 노년기 우울증의 특성

1) 우울증과 치매

 노년기 우울증과 치매는 드러나는 증상이 유사하기 때문에 이 두 증세를 구별하는 것이 쉽지 않을 때가 많다. 치매 환자에게서 우울증세가 나타나는 경우가 많고, 우울증을 지닌 노인에게서 인지기능의 손상을 호소하는 경우도 많다.[15] 우울증은 치매증세와 달리 회복 가능성이 크기 때문에 우울증과 치매의 유사점과 차이점을 인식하고 두 증상을 구별 진단하는 것은 치유적 측면에서 매우 중요한 부분이다.

 우울증과 노인성 치매 증상의 구분은 다음과 같다. 첫 번째, 노년의 우울증은 슬픔이 더 강한 데 반해 노인성 치매는 혼란과 시간 감각의 상실이 더 특징적이다. 두 번째, 우울증이 있는 노인들은 기억력 상실에 대해 많은 불평을 하지만 실제로는 기억력이 정상인 반면 치매에서는 기억력 측정에서 실제로 문제를 보여준다. 세 번째, 우울증을 지닌 노인들은 협동적이고 도움을 바라지만 치매 노인들은 대체로 비협동적이며 비사교적이고 도움을 거부하는 경향이 있다. 네 번째, 우울증에서는 노인들의 퇴화가 진행되지 않으나 치매에서는 점진적으로 노인의 퇴화가 진행된다.[16]

우울증과 치매 증세는 함께 진행되는 경우가 많다. 그렇기 때문에 우울증과 치매의 차이를 진단할 때 유의해야 할 부분은 어느 한 쪽의 증세로 단정 짓는 태도에서 벗어나야 한다. 각 증상에 대한 정확한 인식이 있을 때 접근 방향이 달라질 수 있기 때문에 상담자는 피상담자의 증상을 올바로 파악해야 한다. 그리고 그 판단에 따라 적절한 조치를 취해 줌으로써 미흡한 판단착오로 인한 문제를 방지할 수 있다.

2) 우울증과 자살

우울증은 매우 흔한 심리장애인 동시에 치명적인 장애이다. 우울증이 심해지면 스스로의 감정과 생각을 통제하기 힘들어지며 삶에 대해 자포자기(自暴自棄) 하는 마음이 생기게 된다. 자살에 대한 생각이 증가하고 실제로 자살을 시도하기도 한다. 우울증에 걸린 사람이 모두 자살로 이어지는 것은 아니지만 우울은 특히 자살과 관련된 대표적인 요인이다. 우울증에 걸린 사람들은 종종 더이상 희망이 없다고 느끼며 죽음을 현재의 고통에서 벗어나는 방법으로 생각해서 자살을 선택하기도 한다. 노인들은 만성적 질병, 배우자와의 사별, 자녀들과의 관계 단절로 인한 외로움 등 우울증에 걸릴 확률이 높다. 그리고 우울증이 심해지면 극도의 불행을 느끼게 되고 이러한 정신적, 감정적 고통을 덜기 위하여 온갖 수단과 방법을 동원하게 되는데 자살이 바로 그 선택 중 하나가 되는 것이다. 그러므로 노인 자살자 중 80% 가량이 우울증과 연관되어 있다는 통계는 우울증과 자살의 관계가 밀접하다는 결과를 보여주고 있다.[17]

한국에서 자살한 사람들 가운데 가장 많은 숫자를 차지한 것은 80세 이상이며 전체 자살비율에 비해 60대 이상의 노인 자살 비율은 40%를 훌쩍 넘어가고 있다. 이는 OECD 국가의 평균보다 8.3배 높은 것으로 나타났다.[18] 노인 자살은 고령화 사회가 진행되면서 지속적으로 증가하는 추세를 보이고 있는데, 인구비례에 따른 자살 인구 비율은 다른 연령대에 비해 매우 높은 편이다. 그러므로 자살에 대한 대책을 간구하기 전에 우리 사회는 자살에 이르는 주요한 이유 중 하나인 우울증 예방에 대한 사회적 대책이 필요한 시점이다. 노인들에 대한 의료체계가 구비되고 노년 세대들을 위한 사회적 배려가 이루어질 때 '우울증'의 위험에 노출되는 노인들의 숫자가 적어지고, 이는 자살을 방지할 수 있는 계기가 되는 것이다.

4. 노년기 우울증 상담

우울증에 걸린 사람들은 흔히 수동적이며 말이 적어지며, 의욕이 저하되어 있고 비관적이다. "치료나 상담이 무슨 효과가 있겠어?"라는 체념적인 태도를 보이기도 한다.[19] 더구나 노인들은 오랜 인생의 경험을 한 세대이기 때문에 자신의 우울 증세에 관련된 상담자의 치유적 접근에 적절한 반응을 보이지 않고 부정적 모습을 보이기도 한다. 그렇기 때문에 크리스천 상담자는 노년기에 겪는 우울증의 고통과 아픔을 이해하는 태도를 적극적으로 보여야 한다.

상담자는 다른 피상담자와 상담할 때보다 노년기의 우울증을 겪는 피상담자들을 향해 인내심을 가지고 용기를 북돋아 주고 질문을 던지며 간간히 칭찬을 하고, 일방적 권면이 아닌 부드럽고 주의 깊게 경청하는 모습이 필요하다. 특별히 상담 초기에 끊임없는 탐색 질문, 또는 어떠한 행동을 요구하는 것은 피해야 한다. 노인들의 마음에 도리어 불안과 절망감을 가지게 할 수 있기 때문이다.[20] 우울증의 특성상 상담자는 피상담자를 이해하는 모습을 보다 깊게 노인 피상담자에게 보여주어야 한다. 시편 63편 1-3절은 우울증의 깊은 계곡에서 헤매는 사람에게 들려줄 수 있다.

> 하나님이여 주는 나의 하나님이시라 내가 간절히 주를 찾되 물이 없어 마르고 황폐한 땅에서 내 영혼이 주를 갈망하며 내 육체가 주를 앙모하나이다. 내가 주의 권능과 영광을 보기 위하여 이와 같이 성소에서 주를 바라보았나이다. 주의 인자하심이 생명보다 나으므로 내 입술이 주를 찬양할 것이라.

상담자가 우울증으로 힘들어 하는 피상담자에게 해서는 안 되는 중요한 행동 중 하나는 섣부른 충고이다. 우울증은 고통이 심하고, 그 아픔을 상담자인 내가 치료해 주고 싶은 열망이 있기 때문에 다른 임상적인 문제보다도 충고를 더 해 주고 싶은 충동을 일으키는 경향이 있다.[21] 하지만 피상담자의 마음에 그 충고를 받아들일 만한 마음의 준비가 되어 있지 않으면 상담자의 진심어린 권면은 도리어 상담의 효율성을 떨어트리는 결과를 가져다 줄 수 있다. 상담자는 피상담자가 지니고 있는 분노와 상처, 부정적 사고와 낮은 자존감, 죄책감의 모습들을 경청과 공감으로 점검하고 이끌어 주어야 한다.

1) 약물치료

노년기 우울증은 신체적, 심리적, 사회적 요건들이 복합적으로 작용하여 나타나기 때문에 치료 또한 복합적으로 이루어질 필요가 있다. 특별히 노년기 우울증은 신체적 질병이 동반되는 경우가 많으므로 이 경우, 포괄적인 의학적 검진이 요구된다. 그래서 신체적 어려움에 대한 약물치료가 병행되어야 한다.[22] 약물치료에 대해 부정적인 견해를 갖는 상담자도 있으나 이에 대해 두려워하거나 죄책감을 가질 필요는 없다. 우울증 치료를 위한 약물사용을 불신앙적인 자세로 여기어서는 안 된다. 하지만 약물은 우울증 혹은 개인의 증상에 따라 용량이나 약물이 선택되어야 하기에 전문의사의 처방에 따라 꼭 이루어져야 한다.[23] 약물효과를 보기 위해서는 보통 4-5주의 기간이 필요하나, 노인들은 젊은 사람들에 비해 일반적으로 약물에 대한 반응이 더디기 때문에 효과를 보기 위해서는 의사의 처방에 따라 오랜 기간

복용해야 할 경우도 있다. 항우울제 복용에 많이 처방되는 약물은 삼환계 항우울제(Tricyclic Antidepressants)와 모나민 옥시다스 억제제(Monamine Oxidase inhibitors: MAOIs)이다.[24]

약물치료에 대한 막연한 거부감 때문에 우울증에 걸린 피상담자에게 사용을 꺼려하는 자세도 삼가야 하지만 약물치료를 맹목적으로 우선시 여기는 자세도 지양해야 한다. 약물치료는 신체적인 원인으로 인한 우울증에 효과적이며 상담치료가 함께 병행되어야 한다. 약물치료가 모든 우울증에 꼭 필요한 것도 아니며, 약물치료만으로 모든 우울증이 치료된다는 생각도 삼가야 한다. 상담자는 피상담자의 우울증의 형태를 올바로 진단하여 약물치료가 필요한 상황인지를 파악해야 한다. 그리고 어느 병원, 어느 의사에게 치료를 받아야 할지를 소개해 줄 필요가 있다.

2) 사고 다루기

우울증 상담 가운데 가장 많은 치유적 효과와 결과를 보여주는 것은 인지상담이다. 인지상담자들은 우울증 피상담자들이 가지고 있는 부정적 사고와 관점을 다음과 같이 6단계 모델로 제시하고 있다. 이를 기독교 상담적 관점에서 적용할 수 있다.[25]

- 1단계는 우울증에 걸린 피상담자가 지니고 있는 문제가 되는 사고와 감정을 파악하는 것이다. 이는 부적응적 사고를 가지고 있는 사람은 부적응적 신념을 갖고 있는 경우가 많다는 데서 출발한다. 아론 벡(Aaron Beck)은 우울해지는 사람들은 다양한 인지적 왜곡을 경험

하고 결국 이러한 왜곡이 우울증을 야기한다고 주장한다. "나는 더이상 우리 가족에게 쓸모없는 존재야" "이제 아무도 나를 원하지 않아" "나는 이제 할 수 있는 게 아무 것도 없어" 어떤 노인들은 각자의 상황에서 부정적인 생각으로 자신의 감정과 마음을 힘들게 만들 수 있다. 상담자는 객관적이고 냉철하게 노인이 가지고 있는 마음의 상태를 진단할 수 있어야 한다.

- 2단계는 부정적인 자동적 사고를 찾아내는 것이다. 자동적 사고는 자동적이고 반복적으로 의식 속에서 떠나지 않는 사고이다. 이러한 사고를 대화를 통하여 찾아내는 것이 상담자의 역할이고 역량이다. 노인들은 가족과 사회의 '어른'이라는 위치에 있기 때문에 본인의 잘못된 사고와 행동에 대해 발견되어지는 것을 부끄럽게 생각한다. 그러므로 상담자는 피상담자인 노인들의 오류를 찾아내는 듯한 질문이 아니라 인내심을 가지고 그들의 과거와 현재의 여정 가운데 드러나는 오류적 사고를 듣는 자세가 우선적이다. 그 관계 속에서 나타나는 부정적 생각을 피상담자인 노인과 함께 찾아 나아가야 한다.

- 3단계는 자동적 사고에 대한 논박이다. 자동적 사고는 부정적이고 왜곡된 사고이다. 이러한 사고를 성경적인 사고로 바꾸기 위해서는 이에 대한 논박이 필요하다. 예를 들어, 노인이 '나는 아무데도 쓸모없다'와 같은 생각을 반복적으로 한다면 그는 자기 신뢰를 손상시키고 우울증을 유발할 수 있다. 이러한 생각에 도전하기 위해 그 사람은 "내가 무능하다는 견해에 대한 증거가 무엇인가?" "어떤 부분에서 나는 무능한가?" "무능하다는 확실한 증거가 있는가?" "하나님이 나를 만드시고 지금까지 이끌어 오신 데에는 어떠한 뜻이 있지 않을까?" "부족하고 연약하지만 그분의 인도함 속에서 내가 할 일이 있지

는 않을까?" 상담자는 피상담자에게 여러 질문들을 던지면서 부정적 사고에 대한 반대의 이유와 근거를 찾아 논박의 가능성을 피상담자가 느끼게 한다.

- 4단계는 상담자가 우울증이 있는 피상담자들이 가지고 있는 핵심이 되는 사고를 찾아내야 한다. 우울증에 걸린 노인 피상담자의 부정적 사고에 대한 논박이 이루어졌을지라도 피상담자는 자신이 지니고 있는 삶의 패턴과 생각을 고수하는 경향이 있다. 예를 들어, 가부장적 태도로 말미암은 가족과의 불화로 인해 우울증에 걸린 피상담자는 여전히 자신을 이렇게 만든 주변의 사람들에게 그 원인을 돌리게 된다. 상담자는 노인의 우울증을 야기시킨 사고의 근본 이유를 찾아야 한다. 피상담자의 성장배경과 더불어 사회환경, 피상담자의 우울증을 일으키는 핵심 사고를 진단하는 것이 중요하다.

- 5단계는 상담자가 우울증이 있는 피상담자들의 핵심이 되는 잘못되고 왜곡된 사고를 신앙적 사고로 바꾸어 주어야 한다. 상담자는 우울증을 겪고 있는 노인 피상담자의 잘못된 사고를 찾고, 논박하고, 그 사고의 핵심을 찾은 후에는 성경적 사고로 바꾸어 주어야 한다.

- 6단계는 피상담자의 변화된 사고를 그대로 유지하도록 돕는 것이다. 진정한 변화는 사고의 전환에서 끝나는 것이 아니라 변화된 사고를 실천하여 습관화시키는 데까지 나아가는 것이다. 상담자는 노인 우울증으로 어려움을 겪었던 피상담자가 자신의 문제를 인식하고 하나님과의 인격적인 관계 속에서 평안을 얻은 후 지속적인 훈련의 과정을 유지할 수 있도록 이끌어 주어야 한다.

3) 성경적 관점 세우기

(1) 신앙 일변도의 견해에서 벗어나기

"하나님을 의지하라 그러면 우울증은 사라질 것이다"라는 말을 들은 사람들이 하나님을 믿고 의지하는데도 자신의 증상이 계속되거나 혹은 악화된다면 그 사람은 오히려 더 깊은 낙담에 빠지게 될 수 있다.[26] 기독교 상담자들이나 목회자들이 우울증에 대한 정확한 지식을 지니지 않고 신앙적으로만 접근함으로써 우울증에 걸린 피상담자들을 이끈다면 그들은 상담자로서의 직무를 유기하는 셈이 되는 것이다.

우울증이 하나님에 대한 신앙의 결핍으로 발생한다는 믿음은 우울증에 걸린 사람들의 마음을 두렵게 하고 난처하게 만든다. 물론 우울증의 발생 원인이 하나님에 대한 신뢰의 부족으로 인해서 생길 수도 있지만 많은 우울증이 신앙 문제와 직접적으로 결부된 것은 아니다. 우리가 우울할 때마다 그것은 약한 신앙의 징조라고 일반화시키는 이론을 주장할 수는 없다.[27] 우울증은 평상시 생활 가운데 일어나는 일들 가운데 나타나는 현상일 수 있으며 또한 유전적이고 생물적인 원인에서 발생되는 경우도 있다. 그렇기 때문에 크리스천 상담자들은 믿음으로 인한 하나님의 온전한 개입의 능력을 추구하지만 영적 형태의 치유로만 우울증을 접근하는 자세에서는 벗어나야 한다.

(2) '고난'을 주시는 하나님의 섭리 깨닫기

노년기에는 세대적으로 여러 문제들을 겪을 수밖에 없다. 건강상의 어려움, 은퇴 및 역할의 상실, 사랑하는 사람들과의 헤어짐 등 우울한 상황에 처하게 된다. 신앙인이라고 해서 고난이 없을 수 없다.

남침례교 목사인 밴스 하브너(Vance Havner)는 아내가 죽어가는 것을 힘겹게 지켜보았고 사랑하는 이의 죽음과 연관된 하나님의 뜻을 생각하며 다음과 같이 기록하였다. "하나님은 일을 수행하시는 방식에 있어서 도식적으로 정형화된 틀을 가지고 있지 않다. 그는 베드로를 감옥으로부터 건지셨지만 세례 요한은 감옥에서 순교하도록 허락하셨다… 나는 그가 하시는 모든 것, 그리고 그가 하시는 모든 방식을 받아들인다."[28]

하나님은 즉각적인 문제의 해결을 통해서도 역사하시지만 어려움의 발생과 지속을 통해서도 그 뜻을 이루어 가심을 인식해야 한다. 우울증에 걸린 노년 피상담자에게 '우울증'이라는 고난을 통해 역사하시는 하나님의 신실하심을 바라보게 하는 것은 상담자로서 중요하고 지속적으로 행해야 하는 노력이다.

우울증은 삶의 방식에 문제가 있음을 알리는 심리적 신호라 할 수 있다. 현재 생활의 형태와 심리상태가 정상적인 방향에서 어긋나 있음을 알리는 것이다. 이러한 관점에서 보면, 우울증은 하던 일에서 잠시 벗어나 휴식을 취하고 자기반성을 하며 재충전을 요구하는 일종의 적응현상이라 볼 수 있다.[29] 그러므로 우울증을 남들에게 드러내기에 수치스러운 장애로 생각한다든지 영적인 문제로 생기는 어려움으로만 받아들여서는 안 된다. 우울증이 매우 고통스러운 경험이지만 도리어 이 고난을 통하여 주시는 하나님의 은혜를 간구하는 모습을 지닐 때 고난은 '적'이 아닌, '친구'처럼 다가올 수 있다.

(3) 하나님에 대한 신뢰

우울증이 하나님과 올바른 관계를 맺지 못하기 때문에 생겨난다는 생각의 오류에서는 분명히 벗어날 필요가 있다. 하지만 우울증으로 인한 자기 정체성의 왜곡, 하나님으로부터 버림받았다는 생각 등 뒤틀린 감정과 사고로부터 벗어나는 가장 우선적이고 중요한 요소는 결국 하나님에 대한 신뢰일 수밖에 없다.

노년기 우울증은 현대 사회에서 점점 감소할 확률보다 오히려 증가할 가능성이 많다. 왜냐하면 우리의 삶 자체가 더욱 빨라지고 경쟁체제로 변하기 때문에 스트레스가 많아지고 노년기는 이에 영향을 받는다.[30] 교회 안에서도 우울증에 대해 부정적인 시각을 가지고 있기에 노인들은 우울증의 증상을 쉽게 노출하지 않는 경향이 있다. 겉으로는 문제가 없는 척 하지만 실제로는 상처와 고통을 지닌 채 우울증을 숨긴 가운데 가면을 쓰고 지내는 것이다.

결국, 하나님께로 돌아가는 것만이 우리를 온전케 할 수 있고 우울증의 범람으로부터 우리를 치유할 수 있다. 그것은 인간은 불완전할 수밖에 없는 죄인이지만 성령의 은혜로 회복할 수 있는 하나님께 '사랑받는 존재'임을 믿음으로 받아들일 때 가능하다. 우울증은 분명히 치유될 수 있다. 그 치유는 푸른 초장, 쉴만한 물가로 인도하시는(시편 23편 1-6절) 하나님을 바라보고 의지할 때 거기서부터 비롯된다.

4) 가족 상담

노년기 우울증을 치유할 수 있는 매우 중요한 원동력 중의 하나는 가족이다. 우울증을 그대로 방치할 경우 문제는 더욱 커지며 자신을 넘어서 가족 전체의 어려움으로 확대되기 때문에 가능한 한 빨리 가족들에게 솔직하게 알리고 처한 상황에 대한 대책을 세우는 자세가

필요하다.³¹

다른 연령 집단과 달리 노인들에게 나타나는 문제는 대부분 가족과 연관되어 있거나 그들에게 영향을 미친다.³² 하지만 노인이 우울증적인 증상을 드러낼 경우 가족들이 일시적인 현상이나 대수롭지 않은 것으로 생각하여 무시하는 경향이 있다. 혹은 배우자나 가족들이 우울증에 걸린 당사자를 향해 비난을 퍼붓는 경우도 많다.³³ 가족들의 이 같은 자세는 바뀌어져야 한다. 가족은 우울증에 걸린 노인에 대하여 관심을 갖고 그의 치료과정에 적극적으로 대처해야 한다.

상담자는 우울증에 걸린 노인의 가족에게 이 문제가 가족 전체의 관심사로 인식되게끔 이끌어 주는 역할을 해야 한다. 만일 가족 가운데 우울증에 대한 인식이 부족하거나 저항적 자세를 보일 경우 우울증에 대하여 교육을 시키거나 우울증에 관한 서적을 소개해 줄 필요가 있다. 그래서 노년기 우울증에 대해 가족 모두가 치료를 돕도록 이끌어야 한다. 왜냐하면 노년기 우울증은 다른 가족 구성원과 함께 할 때 가장 효과를 거둘 수 있기 때문이다. 상담자는 혹시 가족 구성원과의 관계로 인한 노년 우울증의 원인을 파악하고, 필요하다면 의학적 치료를 받게 하거나 우울증 치료 기간 중 가족들 각자의 책임을 재조정 하는 등 실제적인 방안을 이끌어 주어야 한다.

5) 생명을 살리는 교회 공동체와 목회자의 회복

한국교회는 그 어느 때보다도 침체의 시기를 걷고 있다. 교회가 우리 사회의 빛과 소금의 역할을 감당하기는커녕 일부에서는 도리어 사회로부터의 비난의 원인을 제공하고 있는 실정이다. 현재 교회 공동체는 이해와 사랑보다는 갈등과 무기력의 구조 속에서 우울증적인 모습을 보여주고 있다. 이 같은 교회의 분위기 가운데 우울증을 경험하는 성도들은 교회에서 증상을 드러내놓고 도움을 청하기보다는 숨기고 위장하는 경우가 대다수이다.[34] 그렇기 때문에 교회에서는 우울증을 신앙이 부족해서 생기는 것이라는 식의 편견은 그릇되었다는 것을 가르쳐 주어야 한다. 교회 안에서 목회자나 기독상담자는 우울증을 겪는 노년 성도들을 위한 변호인의 역할을 감당해야 한다.[35]

교회는 교회로서의 본질의 모습으로 돌아가야 한다. 영혼을 살리는 교회, 당장 가시적인 성과가 나타나지 않더라도 교회 안에 상처 입은 소수자들, 그 가운데 노년 세대들이 갖는 우울한 마음과 아픔을 보듬는 노력이 절실하게 필요하다. 그 역할을 할 수 있는 우선적인 사람은 역시 목회자이다. 목회자의 영적 권위가 이전보다 추락하기는 했지만 적어도 교회 안에서 목회자는 아직까지 '영적 지도자'로서의 권위를 지니고 있다. 목회자의 권면 한마디에 아픔 가운데 힘들어하는 사람과 그 가족들은 온 마음으로 그 말씀을 인정하고 따른다. 그렇기 때문에 목회자는 노년기 우울증에 대한 충분한 지식과 관심을 가지고 목회에 임해야 한다.

생명을 살리는 교회 공동체는 목회자 한 사람의 의지로만 이루어지는 것은 아니다. 하지만 아무리 온 교회가 영혼을 살리는 사역에 힘을 다 한다 할지라도 목회자가 이에 대한 의식의 전환과 의지, 그리고 실천이 이루어지지 않으면 모든 노력은 허사가 된다. 그러므로 한 영혼의 내면에 발생되는 작은 아픔에 귀 기울이는 목회자의 자세가 우선이 되어야 한다. 그리고 그 목회에 함께 동역하는 평신도 동역자들이 있을 때 한국교회 안에서 우울증으로 아파하는 노년 세대들의 상처를 치유하는 교회 공동체가 점점 많아질 것이다.

6) 예방 교육

우울증에 걸린 사람의 문제를 치유하는 것도 중요하지만 동시에 이와 같은 어려움들이 생기지 않도록 미연에 방지하는 사역이 어쩌면 더 필요하다. 노인들은 삶의 여정동안 많은 경험이 있는 세대이다. 그렇기 때문에 우울증에 대한 교육을 받는다는 것은 그들에게 필요치 않는 것으로 인식되어 질 수 있다. 더구나 우울증에 대한 부정적 이미지로 인해 교육 자체에 대한 거부감이 표출될 가능성이 있다. 하지만 우울증 예방을 위한 교육은 필요하다. 이는 효율적으로 진행되어야 한다. 다음 세 가지를 들 수 있다.

(1) 우울증에 대한 교육이 있어야 한다

누구나 경험할 수 있는 우울증에 대한 사전 교육이 있어야 한다. 성경의 인물 중 욥도[36] 모세도[37] 절망과 슬픔, 낙심 가운데 우울증 증상들을 보였고 예수님 또한 십자가를 지는 상황에서 마음의 갈등과 고통을 경험하였다.[38] 그러므로 노년의 시기에 낙심과 우울의 감정을 갖는 것은 당연한 것임을 가르쳐야 한다. 이와 더불어 우울증의 증세, 원인 등 우울증의 이해를 높이고 스스로 우울증의 위험이 얼마나 있는지 자가진단 및 우울증에 대해 점검할 필요가 있다. 우울증이 결코 숨겨야 할 부끄러운 것이 아닌, 누구나 경험할 수 있는, 그러나 이겨낼 수 있는 어려움임을 교육해야 한다.

(2) 스트레스 상황 대처하기

노인들이 노년기에 나타나는 여러 스트레스 상황에 대처하는 방법을 인지한다면 우울증을 유발하는 무력감에 덜 압도될 수 있다. 어떤 경우 노인들은 스스로 감당하기 어려운 상황에 너무 침울하여 당황하는 경우도 있다.[39]

노인들의 인생경험이 많다고 해서 스트레스 상황에 누구나 잘 대처하는 것은 아니다. 건강의 악화, 배우자의 죽음, 은퇴 이후의 소외감 등 이 전에 경험치 못한 여러 상황들로 인하여 그들은 상실감에 더욱 빠져들 수 있다. 상담자는 삶의 문제, 특히 우울증과 연관된 스트레스의 상황에 봉착하였을 때 이를 극복해 나아갈 수 있는 마음의 자세와 실제적인 방법 등을 가르쳐 주어야 한다.

(3) 신체적 건강 지키기

앞서 언급되었듯이 노인들의 우울증의 특성 중 하나는 다른 젊은 세대보다 건강과 관련이 크다는 것이다. 노년이 되면서 이전보다 더욱 적응력이 약화되기 때문에 신체적으로 어려움을 겪게 된다. 이로 말미암아 우울증이 생기는 경우가 있어서 상담자는 노인들에게 신체적 건강을 유지할 수 있는 운동과 건강검진 등에 대해 자세하게 가르쳐 주어야 한다. 건강한 육신 가운데 건강한 정신이 유지되는 것은 당연한 이치이지만 우울증과 연관된 측면에서 노인들에게 건강을 지켜야 되는 필요성을 교육시킬 필요가 있다.

결론

노년기는 삶을 마감하는 연약한 불행의 시기가 아니라 하나님이 부여하신 지혜와 축복의 시간이다. 어느 인생의 시점에든 문제는 있기 마련이지만 노년기에는 인생 말년에 닥치는 여러 어려움들이 있다. 노년기 우울증이 그 대표적인 문제 중 하나이다. 우울증에 대한 여러 사회적 관심이 많아지기는 했지만 여전히 노년기에 생기는 우울증을 사람들은 대수롭지 않게 여기는 경향이 많다.

노년기 우울증은 하나님의 은혜로 극복되어질 수 있는 어려움이다. 문제는 문제가 아니라 그 문제를 야기하는 우리의 마음이 문제이다. 상담자와 피상담자가 노년기에 닥친 우울증의 문제를 성경적인 관점에서 마음을 바로 세우고 여러 과정을 거쳐 확신을 가지고 헤쳐 나아간다면 결코 문제가 우리를 압도하지 못하게 된다. 하나님을 소망하고 우울의 늪에서 빠져 나올 수 있는 것이다. 그리고 하나님이 주신 노년의 삶을 감사와 기쁨으로 힘차게 살아가는 것이 성경적인 올바른 태도이다.

시편 23:1-6
"여호와는 나의 목자시니 내게 부족함이 없으리로다
그가 나를 푸른 풀밭에 누이시며 쉴 만한 물 가로 인도하시는도다
내 영혼을 소생시키시고 자기 이름을 위하여 의의 길로 인도하시는도다
내가 사망의 음침한 골짜기로 다닐지라도
해를 두려워하지 않을 것은 주께서 나와 함께 하심이라
주의 지팡이와 막대기가 나를 안위하시나이다
주께서 내 원수의 목전에서 내게 상을 차려 주시고
기름을 내 머리에 부으셨으니 내 잔이 넘치나이다
내 평생에 선하심과 인자하심이 반드시 나를 따르리니
내가 여호와의 집에 영원히 살리로다."

크리스천 노인상담: 행복한 노후의 삶을 위한 레시피

노인 치매 상담

　치매는 노인들에게 크나큰 두려움의 영역이다. 그만큼 사람들에게 있어, 정신을 잃는다는 것은 모든 것을 상실한다는 개념이 있기 때문이다. 사람들은 이전과 달리 이제는 치매가 특별한 사람에게만 해당되는 것이 아니라 누구에게나 발생되는 증세로 인식한다. 그래서 치매 예방과 치매 증세에 대한 관심이 많아졌다. 하지만 아직까지도 치매는 우리 사회에서 부정적인 모습으로 비추어지고 있으며, 그로 인해 치매에 걸린 부모가 생기면, 그 가족들은 큰 좌절감 가운데 힘든 삶을 살게 된다. 하지만 치매는 힘겨운 상황을 초래하지만, 가족과 사회가 힘을 합쳐 노력한다면 충분히 치매를 당한 사람이나 가족이 나아질 수 있는 상황이 된다. 또한 회복이 이루어질 수 있다. 그렇기 때문에 노인 치매 상담은 우선적으로 치매에 관한 이해로부터 시작하여 치매 환자나 가족들을 향한 전문적인 상담을 진행해야 한다.

1. 치매의 이해

'치매'(痴呆)라는 용어는 어리석을 치(痴)와 어리석을 매(呆)로 이루어져 있듯이, 어리석은 바보나 멍청이가 되는 질병을 의미한다. 치매를 뜻하는 영어인 dementia 역시 de(out of) + mens(mind) + ia(state of)의 합성어로 정상적인 마음에서 이탈된 것, 즉 '정신이 없어지는 질병'이란 뜻을 지니고 있다.[1] 치매란 한번 획득된 지적 기능(기억, 인식, 추리, 판단, 학습 등)의 저하에 의해 자기나 주위의 상황판단이 부정확하게 되어 적절한 대응이 어렵고, 자립된 생활이 곤란한 상태를 말한다. 처음에는 기억력과 언어 기능의 저하에서 시작하여 정서조절 능력에도 손상이 나타나 부적절하고 충동적인 행동을 하게 될 뿐 만 아니라 신체운동 기능에 결함이 나타나 일상적 행동은 물론 가장 기본적인 자기관리마저도 불가능해진다. 때로는 환각이나 망상과 같은 정신병적 증상이 나타나기도 한다.

미국정신의학회에서는 치매의 정의를, "의식이 또렷한 상태에서 장기 또는 단기 기억장애와 함께 추상적 사고의 장애, 판단력의 문제, 대뇌 고등기능의 장애, 성격변화 중 하나 이상을 가지고 있으면서 직업생활과 사회생활 등 대인관계에 장애가 있으며, 이를 설명할 수 있는 원인이 있을 때"로 말하고 있다.[2]

이처럼 치매는 일상생활에 비정상적 행위를 수반하기 때문에 가족들과 사람들에게 부정적 이미지를 지니고 있다. 그로 인해 2004년 말 일본의 후생노동성은 '치매와 관련된 용어에 대한 검토회'의 결과를 수용하여 이전부터 오랫동안 사용되어왔던 '치매' 대신 '인지증(認知症)'이란 용어를 사용하기로 결정하였다. '치매'라는 단어 속에 '아무 것도 모르는 사람'이라는 선입견과 편견이 담겨 있기에 사람에 대한 멸시와 차별을 줄 수 있다는 이유 때문이었다.[3]

치매는 주로 노년기에 많이 생기며 현재 심장병, 암, 뇌졸중에 이어 4대 주요 사인(死因)으로 불릴 정도로 중요한 기질성 장애의 하나이다.[4] 치매란 본인이 오랜 시간을 거쳐 축척해 놓은 정신적, 지적재산 등을 원하지 않았는데도 상실해 가는 병이다. 그렇기 때문에 많은 이들이 치매를 두려워하며 이 병에 걸리지 않기 위해 미리 예방적 노력을 하는 사람들도 많다.

2. 치매의 유형 및 유병율

1) 치매의 유형 및 원인

(1) 알츠하이머병

인간의 뇌는 나이에 따라 신경세포가 죽어가기 때문에 누구라도 뇌가 위축되지만 뇌 전체가 급속하게 위축되는 것이 알츠하이머병의 특성이다. 뇌의 위축으로 인하여 서서히 전반적 지능저하가 나타나는데, 알츠하이머형 치매는 뇌세포의 점진적 손상에서 기인한다. 그러나 뇌세포의 손상이 일어나는 근본적인 원인은 아직 정확하게 밝혀져 있지 않다.[5] 현재까지 알려진 바로는 뇌에 아미노산 배열이 뭉쳐져 독성 물질로 변하는데, 이 베타아밀로이드(β-amiloid)라는 독성 물질이 신경세포의 세포벽을 파괴하기 때문이라는 주장이 가장 유력하다. 증상의 진행은 다음과 같이 3단계로 나누어 볼 수 있다.[6]

초기 단계는 '건망기'라고 불리우며, 이 시기에는 정보를 인지하고 이를 기억으로 등록시키는 것이 곤란한 상태가 되어 건망증의 증상이 심하게 나타난다. 그리고 증상이 진행되면 이 빈도뿐 아니라 건망증의 정도도 더욱 심해져서 몇 번이나 다짐을 받은 일도 금방 잊어버리며 식사를 한 후에도 금방 또 식사를 준비해 달라고 재촉을 하는 등의 행동을 보이기도 한다. 건망기 이후에 찾아오는 것이 2단계인 혼란기이다. 판단력과 사고력이 저하되어, 행동에 여러 가지 혼란이 나타나는 시기이다. 자신이 현재 있는 장소를 알지 못하고, 시간 감각을 상실하고, 자택에 있으면서도 집에 돌아가겠다고 말하는 일이 발생한다. 배회 행위, 망상, 의심 등의 행동을 하게 된다. 이 시기에는 변실금 증상도 보이면서 변을 만지거나 변을 방 벽에 바르는 행동을 하는 경우도 생긴다. 이러는 사이에 제3단계인 종말기가 찾아온다. 이 단계에서는 가까운 사람이 누구인지 모르게 되고 마지막에는 자기 자신이 누구인지 알 수 없게 된다. 심한 경우 감정 표현 없이 하루를 그저 멍한 상태로 보내게 된다. 건망기로부터 종말기에 이르는 기간을 살펴보면 짧은 경우는 3-4년, 긴 경우는 10년을 넘는 경우도 있다.

(2) 혈관성 치매

혈관성 치매는(vascular dementia)는 뇌출혈이나 뇌졸중 등으로 인해 뇌혈관이 막혀 치매 증상이 나타난다. 뇌혈관이 막히면 산소와 영양 공급이 차단되어 뇌세포에 손상이 생기고 그 결과 치매 증상을 유발하게 되는 것이다. 혈관성 치매의 증상은 알츠하이머 치매와 유사하나 뇌혈관질환의 증거(즉, 국소적 신경학적 징후 및 증상, 또는 검사 소견)가 있어야 한다. 알츠하이머 치매와는 달리, 혈관성 치매는 갑자기 발병하여 급속히 발전하는 경우가 많다.[7] 그리고 혈관성 치매 환자는 알츠하이머 환자보다 자신의 결손을 더 잘 인식하고 있어서 우울증의 빈도가 더 높을 수 있다.[8] 혈관성 치매는 전형적으로 알츠하이머형 치매보다 조기에 발병하며, 여성보다 남성에게 더 빈번하다. 혈관성 치매는 알츠하이머형 치매에 이어 두 번째로 유병률이 높은 치매 유형으로 알려져 있다.

(3) 기타 원인에 의한 치매[9]

알츠하이머 타입이나 뇌혈관 타입은 노년기에 발생하는 치매 중에서도 출현빈도가 높기 때문에 치매로 진단을 받은 사람들 중 전체의 70-80%를 차지한다. 하지만 그 외의 여러 원인에 따른 치매 증상이 있다. 먼저, 인간 면역결핍 바이러스(human immunodeficiency virus: HIV)에 감염되어 나타나는 후천성 면역 결핍증의 병리적 결과로서 뇌의 백질부와 피질하 영역에 광범위한 파괴가 일어나고 그 결과 치매가 될 수 있다. 이를 HIVD(HIV disease)에 의한 치매라고 한다. 또한 교통사고나 외부 충격에 의한 두부 외상으로 인해 치매 증상이 나타날 수 있다. 이를 두부 외상(head trauma)으로 인한 치매라고 한다.

또한 파킨슨병(Parkinson's disease)으로 인해 치매가 나타날 수 있다. 파킨슨병은 서서히 진행되는 신경질환으로서 몸이 떨리고 경직되며 자세가 불안정해지는 특징적 증상을 나타내는데, 파킨슨병을 지닌 사람의 20-60%가 치매로 발전한다는 보고가 있다. 헌팅턴병(Huntinton's disease)으로 인한 치매는 유전에 의한 질환으로서 인지, 정서, 운동 기능이 점진적으로 퇴화하는 질병으로, 특히 30대 후반이나 40대 초반에 우울, 불안, 신경질과 같은 행동 및 성격의 변화가 서서히 나타난다.

이 밖에도 뇌의 앞부분이 위축되는 피크병(Pick's disease)에 의한 치매와 뇌조직이 스펀지처럼 구멍나는 크로이츠펠트-야콥병(Creutzfeldt-Jakob disease)에 의한 치매 등도 있다. 또한 치매는 알코올, 흡입제, 진정제, 최면제, 항불안제 등과 같은 중독성 물질을 복용한 후에도 치매 증상이 지속될 수 있으며, 이러한 경우를 물질에 의한 지속성 치매(substance-induced persisting dementia)라고 한다.

2) 치매 유병률(有病率 · 질병에 걸린 환자 비율)

치매의 발병률은 65세에는 10%를 기록하고 있으며, 그 이후 10년이 더해질 때마다 두 배가 된다.[10] 65세 이상 노인 중 치매 환자는 61만 2000명(유병율 9.6%)으로 나타났다(2014년 기준). 2050년에는 전체 노인의 15%인 271만명으로 늘어날 것으로 예측되고 있다.[11] 전체 치매 환자의 50%는 알츠하이머형으로 가장 높은 비율을 차지하고 있으며, 두 번째가 혈관성 치매로 치매 환자의 20-30%에 해당하는 것으로 추정하고 있다. 노인들의 질병으로만 알려져 있는 치매가 최근에는 40 · 50대 젊은 층에서도 크게 늘어난 것으로 나타났다. 국민건강보험공단은 의료기관에서 치매로 진단돼 치료받은 환자가 2002년 4만7747명에서 2008년 17만5749명으로 3.68배 늘어났다고 밝혔다. 이 가운데 40 · 50대 치매 환자도 같은 기간 중 2.3배(3546명→8266명)나 늘어났다고 건보공단은 밝혔다. 이는 중장년층이 스트레스를 많이 받고 고혈압 · 당뇨병 등이 많아진 것이 치매 발병 연령을 앞당긴 것으로 분석된다고 파악된다.[12]

치매는 그 증상 정도에 따라 경증, 중등증, 중증으로 구분될 수 있는데, 치매인구의 약 60%가 경증 치매인구이며, 약 27%는 중등증, 나머지 13%는 중증으로 분류되고 있다.[13] 한국의 치매유병률은 일본에 비해 높고 미국에 비해 낮은 수준으로 알려져 있다. 한편 치매에 영향을 미치는 요인으로는 일반적으로 성, 연령, 직업의 유무, 신체 질환 등의 생물학적 요인을 포함하여 유전적, 환경적 요인이 복합적으로 작용하고 있다.

3. 치매 환자의 심리

1) 불안감

일반인들도 매사에 여러 주변의 일들로 인해 생기는 염려와 불안감을 지니며 살아간다. 치매 환자의 경우 길을 잃거나 이전에 손쉽게 행했던 자신의 역할을 제대로 할 수 없는 상황을 접하며 '불안감'을 느끼게 된다. 치매 환자는 주변에서 아무리 설명을 하고 격려를 해 준다 할지라도 본인이 이해할 수 없기 때문에 불안한 마음이 사라지지 않는다.[14] 불안은 안정되지 못한 심리상태이다. 사람들은 사회 속에서 자신의 가치를 인정받으며 스스로의 역할에 대한 의미를 부여하며 부족하지만 안정감을 느끼며 살아간다. 하지만 치매 환자들은 삶의 붕괴를 느끼고 경험하면서 심한 불안감에 휩싸일 수밖에 없게 된다.

주변의 가족들과 지인들은 '치매 환자들은 아무 것도 모르니 좋을 거야'라는 식으로 생각하는 경우가 있다. 하지만 치매 초기 단계에서는 자신의 상태를 인지하고 있으며 심리적인 어려움을 드러낸다. 치매 환자의 심리를 이해할 때 중요한 부분은 그들의 감정 기능은 여전히 살아있다는 것이다. 그러기에 치매 환자를 대할 때 그들의 막연한 불안감에 대해 수긍하고 이해하는 태도로 대하는 것이 중요하다.

2) 좌절감과 상실감

치매 환자는 단기 기억이 먼저 손상되기 때문에 자신이 어딘가 둔 물건을 계속 찾게 된다. 자신이 두었다고 확신하는 자리에서 물건을 찾지 못하여 생기는 상황이 자주 발생하게 된다.[15] 이 같은 경우 치매 환자는 처음에는 자신의 모습과 행위를 부인하기도 하고 거짓말을 통해 정당화하기도 한다. 하지만 계속되어지는 현실의 반복적 모습 속에서 좌절감을 느끼게 된다. 과거에 치밀하고 정돈된 삶을 살아왔던 사람의 경우라면 더더욱 큰 상실감을 접한다. 자신의 옛 모습을 생각하며 아무리 온전한 정신과 행동을 취하려고 노력할지라도 효과가 없고 그런 상황을 보면서 불안감과 무력감을 느낀다.

치매 환자의 경우 자신의 기억의 상실로 인한 좌절감을 느끼면서 동시에 그 사실을 수정하려 들지 않고 자신의 생각을 정확한 사실로 확신하는 경향이 있다. 왜냐하면 자신이 잃어버린 물건이나 생각나지 않는 기억들은 그에게 소중한 가치이기 때문이다. 건강한 사람들의 건망증은 '별것 아닌 건망증'이지만 치매 환자의 경우 '전체 체험에 대한 건망증'으로 여기기 때문에 찾고자 하는 것이 발견되지 않으면 '도둑맞았다'는 생각을 갖게 된다. 이를 '도둑망상'이라 부른다.[16] 예를 들어, 자신이 식사 한 사실을 잊고 '며느리가 밥을 주지 않는다'

라고 말하여 가족과 주변의 사람들을 곤란하게 하는 경우가 있다. 이처럼 다른 이에게 불평과 불만을 토로하는 것은 그 사람의 마음에 피해의식이 숨겨져 있기 때문이다. 단순히 물건의 분실이나 기억의 망각에 초점을 두지 말고 그 기저에 담겨져 있는 상실감, 혹은 심리적인 어려움이 있는 것은 아닌지 주의해 볼 필요가 있다.

3) 고립감과 외로움

치매 초기에는 병에 대한 불안감과 여러 가지 고민을 일기로 남기거나 시나 그림으로 표현하는 등 치매 환자 스스로가 자신의 체험과 느낌을 글과 영상으로 전달하려는 시도가 나타나고 있다. 하지만 치매 초기 단계를 지나 증상이 진행되면 타인에게 자신의 불안과 고민을 전달하는 것 자체가 어려워진다. 그러므로 우리들은 그들의 표정이나 단편적인 말, 행동 등으로 그들의 심리적인 어려움을 찾아내야 한다.[17] 그러나 치매 초기이든 말기 혹은 인생의 마지막 순간이든 공통적으로 느끼는 심리는 누군가 옆에 있어 주길 바라는 마음이다.

치매가 진행됨에 따라 고립감과 외로움은 점점 심해진다. 치매 환자는 자신이 좋아하는 취미 활동과 놀이도 더이상 할 수 없으며 스스로 즐겨 다니던 장소도 찾아 갈 수 없게 된다. 가족이나 친지도 점점 더 끊어지고 단절되게 된다. 그러기에 더욱더 고립감을 느끼며 외로움에 처할 수밖에 없다. 하지만 치매 환자는 자신이 누구인지도, 상대방의 존재 여부도 파악하기 힘든 상태이지만 언어나 행동의 이해라는 차원을 넘어서 본능적으로 사람을 찾으며 의지하고 싶은 마음을 지니고 있다. 혼자 방치해 두면 의식이 없던 치매 환자도 손을 잡아주고 기도해 주고 쓰다듬어 주면 눈빛이 살아나고 눈물을 보이는 등 감정의 변화를 보인다.

4. 치매의 치료와 상담

치매는 불치병이라고 오해되고 있지만 이러한 생각은 잘못된 것이다. 치매는 원인에 따라 치료 여부와 치료 방법이 달라진다. 치매를 치료하기 위해서는 우선 치매의 원인을 밝히는 것이 중요하다. 일부 혈관성 치매나 다른 신체질환으로 인한 치매의 경우에는 그 원인을 제거하면 증세가 크게 호전될 수 있는 가역성 치매(reversible dementia)로 여겨지고 있다. 즉 뇌졸중으로 인한 혈관성 치매는 뇌수술을 통해 뇌손상을 제거하면 인지적 손상이 현저하게 호전될 수 있다. 또한 알코올 남용, 파킨슨병, 헌팅턴병 등으로 인한 치매도 그 질병이 호전되거나 치료되면 치매 증상도 호전되는 경우가 많다.[18]

알츠하이머 치매나 다발성 경색치매는 회복시키기 어려운 비가역성 치매(irreversible dementia)로서 치료가 어려운 것으로 알려져 있다. 하지만 치유를 위한 여러 방법들이 연구, 시도되고 있다. 먼저는 약물치료를 통해 증상을 완화시키는 방법이 있다. 하지만 많은 약물들이 치료제로 시도되었으나, 아직까지 효과가 뚜렷이 입증된 약물은 없다.[19] 약물을 사용하는 경우, 무분별한 남용보다 주의 깊은 사용이 요구된다.

그리고 상담을 통하여 피상담자의 지속적인 정서적 안정을 취하는 등 치매 증상의 악화를 방지하는 효과를 지닐 수 있다. 치매 상담은 치매 피상담자뿐 아니라 가족 상담 또한 중요하다. 치매 환자를 돌보는 치매 가족이 건강해야 치매 피상담자의 치유에도 분명한 도움이 되기 때문이다.

5. 치매 상담

1) 치매 피상담자 상담

(1) 하나님의 사랑과 소망 심어 주기

일반적인 '상실과 장애'의 개념이 아닌 성경적 입장에서 우리는 치매 피상담자를 대해야 한다. 치매 환자는 이 세상에 실패한 소외자가 아닌 하나님의 특별한 계획 가운데 어려운 '광야'의 길을 걸어가고 있는 소중한 그분의 '자녀'이다. 하나님의 형상을 입은, 그 누구보다도 사랑하심을 입은 사람이기에 치매 환자를 바라보는 상담자는 '세상적 시각'이 아닌 '성경적 시각'을 지녀야 한다. '정상적이지' 못한 현재의 모습을 바라보는 것이 아니라, 지금까지 피상담자를 향해 이루신 하나님의 뜻과 은혜, 그리고 지금과 앞으로 이루실 하나님의 소망과 사랑의 마음을 지녀야 한다.

치매에 걸린 피상담자는 증상의 정도에 따라 다르지만 자신의 현재 상황에 대해 극도의 실망과 좌절 가운데 있게 된다. 계속되고 반복되는 실수 때문에 정신적 혼란을 경험하고 정상적인 삶을 살아가지 못하는 상황으로 인해 절망감을 드러낼 수밖에 없다. 상담자는 지금까지 삶을 인도하신 하나님이 현재의 고난 가운데 여전히 인도하여

주심에 대한 확신을 피상담자에게 일깨워주어야 한다.

(2) 치매 증상에 대한 이해와 배려

치매 증상 중 알츠하이머 타입의 초기 증상은 거의가 건망증이다. 세 번씩이나 차를 마신 것을 기억하지 못한다든지 욕실의 물을 잠그는 것을 잊어버리는 등 결정적 실수를 하는 지경에까지 이르게 된다. 최근에야 사회적으로 치매에 대한 관심이 늘어나면서 사람들의 인식이 확대되었지만 아직까지도 대다수의 사람들은 이러한 상황에서 건망증이 좀 심하다고 생각하지, 치매에 걸렸다고는 생각하지 않는다.

자신의 실수를 적당히 넘기려는 행동이 반복되는 가운데 치매 환자가 느끼는 감정이 있다. '왠지 모르게 건망증이 심해졌다. 평소의 내가 아닌 듯한 느낌이 든다'는 사실을 조금씩 느끼기 시작했을 때 뭔가 이상하고 불안한 느낌이 들게 마련이다.[20] 상담자는 치매가 진행되어 감에 따라 증가하는 불안감과 걱정 등의 심리적 문제에 대한 공감적 태도를 보여야 한다. 치매 환자가 보이는 자신의 실수를 얼버무리는 행동, 감정기복의 심리, 공격적 태도 등 이해하기 어려운 행동의 심리 등을 파악하고 이에 대한 행동을 하였을 때 적절하게 대응하며 공감의 태도를 보이는 것이 중요하다. 공감은 이해와 인정의 자세이다. 공감은 모든 사람에게 중요하지만 치매의 특이한 행동으로 인해 이전과 달리 주변 사람들로부터 비수용적 반응을 접하는 치매 피상담자들에게 더욱 필요한 치유적 태도이다.

치매가 의심되거나 어느 정도 진행 중인 것이 드러났을 때, 치매 사실을 당사자에게 알려야 하는 문제가 발생될 수 있다. 이 경우, 치매 상황에 대해 피상담자에게 숨기는 것보다는 초기부터 상태를 공개하고 이에 대한 자신의 생각, 계획 등을 함께 나눌 수 있게 한다. 비록 피상담자 스스로 치매 사실을 부인하거나 치매 진단에 대한 거부감을 표현한다 할지라도 문제 상황을 헤쳐 나아가기 위한 방법으로써 문제를 풀어 나아가야 한다. 그러기 위해서는 피상담자에 대한 공감적 이해의 자세가 필수적이며 상담자와 피상담자, 둘 사이의 신뢰의 관계가 형성되어져야 한다.

(3) 치매 환자에 따른 여러 치유활동과 과정 활용하기

행동치료, 운동치료, 활동치료(게임, 색종이, 뜯어 붙이기 등 신체적 활동과 인지, 감각 등을 이용한 치료), 원예치료, 예술치료, 음악치료, 등 치매 환자에게 도움이 되는 치유 등을 활용해서 도움을 줄 수 있다.[21] 또한 환자의 상태에 따라 틀리지만, 육체적 활동이 가능하다면 집안일이나 간단한 일 등을 하면서 피상담자가 가지고 있는 재능이나 기술 등을 활용할 수 있도록 돕는다. 예를 들어, 피상담자에 대한 기록을 살펴보고 예전에 잘 했던 일을 인식시켜 활동을 할 수 있도록 돕는다면 그 일을 통해 피상담자 스스로 성취감을 느끼거나 정서적 안정을 꾀할 수 있게 된다. 그렇기 때문에 보호시설을 소개하여 줄 때에도 환자들을 위한 여러 활동이나 놀이 등이 풍부한 곳인지도 주요한 선정기준 중 하나가 될 수 있다.

(4) 신앙활동 격려하기

"치매 환자에게 신앙은 어떠한 의미가 있는가?" 치매 상담에 있어 기독 상담자로서의 역할은 '인간 영혼의 치유자'가 되는 것이다. 이는 치매 환자에게 정신적인 것을 박탈한 상태로 두는 것보다 인간의 영혼을 치료하는 것이 중요하기 때문이다. 크리스천 치매 환자에게 신앙은 한낱 치유를 위한 일부가 아니라 전부이다. 설령 비기독교인일지라도 거부감을 적극적으로 드러내지 않는다면 신앙적인 활동을 점진적으로 소개할 수 있다. 찬송을 부르거나 듣게 하기, 성경을 직접 읽거나 다른 사람이 읽어주기, 직접 기도하거나 다른 사람이 하는 기도에 참여하기, 성찬식 같은 의식에 동참하기 등 하나님을 느끼고 가까이 할 수 있는 시간이나 상황을 만들어 준다. 무엇보다도 하나님께서 치매에 걸린 피상담자를 도우시고 이끄신다는 확신을 상담자가 가져야 한다. 그 가운데 피상담자에게 자신의 상태의 호전을 위해 성령 하나님께 간구하고 그분께 모든 것을 맡긴다는 믿음의 모습으로 이끌어 주어야 한다.

2) 치매 가족 상담

(1) 치매 환자 가족에 대한 이해와 격려

치매의 발병과 진행 경험은, 치매 당사자에게 있어 큰 충격이 되는 것은 물론이지만, 치매 가족들 또한 많은 혼란과 어려움을 경험하게 된다. 평생 자신을 낳고 키운 부모 혹은 사랑하는 배우자가 길거리를 배회하거나 망상의 치매 현상이 나타날 때 그것을 바라보는 가족들은 혼란에 빠지며 어찌해야 할 바를 모르게 된다. 실제로 치매 환자를 돌보는 가족의 50%는 우울증과 불면증에 시달리고 있다. 치매 환자를 둔 가족들은 일반적인 생활을 할 수 없는 암담한 매일의 삶을 살아갈 수밖에 없는 형편이다.

그럼에도 불구하고 가족들이 경험하는 힘든 점은 그러한 '고생을 알아주지 않는다는 것'이다.22 일반적인 병이나 어려운 상황에 처해 있는 가족을 돌보는 경우, 그 대상자로부터 '수고'에 대한 위로 혹은 고마움의 말을 듣게 되는 경우가 많다. 하지만 치매의 경우, 아무리 시간과 정성을 쏟아 환자를 돌본다고 할지라도 도리어 엉뚱한 화풀이를 당하거나 비난을 당하는 경우가 종종 발생한다. 치매 환자 가족들의 마음의 상처는 같은 가족이나 친척에게서 생겨나기도 한다. 치매 당사자에게서 받는 정상적이지 않은 반응이야 이해한다고 할지라도 다른 가족들 혹은 친지들에게서 치매 환자의 악화에 대한 책임23이 돌아올 때는 더욱 힘들고 괴로운 마음이 든다.

치매 가족들을 향한 상담의 시작은 '제2의 환자'일 수 있는 가족들의 노고에 대한 이해와 인정이다. 주변 사람들의 모든 관심과 초점이 치매 환자에게 맞추어져 있기 때문에 치매 가족들에 대한 돌봄과 상담은 관심 밖에 머물러 있을 수밖에 없다. 치매 환자의 상황이 악화되거나 치매상태가 장기화 된다면 가족들은 지치게 마련이고 자신과 치매 환자에 대한 아무런 의욕도 가질 수 없게 된다. 치매 부양 스트레스를 해소하고 활기찬 모습을 회복할 때, 더욱 긍정적인 마음과 자세로 치매 돌봄의 역할을 감당할 수 있게 된다.

치매 환자 가족들은 주변 사람들의 시선 또한 부담감으로 느끼고 앞날에 대한 절망감 가운데 하나님에 대한 원망을 토로하기도 한다. 치매 가족들에 대한 따스한 이해와 격려가 절실히 필요하다. 치매 가족들은 치매 이미지가 주는 '폐쇄성'으로 인해 상담자를 찾으려 하지 않고 또한 상담에 대한 정보가 부족하다. 상황에 따라 치매 가족의 경우 치매 환자로 인한 간호 부담 때문에 또는 가족 측에서 상담기관이나 상담자를 찾기 힘들기 때문에 가정에서 원할 경우, 직접 가정을 방문하여 상담하는 것이 좋다.

치매 환자의 가족들은 누구에게 말할 수 없는 상처와 고통의 시간을 보내고 있다. 사람들의 시선을 피하고 하나님을 원망하며 '고난의 터널' 속에서 힘들어 하는 가족들을 향하여 하나님이 주시는 위로의 마음을 전해야 한다. 치매 가족을 향한 하나님의 뜻과 소망의 시각을 상담자가 전해 줄 때, 가족들이 용기를 얻고 회복의 계기로 나아갈 수 있다.

(2) 의사소통 상담

일상적인 가족 간에도 서로간의 생각을 올바로 이해하지 못하고 전달하지 못함으로 빚어지는 의사소통의 문제가 발생한다. 더구나 치매부양으로 인하여 전체 가족들 간 업무분담과 각자 생활과의 조화 및 가족관계 등 가족 서로 간 의사소통의 단절 및 오해의 여지가 많다. 이 같은 소통의 어려움을 조정하고 효율적인 문제예방을 위해 지속적인 가족 간의 대화와 치매 환자의 간호활동에의 부양태도와 방법에 대한 상담이 이루어져야 한다. 의사소통을 위한 수많은 예가 있겠지만 대표적인 경우를 들면 다음과 같다.[24]

a. 몸짓을 이용하여 의사소통하기

치매 환자는 자신을 돌보는 사람의 목소리의 크기, 얼굴 표정 및 손짓에 민감하게 반응한다. 일상적인 언어표현으로서의 의사전달에 한계가 있는 치매 환자와의 소통을 위해서는 적극적으로 몸짓을 이용해야 함을 가족은 인식해야 한다.

b. 자꾸 반복하며 말하는 내용을 명료하게 하기

표현하고자 하는 중요한 부분을 지속적이고 반복적으로 이야기하는 것이 치매 환자에게 효과적이다. '이것, 저것' 하는 대명사보다는 직접적인 호칭을 표현하면서 구체적인 이름을 말해 주는 것이 원활한 의사소통에 효과적이다. 또한 말하고자 하는 내용을 명확하게 표현하며 이끄는 것도 필요하다.

c. 싸우거나 맞서지 않기

치매 환자와 논쟁을 벌이거나 싸우는 태도는 효율적이지 않다. 치매에 걸린 환자를 이길 수도 없으며, 설득하기도 힘들기 때문이다. 물론 치매의 정도에 따라 차이가 있겠지만 환자와 정면으로 맞서는 것은 치매에 걸린 사람을 더욱 방어적으로 만들게 된다. 치매 환자와의 언쟁으로 인한 갈등적 상황 때문에 결국에는 가족에게도 실패와 좌절을 안겨주게 된다.

(3) 치매에 대한 교육 상담

갑작스러운 혹은 지속적인 치매 환자 부양으로 인하여 가족들은 당황하거나 지치게 된다. 이러한 상황에서 치매에 대한 교육상담이 이루어진다면 현재 상황에 대처하고 지속적인 보살핌을 할 수 있는 원동력이 생기게 된다. 교육을 통하여 가족들이 치매에 대하여 막연한 두려움의 마음에서 벗어나 장기적인 계획 가운데 현실적인 부양이 이루어질 수 있도록 이끌어준다. 특별히 이해하기 힘든 치매심리와 행동에 대해 대처할 수 있는 상담교육이 이루어져야 한다.[25]

치매 당사자를 간호할 때에, 부양역할 분담이 가족 구성원 한 명에게 가중되는 경향이 많다. 이러한 경우, 그 당사자는 너무 과중한 정신적 육체적 어려움으로 인해 치매 환자와 가족 전체에게 자신의 희생을 항변하거나 불만을 표현하게 된다. 이럴 경우 가족 상담을 통하여 이러한 치매 보살핌에 대한 역할분담을 재조정하는 것이 바람직하다. 또한 치매 환자를 위한 케어서비스나 사회적인 지원체제의 도움을 받을 수 있는 상황도 가족에게 소개해 준다면 큰 도움이 된다.

가족을 위한 상담을 통해 치매 환자의 상태에 따라 가정 혹은 보호시설 등을 이용할 수 있는 정보를 소개, 혹은 지원시켜 주는 역할도 중요하다. 이전보다는 나아졌지만 아직까지 일부에서는 가족들이 치매 환자에 대해 보호시설을 이용하는 것이 마치 가족으로서의 도리를 다 하지 않고 남의 손에 맡긴다고 색안경을 쓰고 보는 경향이 있다.[26] 하지만 가정에서 돌보는 것만이 능사가 아닌, 보호시설을 활용하는 것이 장기적이고 효과적인 돌봄인 것을 가족에게 소개하고 이끌어 줄 필요가 있다. 그러므로 상담자는 기본적인 치매와 관련된 시설이나 병원 등의 정보를 숙지하고 연결시켜 주어야 한다.

(4) 가족모임 주선 및 운영

치매 환자를 둔 가족들은 자신이 처한 상황의 어려움으로 인해 홀로 고립된 상황에서 헤어나오지 못하는 경우가 많다. 치매 가족에 대한 이해와 공감이 공선결되지 않은 채 '인생의 모든 고난을 하나님께 맡기라'는 신앙 일변도의 상담은 도리어 치매를 돌보는 가족에게 아쉬움과 좌절감을 느끼게 할 수 있다. 그러므로 만일 교회 내에 복수의 치매 가족이 있다면, 함께 '치매 가족모임'을 통하여 서로 간 정보공유와 격려 등을 하며 치매에 대한 효과적인 협조와 대처를 할 수 있다. 교회 안에 이러한 상황이 가능하지 않다면 지역 공동체 가운데 소모임을 주선하거나 이끌 수도 있다.

현재 한국 사회는 본격적인 고령시대로 접어들었다. 치매 인구의 증가는 노인 인구가 많아지는 상황에서 어쩌면 자연스러운 상황일 수 있다. 교회 공동체 내에서도 치매로 인해 힘들어 하는 가정들이 분명히 존재하며 점점 많아질 것이다. 이러한 시점에서 교회가 적극적으로 가족의 아픔에 동참하며 치유하는 모습을 보일 때 교회 내부에서 뿐만 아니라 지역사회에도 '나누는 교회'로서의 긍정적 기여를 할 수 있을 것이다. 상담자가 가족 상담을 통하여 '나 혼자만'이라고 생각하며 힘들어 하는 가족에게 아픔을 같이 나눌 수 있는 연결고리의 역할을 할 수 있다면 그것만으로 그들에게는 커다란 힘이 될 것이다.

결론

우리 사회에서는 치매에 대한 부정적인 시각이 여전히 존재하기 때문에 치매 상담의 필요성과 효율성을 느끼지 못하는 분위기가 있다. 그것은 치매에 걸린 이들이 보여주었던 어려움의 상황과 그로 인한 가족들의 고통이 있었고, 이에 대한 적절한 조치와 개선이 그동안 이루어지지 않았기 때문이다. 그만큼 노인들이 치매에 걸리면 온 가족들이 힘겨운 것이 사실이며, 우리 사회는 아직까지 가족의 어려움을 대체할 만한 시스템을 갖추지 못하고 있다. 교회 또한 치매에 대한 인식부족이 존재한다.

그러나 노인 치매는 우리에게 '현실'로 다가왔고, 노인 치매 상담은 절대적으로 필요한 상황이 되었다. 크리스천 노인 치매 상담에 있어서 중요한 접근 중 하나는 노인 치매가 결코 무엇인가 부족해서 혹은 하나님의 징계를 받아 생겨난 것이 아니라는 것이다. 기독상담자는 하나님의 뜻과 섭리를 찾으며 노인 치매 피상담자를 대해야 한다. 치매에 걸린 그들의 존재 자체를 인정하고 그들이 하나님 앞에 소중한 존재이며 가치 있는 삶을 앞으로도 살아갈 것을 믿고 확신하는 가운데 상담에 임해야 한다. 무엇보다 상담자는 치매에 걸린 가족들을 향한 특별한 마음가짐을 가져야 한다. 어쩌면 노인 치매 상담의 중요한 초점은 가족에게 있다고 해도 과언이 아니다. 가족이 건강함을 유지해야 치매 환자가 그 보살핌을 받으며 더 한층 증상이 완화되고 회복되기 때문이다. 노인 치매 상담에 있어, 가족 상담이 그 어느 상담보다도 중요한 이유가 바로 여기에 있다. 그렇다고 해서 치매 피상담자에 대한 상담이 결코 중요치 않은 것은 아니다. 설령 치매 환자의 의식이 부족하여 겉으로 드러나는 상담에 대한 반응과 인식이 부족하더라도 상담자는 치매 상황에 대한 각별한 이해를 가지고 노인 치매 피상담자를 대해야 한다. 상담자가 인내를 가지고 노인 피상담자와 가족들을 대하고 이끌어 줄 때 그들은 어려움 가운데 힘과 도전을 얻고, 소망의 단계로 나아갈 수 있게 된다.

시편 86:1-8

"여호와여 나는 가난하고 궁핍하오니
주의 귀를 기울여 내게 응답하소서
나는 경건하오니 내 영혼을 보존하소서
내 주 하나님이여
주를 의지하는 종을 구원하소서
주여 내게 은혜를 베푸소서
내가 종일 주께 부르짖나이다
주여 내 영혼이 주를 우러러보오니
주여 내 영혼을 기쁘게 하소서
주는 선하사 사죄하기를 즐거워하시며
주께 부르짖는 자에게 인자함이 후하심이니이다
여호와여 나의 기도에 귀를 기울이시고
내가 간구하는 소리를 들으소서
나의 환난 날에 내가 주께 부르짖으리니
주께서 내게 응답하시리이다
주여 신들 중에 주와 같은 자 없사오며
주의 행하심과 같은 일도 없나이다."

크리스쳔 노인상담 : 행복한 노후의 삶을 위한 레시피

노인 자살 상담

　우리가 살아가는 삶의 모습은 어려움의 연속적 흐름 가운데 있다. 이전에 비해 물질적인 풍부와 삶의 편리함 속에서 사는 것은 분명하지만 생활의 여유는 더욱더 부족하고 대부분의 사람이 하루하루 힘겹게 사는 것이 현실이다. 이러한 이유로 많은 이들이 정신적 스트레스를 경험하고 있다. 수없이 반복되는 어려움 속에서 결국 '자살'이라는 극단적인 선택을 하는 사람들이 우리 사회에서 점점 많아지고 있다. 청소년, 중년 세대 등 많은 이들이 힘겨운 선택을 하지만 그 가운데 노인의 자살은 급속하게 많이 증가하는 안타까운 상황이다.

　우리는 특별히 노인 자살 인구가 다른 세대에 비해 상대적으로 많은 것에 대해 그 이유와 대책을 심각하게 고민해야 한다. 그만큼 노인 세대의 삶이 피폐하다는 증거이며 그대로 방치할 수는 없다. 이러한 사회적 문제를 교회가 간과할 수 없는 이유는 교회가 세상 가운데 있는 이유도 있지만 자살한 많은 이들 가운데 기독교인이 많이 포함되어 있기 때문이다. 이제는 더이상 교회가 '자살'이라는 문제를 드러내기에 부담스럽다거나 사소한 것으로 여겨서는 안 된다. 지금 이 순간도 수없이 많은 사람들이 스스로 목숨을 끊고 있으며 그 가운데에는 예수 그리스도를 구주로 고백하는 믿음의 사람들이 포함되어 있기에 그들을 향한 관심과 치유의 노력이 필요한 시점이다.

1. 노인 자살에 대한 이해

1) 자살의 정의와 현황

자살은 스스로 생명을 끊는 현상이다. 자살은 삶의 의욕을 잃은 사람이 절망적인 마음으로 자기의 삶을 포기할 때 일어나는 행동이다.[1] 인간은 누구나 고통에서 벗어나려는 갈망이 있으며 이는 여러 가지 형태로 구체화되어진다. 그 가운데 대표적인 하나가 자살이다. 고통에서의 일탈을 위한 가장 극단적 처방인 자살은 절망에 복종하는 것을 의미한다.[2] 이 말은 대부분의 자살하려는 사람들이 자기 인생 경험의 여러 분야에서 '고통'과 '절망'을 갖고 있다는 것을 의미한다. 특별히 상처받은 경험은 그들로 하여금 전혀 비이성적인 방법으로 행동하게 만들며, 그 방법은 자신에게 가하는 죽음으로 인생의 끝을 맺고 있다.

우리나라의 2010년 자살 사망자는 1만 5천 566명이었으며 1일 평균 42.6명이 자살하였다. 인구 10만 명당 자살 사망자수인 자살률은 31.2명으로 역대 최고치를 기록했다. 역대 자살률은 다음과 같다.[3]

년도	전체	남자	여자
1990	9.8	13.2	6.3
2000	14.6	20.3	8.9
2005	26.1	34.9	17.3
2006	23.0	34.9	14.8
2007	24.8	31.5	18.1
2008	26.0	32.8	19.7
2009	31.0	36.4	20.6
2010	31.2	41.1	21.1

위 표에서 살펴볼 수 있는 가장 큰 변화는 급격한 자살의 증가 속도이다. 1990년에 9.8명이었던 자살률은 10년 뒤인 2000년에 14.6명이었다가 이후 급증하여 2005년에 26.1명으로 증가하였다. 그리고 수년간 조금 주춤하는 듯 하더니 2008년에 26명, 2009년 31명에 이어 2010년에는 31.2명을 기록하였다. 자살률을 OECD 표준인구 기준으로 다시 계산해보면, 우리나라는 10만 명당 28.4명인데, 회원국 평균치인 11.2명에 비해 두 배를 넘는 수준이다. 2008년부터는 자살률 1위였던 일본을 넘어서 매년 수위를 차지하고 있다.

2) 노인 자살의 실태 및 특징

한국에서 자살한 사람들 가운데 가장 많은 숫자를 차지한 것은 80세 이상이며 전체 자살비율에 비해 60대 이상의 노인 자살 비율은 40%를 훌쩍 넘어가고 있다. 이는 OECD 국가의 평균보다 8.3배 높은 것으로 나타났다. 노인 자살은 고령화 사회가 진행되면서 지속적으로 증가하는 추세를 보이고 있는데, 인구비례에 따른 자살 인구 비율은 다른 연령대에 비해 매우 높은 편이다. 우리나라의 전체 자살 인구에 비해 노인층의 자살 인구는 10만 명 당 86명으로 거의 3배가 높은 실정이다.[4] 이렇듯 노인 자살 인구가 매우 심각한 상황임에도 교회와 사회는 그 심각성을 느끼지 못하고 대안 마련에도 신경을 쓰지 못하고 있다.

노인 자살은 다른 연령대와는 달리 자살 성공률이 높아 매우 치명적이다. 청소년 자살의 경우 실제로 자살을 원하기보다 '도움을 청하는 외침'인 경우가 많으나 노인 자살은 보다 심사숙고하여 결정한 자신의 인생에 대한 또 다른 실천인 것이다.[5] 또한 자살계획을 치밀하게 세우는 경향이 있으며 동시에 자신의 자살계획을 주변에 알리는 경우가 드물어 각별한 주의가 필요하다.[6] 노인들은 자살을 시도하는 경우 다른 세대층보다 훨씬 더 치명적인 방법을 사용하는 경우도 있다. 그리고 음식이나 약을 제때 먹지 않거나 건강을 돌보지 않음으로써 수동적으로 죽음을 선택하기도 하므로 단순한 자살률 통계에 잡히지 않는 자살 가능성도 많다.

노인 자살의 경우는 경제적 어려움에 처한 경우, 배우자가 없는 경우, 건강이 악화된 경우에 놓인 노인들이 스스로 목숨을 끊을 가능성이 대체로 높다. 또한 주거환경에 관련해서는 도시에 사는 경우, 혼자 사는 경우, 최근에 이사를 한 경우 등이 자살률이 높게 나타나며 자살을 시도했던 경험이나 가족처럼 의미 있는 사람의 자살을 경험한 경우 자살 위험성이 3-4배 높아진다. 하지만 노인의 자살은 일정한 패턴에 의해서보다 여러 복합적인 원인에 의한 경우가 많고 자살 의도를 은폐하는 경향이 있기 때문에 다른 세대의 자살보다 더 깊은 대처 방안이 요구된다.

2. 노인 자살의 원인

　의학의 발달은 노인의 건강혜택 및 생명의 연장 등 질적 생활의 향상을 가져왔다고 평가되어진다. 하지만 이러한 삶의 진보 가운데 높아진 노인 자살의 수치는 노인들이 삶을 살아가는 데 있어서 여러 문제가 있다는 것을 의미한다. 노인 자살의 위험성을 높이는 요인들에는 신체적 질병, 사회적 고립, 사랑하는 사람의 상실, 경제적 곤란, 우울증 등 다양한 요인들이 있다.

　노인 자살의 원인 가운데 첫 번째, 심리적 요인으로는 가장 대표적 요소인 스트레스를 들 수 있다. 이는 퇴직으로 인한 경제적 어려움, 사회적 역할 상실, 건강상의 고통 등으로 인해 발생된다. 이 외에도 반복되는 부정적 생활사건의 경험, 상실감, 고독감, 소외감, 무력감, 죄책감 등이 영향을 미치고 있다. 노인들의 자살을 유발시키는 가장 중요한 요소로는 다양한 상실, 즉 분리나 죽음으로 인해 사랑하는 사람을 잃어버리는 것이다. 자식들이 집을 떠날 때, 친구와 친척들이 죽을 때, 특히 배우자가 죽을 때, 생존자는 삶을 지속할 이유가 없다는 절망감에 휩싸이게 된다.

　두 번째, 노인 자살의 원인으로 신체적 요인을 들 수 있다. 이는 치매 및 정신질환이 원인이 될 수 있으며, 신체적 건강에 문제가 있는 경우 노인 스스로의 절망감과 가족에 대한 죄책감을 초래하여 자살의 원인이 되고 있다. 자살을 하는 노인의 70%는 한 달 이내에 의사의 진찰을 받았고 60% 이상은 극단적인 의학적 문제를 지녔다는 사실은 신체적 문제가 자살로 이어지는 주요 요인이 된다는 것을 입증한다.[8]

세 번째, 사회지원망이 약화되고, 역할을 상실한 후 경제적으로도 빈곤에 처하게 되면 자살의 위험이 높아지게 된다. 한국의 노인 자살률이 다른 세대보다 월등히 높게 나타난 것도 상대적으로 경제적 어려움을 겪기 때문이다. 그렇기 때문에 사회통합의 약화가 노인들의 삶에 미치는 부정적인 결과물로서, 자살 현상이 나타난다. 가족과 사회로부터 소외당한 채 아무에게도 도움을 받지 못하고, 관심의 대상에서 벗어난 상태에서 노인들이 극단적 선택을 하게 되는 것이다.

3. 노인 자살 상담의 필요성

노인상담이란 노인 문제에 관한 전문적인 지식과 훈련을 받은 상담자가 당면한 제반문제를 의논하고 그 해결점을 찾을 수 있도록 도와주는 과정을 말한다. 노인들은 여러 개인적이며 상황적인 어려움에 처해 있으며 이를 제대로 해결하지 못하는 상태에서 '자살'이라는 극단적 선택을 하게 된다. 산업화, 근대화, 그리고 정보화된 현대 사회에서 갈수록 노인의 역할과 지위는 격하되어 왔으며 이로 인해 노인들은 직장과 가정, 그리고 사회에서 소외감, 상실감, 무력감 등을 느끼고 있다. 더구나 급변하는 사회 속에서 노인들은 정신적으로 심화된 스트레스를 경험하며 기나긴 노년기를 보내야 되는 상황에 처해 있다. 다른 연령층보다도 더욱 급격히 증가하는 노년층의 자살률 증가 현상은 '살아가기 힘든 우리 사회'의 단면을 보여주고 있는 것이다.

현대 사회에서 노인상담의 중요성은 날이 갈수록 부각되고 있다. 늘어나는 노인 인구의 표현되지 못한 다양한 욕구들을 이끌어내고 그들에게 필요한 문제해결의 능력을 이끌어주는 노인상담은 그 특성상 다른 어떤 연령층의 상담보다도 더 중요한 역할을 하게 된다. 더구나 60여 년 이상 살아온 인생의 마지막 선택으로 스스로 목숨을 끊고 싶을 만큼 힘겨운 삶을 생각하는 노인들에 대한 노인 자살 상담은 그 어느 때보다도 필요하다. 노인 자살 상담은 정신적으로 불안한 삶을 살아가는 노인들의 마지막 선택의 비극을 막고 하나님께서 주신 '생명에로의 회복과 소망'을 이끌어 주는데 목적을 두고 있다. 노인 자살 상담은 단순히 자살을 생각하는 노인들의 극단적 선택을 막는 '방어막'의 역할을 감당하는 것이 아니다. 자살은 사람이 경험하는 위기 상황을 헤쳐 나올 수 없다고 판단되어질 때 최종적으로 결정하는 '아픔의 선택'이다. 그러므로 노인의 자살 상황을 대처하고 상담한다는 것은 노인이 경험하고 있는 큰 위기 상황을 함께 나누고 치유를 위해 노력한다는 것을 의미한다.

노인 자살 상담의 가장 큰 의미는 그 생명을 주신 하나님의 뜻을 지키며 이 땅에서 생명의 소중함을 지키는 '생명 치유사역'이라는 데 있다. 당장 목숨을 끊을 것 같은 절대위기의 사람일지라도 성령의 도우심 가운데 상담이 이루어질 때 그 선택을 돌이킬 수 있다. 생명의 주관자 되시는 하나님께서 상담자를 통해 자살에 이르려는 노인의 마음을 돌이키고 그에게 또 다른 삶의 의미를 회복케 하려는 과정을 보여주시기 때문이다. 이는 노인 자살 상담이 필요한 이유이자 중요한 근거이다.

4. 노인 자살 상담의 어려움

1) 사회 인식의 문제

자살의 문제가 사회적 이슈로 수면 위에 오르게 된 것은 최근 사회적으로 알려진 저명인사들이 스스로 목숨을 끊게 되면서부터였다. 또한 경쟁과 생존을 둘러싼 스트레스로 인하여 청소년들과 많은 이들이 자살을 선택하게 되었고 이로 인해 자살방지를 위한 분위기가 형성되어졌다. 하지만 다른 세대의 자살과 달리 여전히 우리 사회에서는 노인들의 자살에 대한 관심은 거의 전무하다고 하겠다.

노인 자살 상담이 이루어지기 어려운 우선적인 이유로는 노인 문제에 대한 사회 인식의 부족이 자리잡고 있다. 한국 사회에서 사회와 가정의 어른으로서 존경받았던 노인의 지위와 역할은 급락되었다. 노인에 대한 차별의식이 심화되었고 노인의 문제는 2차적인 것으로 간주되어진다. 우리 사회에서 청소년의 죽음이나 자살은 안타까워하면서 노인 자살은 수명이 다한 노인의 죽음 정도로만 인식하고 있는 것이 현실이다. 동시에 노인 자살에 대한 논의 자체를 사회적으로 은폐하려는 경향이 있다. 이는 노인 자살의 문제를 추적해 들어간다면 이를 둘러싼 노인공경과 복지를 둘러싼 사회적 문제 이슈가 드러날 부담감 때문으로 여겨진다.

2) 자살 전문 상담자의 부족

자살에 대한 학문적 연구와 노력들이 계속되어지고 자살과 관련된 상담이 진행되어지기 위해서는 무엇보다 기독교 상담전문가가 필요하다. 일반인들도 마찬가지이지만 교회 내에서 점점 더 자살을 선택하는 신앙인은 늘어가는데 마음을 터놓고 이야기를 나누고 그들의 아픔을 매만져 줄 상담자가 부족하다. 더구나 자살을 생각하는 노인들을 전문적으로 상담해 줄 '노인 생명 전문 상담자'는 전무한 형편이다.

그러면 과연 '노인 생명 전문 상담자'의 기준은 무엇이며 누가 전문가라 불릴 수 있는가? 상담은 누구나 할 수 있지만 아무나 할 수 있는 것은 아니다. 자살은 생명을 주신 창조물의 목적에 반역하는 죄이다. 그러므로 자살에 대한 올바른 상담을 할 수 있는 상담자는 상담에 대한 기본적인 자질이 있어야 되는 것은 물론이지만 생명의 근원이신 하나님의 뜻과 섭리를 알고 생명의 참된 의미를 권면하고 온전한 길로 이끌어 줄 수 있는 사람이어야 한다. 인간 자신을 위해 생사(生死) 선택의 권한을 이끄는 인본주의 상담의 전제와 목표로는 '하나님의 영광을 위해 살도록 돕는' 기독교 상담의 목표를 이룰 수 없다. 현재 많은 상담대학원과 상담기관이 설립되어 상담자들을 육성하고는 있지만 하나님의 말씀을 중심으로 상담의 모든 원리와 방법이 이루어지는 올바른 기독교 상담을 가르치는 곳은 지극히 적다.

각 인간발달 과정의 모든 세대가 독특성이 있지만 노인 세대들은 신체적, 정신적, 그리고 역사적 상황 가운데 특별한 성향과 태도를 지니고 있다. 그러기에 노인 자살이 이루어지는 모든 맥락과 진행 상황들을 성경적 관점에서 이해하고 상담할 수 있는 노인 자살 상담전문가가 필요하다. 인간의 판단과 세속이론이 중심이 되어 진행되는 상담이 아닌 성경적 원리 가운데 상담을 진행할 기독교 생명 상담자가 절실히 요구되어지는 상황이다.

3) 노인 피상담자의 상담에 대한 비자발성

사람들은 노인이 개인적 감정과 욕구를 쉽게 표현할 능력을 가지고 있지 않고 그들이 지니고 있는 완고함 때문에 문제해결이 이루어지기 어렵다는 시각을 지니고 있다. 그렇기 때문에 노인들과의 상담이 이루어지기 힘들다는 것이다. 노인상담의 어려움은 일부의 편견이기도 하지만 한편으로는 공감되어지는 요소이기도 하다.

노인 자살 상담이 실행되기에 어려운 이유 중 하나는 노인 피상담자의 완고함과 상담에 대한 비자발성이다. 특히 남성의 경우, 가부장적 남성우월 문화 안에서 자라난 현재 노인 세대는 '남자는 스스로 문제를 해결해야 한다'는 사고와 태도를 가지고 있다. 그러므로 노인들 스스로 겪고 있는 갖가지 심리적, 상황적 문제를 가지고 상담을 요청한다거나 상담자를 찾아간다는 것은 그들에게는 익숙하지 않은 일이다. 자살 상담의 경우, 노인 스스로 지니고 있는 문제의 가장 깊고 비밀스러운 부분을 끄집어내어 놓아야 하기 때문에 결코 쉽지 않은 일인 것이다. 설령 상담이 이루어질지라도 자신보다 나이가 어린 상담자에게 자신의 속깊은 문제를 털어놓는다는 것은 그들에게 힘겨운 상황이다.

다른 계층보다도 자신의 자살에 대한 구체적인 계획을 외부에 알리지 않는 노인 자살은 그만큼 성공확률이 높다. 그러므로 자살의 상황과 실행에 대하여 나름대로의 확신을 지니고 있기에 상담을 요청할 필요성도 느끼지 않는다. 혹시라도 주변에서 자살징후를 감지하여 상담이 이루어진다 할지라도 그 속내를 잘 드러내지 않는 노인 피상담자의 특성 때문에 자살 상담이 이루어지기에는 어려움이 있을 수밖에 없다.

5. 노인 자살 방지를 위한 도움의 역할

1) 노인 자살 방지를 위한 국가적 역할/사회적 공감대와 지원정책

노인 자살을 방지하는 데에는 개인적 상담만으로는 한계가 있다. 지역사회에서 특별히 독거노인이나 소외된 지역의 노인들에게 건강검진 및 독감예방 접종시 우울증 검사 혹은 상담심리 등을 통하여 노인들의 심리적 상태를 점검하고 치유에까지 이르게 하는 등 각별한 노력이 있어야 한다.

자살에 대한 총체적인 예방과 치유를 위해서는 상담적인 노력과 함께 국가적인 인식과 정책체계가 필요하다. 2006년 10월 26일 일본은 '자살대책기본법'을 시행하였다. 8년 연속 자살자가 3만 명이 넘자 대책마련에 들어간 것이다. 법에 따라 2007년 6월 8일에는 '자살종합대책강령'을 내각회의에서 결정하였다.[7] 이 같은 정책연구와 발표는 자살이 더이상 자기책임이 아니라 사회적 책임임을 비로소 인식하고 국가의 책임을 시작한 것이라 볼 수 있다.

과거 세계 자살률 1-2위로 손꼽히던 핀란드 또한 1987년부터 10년 간 국가 주도 아래 '자살예방프로젝트'를 시행했다. 자살자 전원에 대해 유가족 면담과 경찰 수사기록, 의료정보를 바탕으로 전 국민을 대상으로 한 대대적 자살예방 사업을 시작했다. 그 결과 당시 인구 10만 명당 30.3명에 달했던 핀란드의 자살률은 시행 20여 년 만인 지난 2012년에 이르러 절반 가까이로 대폭 떨어졌다.[8] 하지만 한국은 아직까지 자살 예방 및 방지를 위한 국가적 노력이 부족한 상황이다. 물론 당장 시급한 여러 사회적 문제와 정책들이 있을 수 있겠지만 자살

문제에 대한 '절박성'을 국가가 속히 인식하는 것이 필요하다. 아직까지 노인들은 우리 사회의 소외계층이며, 그러기에 노인 자살대책의 경우 또한 여전히 사각지대에서 맴돌고 있는 실정이다. 노인 자살에 대한 심각성을 사회 전체가 인식하고 이에 대한 대책을 함께 고민하고 노력하는 분위기가 만들어져야 한다.

2) 노인 자살 방지를 위한 교회의 역할

자살하는 사람들(기독교인)이 점점 더 증가한다는 사실은 '어머니의 품과 같은 안식처'로서의 교회의 역할에 대해 안타까운 마음을 갖게 만든다. 물론 교회가 소속된 공동체 구성원들의 모든 고민과 문제를 만질 수도 없으며 당사자가 일부러 마음의 고통을 드러내지 않는다면 그와 함께 할 수 없는 현실도 이해되어진다. 하지만 그럼에도 불구하고 아쉬운 마음을 숨길 수 없는 이유는 그들이 일정 기간 어려움 속에서 힘든 시기를 보내다가 스스로 목숨을 끊었기 때문이다. 또한 그 '고통의 여정' 속에서 과연 교회가 도움을 줄 수는 없었느냐는 자괴감 때문이다.

국가적 정책 차원에서도 물론 노인들에 대한 대책이 마련되어야겠지만 아직까지 이에 대한 국가적 관리체계가 미흡한 상황에서 교회가 지역 주민센터와의 연계 속에 노인들을 지원하고 이들의 정신건강에 대한 관심을 기울인다면 영혼치유의 선한 사역과 함께 복음전도의 효과도 거둘 수 있다고 보여진다.[9]

노인들은 대체로 도움을 필요로 하는 계층이다. 더구나 자살로 이어질 수 있는 여지가 있는 노인 대상자들을 위하여 교회는 힘을 모아야 한다. 지역사회에 속한 교회가 세심한 사랑으로 어려운 상황과 심정을 지니고 있는 노인들을 향하여 손을 뻗친다면 교회의 존재 목적을 실현할 수 있는 소중한 또 하나의 실천을 이룰 수 있는 것이다.

3) 노인 자살 방지를 위한 목회자의 역할

교회 내에서 노인 자살을 예방할 수 있는 목회자의 역할 또한 중요하다. 실제로 한 조사에서 자살 충동과 관련하여 목회자의 말씀을 듣고 마음을 돌린 경우가 제일 많은 것을 볼 수 있다.[10] 그러므로 목회자의 목회방향과 노력에 따라 자살충동 및 사후 가족들에 대한 돌봄과 치유의 분위기를 이끌 수 있다. 교회가 돌봄의 공동체가 되기 위해서는 목회자와 성도 모두가 이를 위한 노력과 수고가 있어야 한다. 성도는 각자의 맡은 자리와 영역에서 지체들의 어려움과 아픔을 함께 공감하며 위로할 수 있어야 한다. 또한 목회자는 목회영역에서 한 영혼을 향한 세심한 마음과 사랑을 표현할 때 교회는 그리스도의 몸된 교회 안에서 하나됨과 사랑으로 회복되어 질 수 있는 것이다.

자살 후 살아남은 사람들, 즉 그 가족들은 사랑하는 사람의 죽음이 자살이었다는 것을 나누는 데 큰 어려움을 겪게 된다. 그들이 가지고 있는 자살과 연관된 '수치감'은 남은 가족들이 해결하기에 어려운 문제다.[11] 그 아픔이 조금씩 회복되겠지만 그 상처는 오랫동안, 아니 영원히 그들의 가슴에 남아 있을 것이다. 설령 자살한 대상자가 노인(대개 가족의 부모)일지라도 그 상처는 그 가족의 가슴에 박혀 평생 아픔으로 남아있을 수밖에 없다. 그 치유의 역할을 목회자가 감당해 주어야 한다. 특별히 우울증적 증세 혹은 감당할 수 없는 상황적 어려움으로 자살을 생각하는 노인과 자살한 그 가족들은 더더욱 세심한 목회자의 돌봄이 필요하다.

4) 노인 자살 방지를 위한 가족의 역할

한국 노인의 증가하는 스트레스는 무엇보다 가정 공동체가 느슨해진 데 원인이 있다. 한국은 1960, 70년대 근대화를 거치면서 효를 바탕으로 노년부모를 부양했었던 가정의 역할이 핵가족제도로 바뀌면서 노인의 환경과 역할이 달라졌다. 농경사회에서 삶의 경험을 통해 자신의 역할을 감당하였던 노인들이 정보화 산업구조 가운데 점차 소외당하고 쓸모없는 존재로 인식되어졌다. 더구나 가족부양으로 지탱되었던 노인의 건강과 경제생활은 노인 독립가정의 증가로 더욱 어려워졌다. 이 같은 어려움들은 노인들이 삶을 영위해 나아가는 데 비관할 수밖에 없게 만들었으며 이는 스스로 목숨을 끊는 결과를 낳게 되었다. 한국 사회는 점점 더 노인들을 사회의 '주변인'으로 내몰고 있다. 노인 자살을 막는 방어체계는 우선적으로 본인에서 출발하지만 가족 공동체를 회복해야 한다. 다시 말하면 가족 간의 대화와 사랑의 회복 없이는 노인 자살을 막을 수 없는 것이다. 그만큼 가족들 간의 이해와 지원은 노인 자살을 예방할 수 있는 크나큰 요인이 된다.

'근대화'와 '핵가족화'된 현대 사회 구조 속에서 가정과 사회로부터 소외되고 고립된 노인들은 어디에서든 약자일 수밖에 없다. 청년기와 중년기에 '강자'였던 노인들이 경험하는 '소외와 홀대'의 감정은 그들을 '자살'이라는 막다른 자리에까지 이르게 하는 것이다. 노인 자살 상담은 사회구조의 주변으로 밀려난 노인들의 소외감을 만져주며 신체적, 상황적 변화를 맞이한 그들이 사회에 올바로 적응할 수 있도록 도와주는 역할을 감당한다. 동시에, 노인 자살 상담은 노인 자살과 관련된 어려움을 겪고 있는 가족원의 상처를 치유하는 총체적인 보살핌의 역할을 한다. 노인 자살을 생각하는 혹은 노인 자살의 실행 후 힘들어 하는 가족과의 상담도 함께 이루어져야 한다.

6. 노인 자살 상담에 대한 실제적 방안

1) 자살의 징후 파악하기

상담자는 거의 모든 자살자들의 문제가 꼬리에 꼬리를 물고 있다는 사실을 기억하는 것이 중요하다. 이러한 연속적인 어려움이 결국 파국에 이르게 되고 자살시도 혹은 자살소동으로 이어지는 것이다. 상담자는 자살을 하려고 하는 징후들을 먼저 파악해야 한다.[12] 자살을 생각하는 사람들은 그들이 느끼는 고통을 감당할 수 없고 스스로 해결할 수 없다고 생각하는 지점에 이르게 될 때 소망을 잃게 되고 자살을 생각하게 된다. 그렇기 때문에 상담자는 먼저 자살 대상자의 문제 현황에 대해 관심을 가져야 하며 그들이 지니고 있는 징후들을 어떻게 감당할 수 있는지 파악해야 한다.

하지만 자살 기도자가 징후를 보인다는 것은 분명하지만 그것을 파악하는 것은 어려운 일이다. 쉽게 드러나지 않으며 또한 그것을 내비치지 않으려 노력하기 때문이다. 노인들은 더구나 신중하게 자살을 계획하며 실행에 옮기는 성향이 있다. 그렇기 때문에 상담자는 경계심을 가지고 이를 세밀하게 살펴보아야 한다. 그렇지 않을 경우 단서를 놓치게 된다. 콜린스는 자살의 여러 징후들을 다음과 같이 말하고 있다.[13] 첫 번째는 구어적인 단서이다. "나는 자살할 것을 생각하고 있다." 일부에서는 이렇게 말하는 사람은 실제 행동으로 옮기지는 않는다고 하지만 이는 엄청난 오류의 생각이다. 이러한 말은 심각하게 받아들여야 한다. "나는 다음 주에는 일터에 나오지 못할 거야." 이와 같은 말은 자살의 가능성을 두고 있을 수 있다. 잠재적인 자살자에게 죽는 방법에 대해 생각해 본 적이 있느냐는 질문도 가능하다. 그럴 때 구체적으로 연탄가스 중독이나 높은 건물에서 뛰어내리는 것을 말한다면 그는 자살의 의도를 심각하게 생각하는 것으로 볼 수 있다.

두 번째는 행동적인 단서이다. 자살을 고려하는 대부분의 사람들은 우울증에 걸려 있거나 인생에 대해 절망적으로 느낀다. 하지만 일단 자살을 결정하고 난 뒤에는 오히려 안정감을 느끼고 긍정적인 행동의 변화를 보이기도 한다. 주변의 사람들은 이러한 변화로 안도하지만 결국 자살이 이루어질 수도 있다. 또한 오랫동안 밀렸던 부채를 청산하고, 자신이 간직하고 있는 귀중품을 정리하고, 오랫동안 보지 못했던 이들과 만나는 것 등은 자살을 암시하는 표현일 수 있다.

세 번째 상황적인 단서이다. 사람들이 자살을 생각하기 전에는 보통 감당하기 힘든 위기나 스트레스를 경험하게 마련이다. 사랑하는 사람을 잃는다든지 어떤 불치병이 발견되었다거나 이혼을 당하거나 회사가 파산하는 등 여러 가지 극단적인 절망적 상황을 경험할 수 있다. 상담자는 피상담자가 처한 상황을 바라보며 피상담자의 입장과 관점에서 느끼는 마음의 강도와 정도를 파악해야 한다. 환경에 대한 스트레스가 심각할 때 자살의 가능성은 높아진다.

자살을 생각하는 많은 사람들은 의식적으로 혹은 무의식적으로 이러한 여러 가지 징후들을 보이게 된다. 그 언어와 행동, 그리고 상황적 단서들은 마치 '내 결정을 알아차려 막아 달라는' 신호처럼 느껴진다. 우리들은 이것에 대해 세밀하고 민감한 반응과 인식이 있어야 한다.

2) 경청과 공감의 자세

기독교 상담자는 돌봄을 필요로 하는 사람들의 회복을 위한 사명감을 가져야 한다. 자살을 시도하는 사람은 돌봄이 절실한 부류이다. 그들은 살려달라고 이야기하기를 꺼려하는 - 하지만 절대적인 도움과 관심이 필요한 - 상담자를 찾아오지 않는 피상담자들이다.[14] 상담자는 그들을 찾아 나서야 할 책임을 가지고 있다. 상담자가 자살을 생각하는 이들을 찾으려 노력하거나 찾아온 이들을 향한 상담이 온전히 이루어진다면 분명 삶의 종착역을 향해 나아가는 사람들에게 도움을 줄 수 있다. 특별히 자살을 생각하는 노인들을 돌보는 상담자의 역할은 어떤 기술과 성품을 개발해야 하는가? 여러 가지가 있겠지만 가장 중요한 두 가지는 경청과 공감이다.

(1) 경청의 자세

상담적 기법 가운데 경청의 중요성을 모르거나 무시하는 상담자는 없을 것이다. 그만큼 상담자와 피상담자의 초기관계를 형성하는 데 소중한 계기를 만들어 주며 효과적인 상담을 이루어 나아가는 관건이 되는 요소이기 때문이다. 경청은 단순히 사람들이 하는 말을 듣는 것 이상이다. 이것은 말에 수반되는 정성적인 의사표현에 주의를 기울이는 것을 의미한다. 또한 개인의 내적인 삶을 지배하는 개인적인 의미에 대한 단서를 제공하는 표현에 귀 기울이는 것을 의미한다. 그리고 감추어진 갈등, 말로 표현되지 않는 욕구, 말로 표현할 수 없는 두려움, 그리고 어렴풋한 소망에 귀 기울이는 것을 의미하기도 한다.[15] 자살을 생각하는 사람들은 쉽게 표현되지 않는 두려움과 고민을 지니고 있다.

기독교 상담자는 내적으로 드러나지 않는 그들의 아픔을 노출하도록 인도하는 '경청자'가 되어야 한다는 것이다. 그럼으로써 그들의 언행을 수용하고 따뜻한 돌봄을 제공할 수 있다. 노인들은 직장과 사회의 중심에 있었던 중년기와 달리 여러 관계에서 소외당할 수밖에 없는 구조 가운데 있다. 그러기에 사람들은 보통 이전보다 자신의 말에 집중하지 않으며 그들의 행동에 주의를 갖지 않게 된다. 노인들은 다른 어떠한 계층보다 더 자신의 말에 귀 기울이는 '경청자'를 원하는 부류이다.

굳이 상담자가 아니더라도 자살하겠다는 위협이나 자살과 관련된 말이나 행동을 표현하는 사람의 말을 대수롭지 않은 것으로 일축해서는 안 된다. "무슨 말을 하는 거요. 자살을 한다니, 진심으로 하는 말은 아니지요?"와 같은 말은 해서는 안 된다. 그러한 말은 자살을 생각하는 사람에게 도전이 될 수 있다. 그렇다고 무관심해서는 안 되며 그에게는 관심이 필요한 것이다. "응 그래. 그럼 가서 해보지 그래?"라는 말로써 자살을 생각하는 사람에게 자극을 주거나 도전하려고 하지 않아야 한다. 이 같은 말은, 의도하지는 않았지만 사람을 자살로 초대하는 셈이 된다. 상담자는 자살을 생각하는 노인에게 기꺼이 경청하겠다는 태도를 보여야 한다. 순수한 관심을 보이고 안정되고 확고한 자세를 취하라. 그를 위하여 가능한 모든 조치를 취하겠다고 노인 피상담자에게 주지시켜야 한다.

(2) 공감의 자세

상담자가 공감의 자세를 온전히 행할 때 피상담자는 마음을 열고 상담자의 말을 조금씩 귀담아 들으면서 자신의 상처를 치유함 받을 수 있는 것이다. 상담자는 피상담자와의 진정한 공감 속에서 "우는 자들과 함께 울라"(롬 12:15)는 말씀을 실천할 수 있어야 한다. 하지만 정작 자살과 관련된 당사자나 가족들을 향한 한국교회의 시선은 '따스함'보다는 '차가움'에 가까웠던 것이 현실이다.

삶의 고통과 죽음의 망설임 가운데 처한 이들을 상담하기 위해서는 공감능력을 계발하거나 훈련해야 한다. 왜냐하면 상담자의 공감은 피상담자를 상담할 때 영향을 주기 때문이다. 그것은 고통당하는 피상담자의 사적인 세계에 대한 깊은 이해를 반영하는 것이요, 진정으로 자기를 이해해 주는 누군가가 있다는 사실을 일깨워 준다. 공감은 누군가 진정으로 나를 염려하고 있다는 사실을 깨닫게 되기에 절대적으로 필요한 것이다.[16] 블랙번은 다음과 같이 말하면서 자살 상담에 있어 공감의 중요성을 강조하였다. "자살 충동을 상담할 때 상담자의 능력은 피상담자와의 관계의 질과 상담자가 피상담자에게 보여주는 관심에 달려 있다"[17]

자살을 생각하는 우리 사회의 노인들은 심리적으로 혹은 육체적으로 가정과 사회로부터 소외받은 계층이다. 이제는 나를 누구도 인정해 주지 않고 달가워하지 않는다는 생각을 간직한 채 홀로 세상과의 단절을 준비하는 사람들이기도 하다. 세상에서 나 혼자라는 외로움과 심적 고통 속에서 자살을 생각하고 있는 사람에게 하나님의 임재와 사랑을 보여 줄 수 있는 사람은 바로 상담자이다. 상담자가 피상담자를 판단하지 않고 진실함으로 공감관계를 맺으며 상담을 진행할 때 피상담자는 상담자를 통하여 하나님이 자신을 사랑하시며 지키신다는 사실을 경험할 수 있다. 상담자는 '하나님을 보여 주는 작은 창'이기 때문에 크리스천 상담자가 피상담자가 지니고 있는 아픔을 보듬는 참사랑의 모습을 보여줌으로써 피상담자는 상담자를 통하여 하나님을 발견하게 된다. 하나님은 친절한 상담자를 통하여 특별히 자살을 생각하는 노인이 그리스도께서 몸값을 주고 사신 가치 있는 존재라고 가르치신다.[18] 생명의 근원 되시는 하나님께서 피상담자를 향한 놀라운 섭리를 가지고 있음을 상담자의 말, 행동, 그리고 마음으로 보일 때 피상담자는 상담자를 통하여 절망 가운데 돌보시는 하나님의 은혜를 바라볼 수 있게 된다.

3) 자살예방을 위한 우울증 상담

상담자는 자살의 가장 큰 원인이 되는 우울증이 있는 노인을 대할 때 융통성을 가지고 접근해야 하며 항우울제 약물을 포함한 갖가지 치료접근을 할 수 있도록 노력해야 한다.[19] 우울증을 치료하기 위한 전방위적인 노력을 기해야 한다. 무엇보다 노인의 자살이 느는 가장 큰 요인은 스트레스 증가에 있다. 우울 또한 스트레스에 의해 발생될 수 있기 때문에 이를 해결하는 것이 중요하다.[20] 노인의 우울은 스트레스가 발전되어 생길 수 있으며 보다 심각해지면 자살의 전조증상이 될 수 있다는 점을 주의해야 한다. 따라서 스트레스로 인해 발생한 우울의 단계에서 이를 잘 치료, 관리해 주는 것이 노년기 자살을 예방하는 데 매우 중요한 전략이 될 수 있다.

4) 찾아가는 상담

노인들을 찾아가는 상담이 필요하다. 가족들에게 누가 되지 않기 위해 문제가 있어도 상담자를 찾지 않는 것이 일반적 노인의 마음이다. 설령 노인들이 상담에 임하더라도 직접적으로 자녀의 문제를 되도록 드러내지 않으려 애쓰기 때문에 자살과의 연관성을 밝히는 데 어려움을 겪기도 한다. 교회에서는 노인대학, 특강 등을 통하여 우울증, 소외감 등 심리적 어려움 등에 대한 공개적인 이야기를 드러내 놓은 후 개별적으로 접촉하고 또한 이를 통해 발견되어진 노인들을 심층적으로 치유하는 노력이 필요하다. 상담을 통하여 자신의 영적 발달을 도모하고 하나님이 본인에게 부여하신 인생의 참의미와 목적을 정립하도록 하는 것이 중요하다. 또한 노인의 고독감, 소외감, 상실감 등을 회복할 수 있는 여러 프로그램을 함께 병행한다면 도움이 된다.

5) 피상담자와 약속 맺기

자살 기도를 방지하는 방법 가운데 피상담자 자신이 적극적으로 참여할 수 있는 매우 효과적인 것은 상담자와 피상담자가 약속을 맺는 것이다. 그 약속은 말, 문서, 혹은 문자로 이루어질 수 있다. 약속을 맺는 것에 대한 명백한 효과는 위기에 처한 사람과 그 사람을 돌볼 수 있는 다른 따뜻한 사람과 관계를 맺어주는 것이다. 그 약속은 통상적으로 쓰이지는 않으나 다음과 같은 것들이다. "ㅇㅇ씨, 만약에 다음에 죽고 싶다는 심각한 생각이 들면 무엇인가를 하려고 하기 전에 나하고 상의할 수 있겠습니까?"[21]

피상담자와 맺는 약속에는 다음과 같은 것이 포함되어야 한다.[22] 첫째, 그 피상담자는 자살 충동이 일어날 때마다 상담자나 다른 사람에게 꼭 연락하기로 약속한다. 둘째, 그 피상담자는 상담자와의 연락에 어려움이 있을지라도 서로 만나서 그 문제에 관해서 이야기를 나눌 때까지 연락을 계속하기로 약속한다. 셋째, 연락하기로 약속되어진 상담자는 피상담자에게서 어떤 연락이나 메시지를 받든지 간에 지체 없이, 그리고 귀찮아하지 않고, 인내로써 그를 만나 대화하기로 약속한다. 넷째, 쌍방이 위기가 이미 지나갔다는 확신이 설 때까지 그 상담자 혹은 도우미는 피상담자를 떠나지 않고 같이 있어 주기로 약속한다. 이러한 약속은 설령 강제적이 아닐지라도 피상담자의 마지막 선택의 순간에 제어장치가 될 수 있기 때문에 중요하다. 그렇기 때문에 신중하고 책임감 있게 그것이 세워지고 실천되어져야 한다. 상담자는 자살을 생각하는 노인 피상담자와 약속을 맺음으로써 최후의 결정적 순간에 보호막의 역할을 할 수 있다.

6) 소망으로 나아가기

자살위기 가운데 있는 사람을 돕는 여러 가지 방법과 지침들이 있지만 가장 소중한 것은 그들이 삶의 소망을 갖는 것이다. 무엇보다 자살을 생각하는 피상담자에게 소망을 심어주는 것이 필요하다. 아담스는 "자살 충동을 가진 이에게는 소망이 필요하다. 그들은 소망을 잃어버린 자들이기 때문이다"라고 말하였다.[23] 삶의 희망을 잃어버린 노인 피상담자에게 소망을 심어주기 위해서는 그들이 사랑받는 하나님의 형상으로 지음받은 하나님의 자녀라는 사실을 일깨워주어야 한다. 특별한 섭리 가운데 창조되어진 독특한 인격과 은사를 가진 소중한 존재로 그들을 인정해 주어야 한다.

'하나님의 형상'으로 하나님의 사명을 지닌 축복된 의미를 우선적으로 노인들 스스로 가질 필요가 있다. 현대 사회의 부정적인 노인의 이미지, 그리고 자식들로부터 배척 받는 현실로 인하여 노인들은 의기소침해 있으며 상실감에 가득 싸여 있다. 결국 그들은 삶 가운데 아무런 의미를 찾지 못하고 자살이라는 최후의 선택을 하게 되는 것이다. 기독교 상담자는 현실 가운데 고통 받으며 힘들어 하는 노인들에게 '하나님의 형상' 그 자체로서의 복된 시기를 살고 있다는 소망의 메시지를 상담의 과정 가운데 전해 주어야 한다. 또한 노년을 '상실의 시기'로서 인식하고 있는 이 사회의 분위기 가운데 성경적인 바른 노년의 모습을 제시해 주어야 한다. 그러기 위해서는 먼저 상담자가 이러한 하나님의 축복으로서의 노년의 삶에 대한 명확한 이해가 있어야 한다.

자살을 생각하는 사람들의 치료와 행복은 하나님의 말씀과 뜻에 대한 성경적 가르침과 순종 없이는 오지 않는다. 존 맥어더(John MacArthur)는 기독교 상담자의 자세에 대해 이렇게 말한다. "가장 숙련된 상담자는 예수 그리스도의 형상을 닮아가도록 피상담자를 도와줌으로써 성화의 과정에 하나님의 영적 자원들을 조심스럽게, 기도하면서, 그리고 충성스럽게 적용하는 자이다"[24] 많은 상담자들은 자살위기에 처해 있는 노인들을 위로하고 상담함으로써 그들이 문제를 해결하고 행복하게 사는 것이 상담의 목적이라고 생각한다. 하지만 진정한 기독교 상담의 목적은 그들의 행복이 아니라 그들이 하나님의 영광을 위해 살도록 돕는 것이다. 그렇기 때문에 문제를 바라보는 시각에서 벗어나 하늘의 소망을 갖도록 그들을 이끌어 주어야 한다. 모든 자살 상담의 기술적 지침보다 중요한 것은 상담자가 성령 하나님을 의지하며 노인들을 올바른 소망의 길로 이끄는 것이다.

결론

기독교 상담은 생명을 살리는 복음적 노력이며 사명이다. 자신의 목숨을 끊을 수밖에 없는 이들의 마음을 이해하고 이들을 향한 하늘의 위로와 소망을 주기 위한 상담적 노력은 계속 진행되어져야 한다. 분명 이 땅에서 고통 받고 소외받는 이들이 주님을 바라보며 빛 가운데 나아오며 다시 회복될 수 있는 근거는 분명 우리가 행하는 수고와 헌신이 주님이 명령하신 '생명운동'이기 때문이다. 누구나 우리 사회에서 힘겨운 삶을 살아가는 하나님의 자녀이지만 오랜 삶을 살아온 노인들이 천국을 소망하는 가운데 감사함으로 인생을 마무리하지 못하고 스스로 목숨을 끊는다는 것은 참으로 안타까운 일이다. 그렇기 때문에 노인 자살 상담은 우리 사회와 교회, 그리고 상담자 모두가 힘을 합쳐 노년의 삶을 아름답게 마무리할 수 있도록 이끄는 소중한 사역임에 틀림없다.

시편 116:1-8
"여호와께서 내 음성과 내 간구를 들으시므로
내가 그를 사랑하는도다 그의 귀를 내게 기울이셨으므로
내가 평생에 기도하리로다
사망의 줄이 나를 두르고 스올의 고통이 내게 이르므로
내가 환난과 슬픔을 만났을 때에 내가 여호와의 이름으로 기도하기를
여호와여 주께 구하오니 내 영혼을 건지소서 하였도다
여호와는 은혜로우시며 의로우시며
우리 하나님은 긍휼이 많으시도다
여호와께서는 순진한 자를 지키시나니
내가 어려울 때에 나를 구원하셨도다
내 영혼아 네 평안함으로 돌아갈지어다
여호와께서 너를 후대하심이로다
주께서 내 영혼을 사망에서,
내 눈을 눈물에서,
내 발을 넘어짐에서 건지셨나이다."

크리스천 노인상담 : 행복한 노후의 삶을 위한 레시피

노인 임종 상담

　죽음은 의학적으로 심장의 박동이 끝나고 호흡이 멎으며 동공이 고정되어 몸의 반응이 없어지는 상태로 규정되어진다. 그러나 근래 죽음의 개념은 뇌사 상태를 기준으로 판단한다. 몸의 움직임이 1시간 동안 없고 3분 동안 호흡이 정지되고 반사기능과 뇌간(뇌줄기)의 활동이 없는 상태를 의미한다.[1] 죽음은 이처럼 생명의 종결을 뜻하며 각 개인이 일생에 있어 마지막으로 경험하는 유일한 생활여정이다. 다른 인생주기와 달리 노년기에는 죽음이라는 특별한 문제가 당면과제로 부각된다. 인간은 노년기에 접어들면 죽음이라는 불가피한 현상을 지각하기 시작하고, 지나온 일생을 회고하며 자신의 남은 삶을 재정립하기도 한다.[2] 그러나 죽음에 직면하여 두려움과 절망에 이르는 경우 자신의 죽음을 수용하지 못하고 다른 사람을 원망하거나 우울한 태도를 보이기도 한다. 또한 배우자의 죽음을 경험하는 노인의 경우 걷잡을 수 없는 자책감과 외로움을 느끼게 된다. 이 같은 노인의 죽음에 대한 이해와 상담이 이루어지기 위해서 죽음에 대한 우리 사회의 인식을 알 필요가 있다.

1. 죽음에 대한 일반적 관점

죽음을 바라보는 현 시대의 관점은 세 가지로 볼 수 있다. 첫 번째, 죽음에 대한 두려움을 가지고 있다. 죽음에 대해 생각해 볼 때 사람들은 노인들이 죽음에 대해 초연할 것이라는 고정관념을 지닌다. Richard Kalish는 이런 고정관념에 대해 첫째, 노인들은 삶에서 중요한 과업을 성취했다고 느끼기 때문에, 둘째, 그들은 고통스럽고 만성적인 질병을 겪고 있으며 죽음은 이런 고통에서 벗어나게 해 주기 때문에, 셋째, 노인들은 젊은 사람들보다 많은 친구들과 친척들을 잃은 경험 때문에 죽음을 대함에 있어 초연하다고 말한다. 하지만 노인과 일하는 사람들은 노인들이 죽음에 가까이 있기 때문에 더 두려워한다고 증언한다. 또한 죽음에 대해 연구하는 이들은 노화와 사망에 대한 자각이 높아지는 시기인 노년기에 죽음에 대한 공포가 가장 크다고 하였다.[3] 죽음에 대해 두려움의 정도에 대한 견해 차이는 있지만 공통적으로, 사람들은 죽음 자체에 대한 공포와 죽어가는 과정에 대해 두려움을 가지고 있다. 암이나 치매, 혹은 불치병으로 사망하는 것, 병원이나 요양소에서 외롭게 죽는 것 등을 불안해 한다. 보다 근본적으로는 '상실'을 두려워하는 것이다. 생명, 사랑하는 이, 자신이 이루어 놓은 것 등 모든 것으로부터 멀어지는 것에 대한 걱정과 불안을 가지고 있다.

두 번째, 죽음에 대해 우리가 갖고 있는 문화는 이러한 죽음의 두려움과 공포를 피하고자 하는 낙관주의적 문화이다. 이러한 문화는 성취지향적이고 소비지향적이어서 죽음이 상업적 가치를 지닐 때만 관심을 기울인다. 사람들은 '고통스러운' 죽음에 대해 생각하려 하지 않는다. 약물을 이용하여 어떻게 하면 죽음을 덜 고통스럽게 맞이할 수 있을까를 연구하기도 하고 안락사를 논의하기도 한다.[4] 다시 말하면, 현대 사회는 죽음이 가져다주는 불안과 슬픔을 회피하려는 경향이 있다. 사람들에게 인생은 즐기는 것인 동시에 안락한 것이기 때문에 죽음 이후의 삶에는 관심을 갖지 않는다. 따라서 죽음은 다른 사람에게 일어나는 것이지 나와 상관없다는 식의 일종의 '환상' 속에 살아가고 있다.

세 번째, 죽음에 관한 사회학적 인식으로, 노인의 죽음은 젊은이나 중년층의 죽음보다 비교적 덜 충격적이고 사회구조에 적게 영향을 미친다고 일반적으로 인지하고 있다. 어린이나 청년이 죽었을 때보다 느껴지는 사회적 손실감이 훨씬 적기 때문에 노인들의 죽음은 그다지 주목을 끌지 못하게 된다.[5] 이는 젊은이가 지닌 힘, 능력, 부와 같은 사회적 가치를 높이 평가하고 그렇지 못한 노인을 비하하는 노인차별(Ageism)이 우리 사회에 존재하기 때문이다.[6] 노인의 죽음은 우리 사회에서 어쩌면 당연한 것으로 여겨짐으로써 그 죽음이 가져다주는 슬픔과 가치에 대해 소홀히 여기는 분위기가 있다. 평생을 가족과 사회를 위해 희생하고 헌신한 노인의 마지막은 어린애처럼 무기력한데도 그들이 일구어 놓은 후세대들의 주목과 인정을 받지 못하고 있다.

2. 죽음에 대한 성경적인 이해

구약에서의 죽음은 죄에 대한 하나님의 진노의 표적으로 이해된다 (창 3:19). 죽음은 하나님을 찬양하고 모든 사람에게 사랑을 실천하는 기회를 가지고 있는 인생을 위협하는 저주이다.[7] 성경에 나타난 죽음은 죄의 결과요 심판이다. 죽음이란 죄로 말미암아 하나님과 분리되는 것이다. 죽음은 인간 생명의 자연스러운 정상 상태가 아니라 죄라는 결정적 요인으로 인해 인간 생명 속에 들어온 '비정상' 상태인 것이다(롬 5:12, 고전 15:22, 롬 6:23).[8]

구약성경에서는 죽음의 필연성과 더불어 죽음과 연관된 인생의 허무함을 언급하고 있다. 인간은 죽을 수밖에 없는 존재이며 인생은 단지 '그림자요 하나의 숨결, 허무'일 따름이라고 말하고 있다.[9] 그렇기 때문에 인생은 하나님으로부터 벗어나지 말아야 하며 생명의 주권을 가지고 있는 하나님께 모든 초점을 맞추어야 하는 것이다.

죄의 결과로서의 지배적인 죽음에 대한 구약의 이해는 신약으로 넘어와 획기적인 변혁을 이루게 된다. "죄 많은 인간의 모습을 몸소 취하신"(롬 8:3) 예수 그리스도가 십자가 위에서 죽음을 경험하였다.[10] 그러나 그리스도는 "죽은 자들 가운데서 제일 먼저 살아 나신 분"(골 1:18)이 되었고 결국 사망은 극복되었다. 그리스도의 십자가 사건은 피조물의 죄와 죽음의 역사를 '부활의 소망'으로 바꾸는 전환점이 되었다.

결국 예수 그리스도 안에서 죄의 결과로 주어진 죽음의 공포는 부활을 기대하고, 기다리는 희망으로 바뀐다. 처음 사람 아담으로 시작되어진 온 인류의 죄인됨과 죽음은 그리스도 안에서 모든 사람이 새로운 삶을 얻게 되는 '정상'의 상태로 변화되었다.

3. 임종과 죽음에 관한 심리

죽음을 논의할 때 사람들이 우선적으로 경험하는 것은 이별의 행위 혹은 슬픔을 경험하게 하는 상실이다. 이처럼 상실은 슬픔의 과정에 들어가는 촉매가 된다. 다시 말하면, 사별은 상실에 따른 반응이며 슬픔과 애도로 이루어져 있다고 볼 수 있다.[11] 남아 있는 유가족의 입장에서도 죽음이 헤어짐에 대한 슬픔이지만 죽음을 앞둔 당사자에게 역시 임종은 슬픔이자 무기력감이다. 임종을 앞둔 사람은 불안하다. 임종의 외로움과 고독을 두려워한다. 임종의 두려움은 죽음 자체가 아니라 임종의 과정인 것이다. 결국, 죽음은 당사자나 유가족들 모두에게 죽음 앞에서 아무 것도 할 수 없다는 무력감과 무능력함 등을 느끼게 만드는 가장 고통스러운 경험임에 틀림없다.[12]

정신병리학자 큐블러-로스(Kubler-Ross, 1969)는 불치병자 200여 명을 대상으로 죽어가는 과정에 대한 심층적인 연구를 시도하였다. 그 결과 죽어가는 과정에서 나타나는 환자들에게 5단계의 심리적 단계가 있음을 밝혔다. 인간의 죽음에 대한 본 사례연구를 통해 노인들의 죽음의 심리과정을 유추해 보려고 한다.

1) 부정과 고립의 단계

우선적으로 죽음을 선고받은 사람은 이를 인정하지 않으려 한다.

그들은 "나에게 어떻게 이러한 일이 있어날 수 있어? 난 믿을 수 없어" "아니 내가 그럴 리가 없어"라는 등의 강한 부정을 보인다.[13] 갑작스러운 죽음의 선고를 받은 사람 가운데는 다른 의사를 찾아가 재검사를 요구하기도 한다. 이 같은 죽음에 대한 부정적인 반응은 갑작스러운 충격에 대한 일시적인 방어수단으로 하나의 완충작용을 하는 역할을 하게 된다.[14]

상담자는 임종을 앞둔 노인이 부정과 고립의 반응을 보일 때 비판하지 않는 태도를 취하는 것이 중요하다. 노인의 심리상태를 이해하고 수용하는 가운데 공감을 표현하는 것이 필요하다. 죽음을 앞에 두고 자신의 임종에 대해 부정을 하는 노인에게 '믿음으로 이겨내셔야 합니다' 혹은 '하나님의 뜻을 바라보고 따라야 합니다'라는 식의 '신앙적 권면 일변도(一邊倒)'의 교훈적 태도를 기독교 상담자는 조심할 필요가 있다. 권면이 진정으로 효과를 거두기 위해서는 공감이 우선되어야 하는 이유이다. 갑작스러운 '죽음'이라는 현실을 받아들이기 힘든 당사자의 입장을 충분히 받아들이는 것이 중요하다.

2) 분노의 단계

임종환자들이 부정의 단계를 거쳐 겪게 되는 두 번째 심리적 반응은 분노와 원한 등의 감정이다. "하필이면 다른 사람이 아니고 왜 나인가?" 자신은 불가피하게 죽어야 하는데도 불구하고 사람들은 건강하게 살아남는다는 사실 앞에 환자는 분노를 느끼게 된다.[15] 이러한 마음은 가족 및 주변의 사람들에게 그 반응을 표현함으로써 환자와 보호자(가족 혹은 병원직원) 상호간에 갈등관계를 낳기도 한다.

상담자는 죽음 앞에서 분노의 감정에 있는 노인들에게 이해의 태도를 보여야 한다. 보다 더 한층 깊은 공감의 모습을 보여야 한다. 분노의 상태를 설득하려거나 꾸짖으려 하지 말고 분노를 발산시키도록 도와주어야 한다. 심지어 하나님을 향한 분노의 모습을 보일지라도 그 감정 자체를 받아 주어야 한다. 상담자는 원망의 마음을 표현하는 노인에게 공감과 너그러움을 지속적으로 보여 줄 책임이 있다. 원망과 분노의 감정이 제대로 수용되지 않는다면 죽음의 공포 앞에 고립감과 분노가 더욱 커질 수 있기 때문이다.

3) 타협의 단계

세 번째는 타협의 단계이다. 죽음에 대한 부정과 분노의 단계를 거치면서 환자는 더이상 죽음을 벗어날 길이 없음을 느끼게 된다. 그 가운데 환자는 살아 있으면서 해야 할 일들이 있기 때문에 죽음을 면하게 해 달라는 타협을 하게 된다. 이 때 타협의 대상은 하나님이 된다. "죽음에서 벗어난다면 평생을 헌신하기로 혹은 내 신체를 학문연구에 기증하겠다"와 같은 서약을 한다. 이는 신앙의 표현일 수 있지만 하나님과의 타협을 시도하는 것이기도 하다.[16] 심리학적으로 볼 때 타협은 죄책감과 관계가 있다고 볼 수 있다.[17] 예를 들어, 일요일에 교회에 나가지 않았던 사람이 죽음을 앞둔 상황에서 죄책감 가운데 교회를 출석하겠다고 약속하게 되는 것이다.[18]

죽음을 앞둔 노인들에게도 지난날 가족이나 다른 이들에게 성실하게 대하지 못했던 상황들, 신앙적으로 하나님 앞에서 부끄러운 모습 등 죄의식을 느낄 수 있다. 상담자는 이들이 지니고 있는 죄책감을 풀어주도록 해야 한다. 지나온 삶의 여정 속에서 부족함과 아쉬움이 치유되지 않을 경우 더 큰 죄책감에 빠질 수 있기 때문이다. 상담자는 노인들이 안고 있는 죄책감이 그리스도의 보혈로 용서함을 받는 자리에 이르도록 해야 한다.[19] 이 전의 모든 잘못은 예수 그리스도로 말미암아 죄사함을 받은 것임을 설명하고 재확인함으로써 죄책감으로부터 자유함을 얻도록 이끌어 주어야 한다.

4) 우울의 단계

네 번째, 죽음의 심리과정은 우울이다. 죽음을 앞둔 환자는 더이상 자신의 죽음을 부인할 수 없게 되면서 "어쩔 수 없지" 하는 체념의 반응을 보이게 된다. 그러면서 과거에 이루지 못한 일, 지금까지 행한 잘못에 대해 슬퍼하게 되는 우울의 단계를 보이게 된다.[20] 이 우울은 두 단계로 발생되는데, 반응적 우울(reactive depression)과 예비적 우울(preparatory depression)이다. 반응적 우울은 병으로 인하여 잃어버린 것에 대한 비통함 혹은 앞으로 죽음으로 인해 하지 못할 일에 대한 염려 등으로 생기는 우울이다. 반응적 우울 이후에 발생되는 것은 예비적 우울로서 죽음을 준비하는 슬픔의 단계에서 생겨난다. 이 시기의 죽음을 앞둔 환자는 거의 말수가 줄고 다른 사람들을 안 만나려 하는데 이는 죽음을 준비하는 점진적이고 자연스러운 과정이다. 이 단계를 거치는 동안 환자는 죽음을 준비하는 마음의 준비를 하게 된다.[21]

상담자는 죽음을 앞둔 우울의 단계에서 말없이 조용히 상실감에 슬퍼하는 노인에게 희망을 갖게 하는 것이 필요하다.[22] 그러나 죽음을 앞두고 우울해 하는 이에게 희망을 주기 위해 어설픈 격려나 위로를 주는 것은 오히려 반감을 가져오게 되므로 조심해야 한다. 상담자는 우울이 상실에 대한 '정상적'인 반응의 부분임을 인식해야 한다. 그리고 곁에서 조용히 함께 있어 주면서 하나님의 사랑과 임재를 진정성 있게 이끌어 주는 것이 필요하다.

5) 수용의 단계

마지막으로, 수용의 단계가 있다. 임종을 앞둔 환자는 앞서 언급되어진 네 단계를 거치는 가운데 죽음을 이기기 위한 여러 시도와 노력을 하게 된다. 그리고 인생의 마지막 시기에 이르러서는 육신적으로 정신적으로 지친 가운데 자신 앞에 다가온 '죽음'을 받아들이게 된다. 이는 '수용의 단계'로서 감정의 공백기라고 할 수 있다. 마치 먼 여행을 떠나기 전 취하는 마지막 휴식의 개념과도 같다.[23] 어쩌면 이 단계는 자신에게 다가올 죽음을 피할 수 없는 것으로 인정하는 '체념'이기도 하다.[24]

기독교 상담자는 먼저 이 수용의 단계를 인정해 주고 격려해 주어야 한다. 그리고 더 나아가 마지막 인생의 여정을 하나님이 부여하신 감사와 기쁨의 시간인 것을 성경적 관점으로 인식시키고 재확인시켜야 한다.[25] 신앙 안에서의 진정한 수용이 이루어질 때 죽음은 더이상 상실과 슬픔이 아닌 은혜요 소망의 여정이 되어지는 것이다. 상담자는 죽음을 앞둔 노인 피상담자를 하나님께로 인도하는 '축복의 통로'가 되어야 한다.

4. 임종 상담

죽음은 하나님의 인류 창조 질서의 마지막 단계이고, 죽음 후의 세계 또한 하나님의 창조의 섭리 가운데 있는 것이다. 그렇기 때문에 죽음은 하나님의 경륜 속에서 이루어지는 하나의 성장이요, 은총이다. 보베(Bovet)가 말했듯이 "죽음이란 마지막이 아니라 새로운 시작이다. 저편에 이미 잠들어 있는 자들에게 뿐만 아니라 여기 지상에 남아 있는 자들에게도 그렇다."[26] 상담자는 하나님이 부여하신 예비된 안식처인 천국으로 향하는 여정인 죽음의 성경적 의미를 임종을 앞둔 이에게 알려주고 재확인해야 한다. 크리스천은 '죽음이라는 문'을 통해 하나님의 영광에 이르는 승리의 함성을 이루어야 함을 일깨워 줄 필요가 있다.[27]

상담자는 비록 하나님의 뜻과 계획이 인간의 생각으로는 정확히 이해가 되지 않더라도 하나님의 말씀대로 해석하는 이로서 활동해야 한다. 죽음에 연관된 인간적인 바람이 있을지라도 하나님의 절대 권위에 순종하고 그 말씀대로 순종하고 삶에 적용하려는 모습이 먼저 상담자에게 있어야 한다.[28] 설령 불치의 병에 걸린 시한부 삶의 선고를 임종환자가 받았을지라도 상담자는 당사자에게 삶의 기한이 하나님께 있음을 믿고 의지하는 모습을 보이는 것이 신앙인의 참된 자세임을 인식시켜 주어야 한다. 상담자의 말씀에 대한 온전한 해석이 피상담자인 임종노인에게 투영되고 적용되어져야 한다. 인간 본연의 마음속에 있는 죽음에 대한 불안을 성경적으로 바로 이끌고 해석해 줄 때 죽음에 임박한 마지막 시점에서 노인들은 죽음에 대한 하나님의 온전한 뜻에 복종하고 따라 갈 수 있게 된다. 상담자는 인간의 삶의 주인이신 하나님의 뜻을 바라보고 묵묵히 걸어가는 '신앙의 본질'의 모습을 말씀으로 가르쳐 주어야 한다.

그러나 이러한 죽음에 대한 성경적 권면이 위로와 공감을 앞서면 안 된다. 무엇보다도 상담자는 위로하는 사람이다. 죽음의 목전에 서서 힘들어 하는 노인들을 향해 가장 필요한 것은 어쩌면 천국에 대한 소망의 선포 이전에 그들의 마음의 손을 잡아주는 것일 수 있다. 상담자는 예수 그리스도가 병든 자와 고통 받는 자와 함께 하셨던 것처럼 "우는 자와 함께 우는"(롬 12:15) 역할을 감당해야 한다. 상담자의 진정성 있는 믿음의 위로는 임종을 앞둔 이에게 크나큰 힘이 된다. 그리고 죽음 이후의 세상을 소망하며 남아 있는 이 땅에서의 시간들을 의미 있게 보낼 수 있게 된다. 이러한 확신의 태도는 가족들과 주변의 사람들에게 있어 신앙의 모범으로서 본이 되어진다. 임종을 앞둔 이에게 우리가 보여 줄 수 있는 것은 '하늘의 위로와 권면'이다. 성령 하나님이 머나먼 이별의 길을 준비하는 영혼을 위로하시고 결국 약속하신 곳으로의 복귀가 축복임을 깨닫게 하는 것이 상담자의 역할이다.

5. 유가족 노인상담

일평생 기쁨과 슬픔을 함께 한 가족과의 헤어짐은 감당할 수 없는 안타까움이다. 죽음에 대한 두려움이 마음 한 구석에 자리 잡는다. 사별은 일반적으로 죽음의 충격에 따른 짧막한 기간을 거쳐 강한 슬픔의 단계로 이어진다. 또한 사회적 활동을 철회하는 것과 더불어 수면, 의욕, 체중의 감소와 같은 생리적 변화로 이어진다. 인생의 경험이 풍부한 노인이기 때문에 죽음으로 인한 이별의 고통을 큰 어려움 없이 잘 넘길 수 있는 것은 아니다. 그만큼 사별로 인한 스트레스는 크다. 그렇기 때문에 배우자의 죽음을 앞두거나 경험한 노인들이 겪는 신체적, 정신적, 그리고 영적인 고통을 치유하기 위한 상담이 필요하다.

1) 임종을 앞둔 노인 배우자를 위한 상담

배우자와 사별한 노인들은 심각한 슬픈 감정과 불안감, 그리고 두려움 등을 느끼게 된다. 일생동안 겪는 여러 가지 생활사건과 스트레스를 수치로 나타난 경우 가장 큰 지수는 배우자의 사망이다.[29] 배우자의 사망은 가족외상(family trauma)으로서 삶의 한 가운데서 직면하는 가장 큰 위기이며 상실이다.[30] 그런데 일반적으로 생각하는 것과는 달리 노인들이 겪는 배우자의 죽음으로 인한 충격은 사별을 한 후보다 사별을 하기 전이 훨씬 심각할 수 있다. 이런 상황은 특히 한 노인이 병에 걸린 노인 배우자의 가장 가까운 간호인이었을 경우에 해당한다. 이러한 경우, 상담자는 임종을 앞둔 노인의 배우자를 위한 상담을 임종 후가 아닌 그 이전부터 일찍 시작해 주는 것이 좋다.[31]

임종을 목전에 둔 노인의 배우자는 남편 혹은 아내가 병을 앓는 기간이 오래 되면 될수록 생활환경이 변하게 된다. 병 치료를 위한 경제적 어려움이 생기며 병수발로 인한 사회적 고립감을 겪을 수밖에 없다. 또한 곧 닥칠 배우자와의 이별로 인하여 미래에 대해 불안해 한다.[32] 상담자는 무엇보다 배우자의 임종의 가능성 앞에 놓여 있는 힘겨운 노인들을 이해하고 격려하는 것이 가장 중요하다. 신앙이 있더라도, 그들은 배우자를 바라보면서 장기간의 돌봄의 과정 가운데 힘들어 한다. 그 가운데 하나님을 향해 야속하고 원망스러운 마음까지 품을 수 있다. 그 고난의 여정을 함께 걸어가며 벗의 역할을 해 줄 수 있는 사람이 바로 상담자이다. 상담자는 역경 속에 임하시는 하나님의 은혜를 바라볼 수 있도록 지쳐 있는 노인을 향해 따스하게 격려하며 하나님의 뜻을 바라볼 수 있게 도와주어야 한다.

2) 유가족 노인을 위한 상담

(1) 충분한 위로와 격려 주기

소중한 가족을 잃으면 설령 죽음에 대한 예고가 있더라도 유족들은 실감하지 못하여 실제로 일어난 일이 아닌 듯한 느낌을 가질 수 있다. 유가족들에게 가장 큰 상실감은 평생 함께 삶을 살아왔던 부부이자 친구 같은 배우자가 하루아침에 곁에 존재하지 않는다는 것을 느끼는 데에서 시작된다. 홀로 남은 노인은 장례식 및 모든 사망 후 장례절차 및 법적 과정을 마친 후 일정시간이 지난 후에야 비로소 배우자의 죽음을 직감하기 시작한다.[33] 신앙 안에서 죽음이 영원한 헤어짐이 아닌 것을 알지만 가족의 죽음은 남아 있는 가족들에게 고통과 아픔의 마음을 일으킨다. 상담자는 배우자와 사별을 경험한 노인들이 충분한 애도의 과정을 경험할 수 있도록 고인에 대한 추억과 아픔, 상처, 고통 등을 충분히 나누어야 한다. 유가족들에게 "이제 그만 우세요. 남편(아내)께서는 이제 좋은 곳(천국)으로 가셨잖아요" "이미 고인은 없으니 이제부터는 현실을 받아들이셔야 합니다"와 같이 애도를 방해하는 이야기를 하기보다는 상실에 대한 감정과 애통을 이야기 나누고 표현할 수 있도록 시간을 가져야 한다.

부부가 동일한 시기에 인생을 끝마칠 수 없기 때문에 노후의 배우자 사망은 결혼생활의 불가피한 결과이다. 배우자가 사망하는 과정을 접한 노인은 슬픔, 불면증, 식욕상실, 체중감소 등을 보이게 된다. 또한 사회적, 개인적 활동에 대한 관심을 상실하고 비통에 사로잡히는 경향이 있다.[34] 상담자는 배우자의 죽음으로 힘겨워하는 노인에게 들어주는 자(listener)가 되는 것이 가장 중요하다.[35] 특별히 어떤 조언을 하거나 권면을 하기 이전에 사랑과 위로를 주는 것이 필요하다. 슬픔을 당한 이들을 만져주고 들어주며 마음을 함께 하는 것이 배우자를 먼저 떠나보낸 이들을 향한 우선적인 치유의 첫 걸음이 된다.

(2) 죽음의 실재를 일깨워주기

상담자는 배우자를 잃은 노인에게 충분한 경청과 공감의 자세와 표현을 보여주어야 한다. 그리고 그 이후에는 죽음의 상실이 누구에게나 발생할 수 있는 일이라는 것을 일깨워주어야 한다. 그리고 현재의 사별이 피상담자에게 실제로 일어난 일이며 죽은 이는 다시 살아나지 못할 것이라는 것을 인식시키는 것이 필요하다. 릴리 핀커스(Lily Pincus)는 말하기를, '사별의 아픔을 예방하는 길은 이 세상에 없다. 하지만 예방적인 조치로써 가장 훌륭한 것은 죽음과 사별이 인간에게 불가피하다는 것을 인정하는 마음의 자세뿐'이라는 것을 논증하였다.[36] 상담자는 노인 애도자가 고인이 떠났다는 것을 받아들이고 현재의 삶을 재정립하는 가운데 새로운 삶을 살아갈 수 있도록 격려해야 한다.

(3) 죄책감에서 벗어나기

배우자의 상실을 경험하는 사람들은 한동안 슬픔에 압도되어 충격에서 벗어나지 못한다. 이 시점에서 상실에 대한 분노와 더불어 생전에 배우자에게 더 잘 해 주지 못했던 죄책감에 힘들어 할 수 있다. 더구나 생전에 배우자와 친밀도가 더 강한 경우 죄책감은 더욱 크게 작용한다. 또한 배우자가 오랜 질병을 앓다가 사망한 경우라면, 홀로 남은 노인은 배우자의 죽음의 원인이 자신에게 있다는, 자책감을 보이게 된다. 죄책감과 자책감이 심한 경우, 우울증세를 보일 수 있고 심한 경우 사망에 이르는 악영향을 주게 된다.[37]

죄책감은 사별을 경험한 노인이 잘못했다고 스스로를 비난하고 책임이 자신에게 있다고 여기는 것이다. 누구나가 배우자의 죽음을 경험하면서 (조금씩 차이는 있지만) 자기 자신의 부족함을 느끼며 죄책감을 느끼게 된다. 이러한 후회와 자책이 심해질 경우 강렬한 정서적 고통이 동반된다. 그러므로 상담자는 사별 후 죄책감을 느끼는 노인에게 이러한 감정을 표현하도록 격려하며 과거의 잘못과 행동을 고백할 수 있도록 한다. 동시에 바르지 않은 죄책에서 벗어날 수 있도록 도와주어야 한다.[38] 하나님께서 이 땅에서 부부로 이어준 그 뜻과 의미를 생각하며 연약함 속에서 최선을 다한 모습에 대한 인정과 그 가운데 하나님의 간섭하심이 있었음을 지속적으로 노인에게 일깨워 주어야 한다.

(4) 천국의 소망과 이 땅에서의 사명에 대한 소망 깨닫기

평생의 동역자인 배우자를 상실한 노인은 삶의 희망의 크나큰 부분을 잃은 느낌을 지니게 된다. 삶의 희망을 잃어버린 피상담자에게 필요한 소망은 두 가지이다. 하나는 죽음을 통한 이별이 끝이 아닌 것을 일깨워주는 것이다. 죽음과 사별을 둘러싼 슬픔을 이기어 낼 수 있는 '스토리(story)'는 천국의 해후가 있음을 온전히 이해할 때 '진정한 평안(shalom)'의 치유가 생기게 된다.39 하나님이 예비하신 또 다른 세상에서의 만남에 대한 소망은 당장 발생되어진 격한 이별의 슬픔에서 점차적으로 벗어나 일어설 수 있는 소중한 계기가 된다.

노인 유가족에서 필요한 두 번째 소망은, 그렇기 때문에 현재의 삶 가운데 하나님의 뜻과 소망을 발견하는 것이다. 나이가 들었고 배우자를 떠나보내는 슬픔 가운데에서라도 사랑받는 하나님의 형상으로 지음 받은 하나님의 자녀라는 사실을 일깨워 주어야 한다. 그러므로 특별한 섭리 가운데 창조되어진 독특한 인격과 은사를 가진 소중한 존재로 아직까지 이 땅에서 해야 할 사명과 사역이 있음을 안내해야 한다. 가족들을 향한 기도와 믿음의 양육, 주변의 연약한 이들에게 대한 헌신, 노년의 연륜과 경험을 활용한 교회와 사회에 대한 봉사 등 구체적으로 할 수 있는 일들이 있음을 일깨워주고 찾게 이끌어 주어야 한다.

(5) 사별 공동체를 위한 목회적 돌봄

사별은 누구에게나 순식간에 타격을 주는 심각한 위기이다. 배우자의 죽음 이후에 애도의 과정을 건강하게 해결하지 못하면 당사자의 전인건강은 더욱 심각하게 악화된다.40 치유공동체로서의 교회는 애도 노인의 치유를 위한 기능을 발휘해야 한다. 교회는 사별의 슬픔을 당한 노인의 이야기들이 말해지고 들려지고, 그리고 그들의 고통과 아픔들이 성숙되어지고 재창조되는 '듣는 장소'(listening place)가 되어야 한다.41 목회자는 수많은 목회의 영역들이 있지만 죽음과 임종을 위한 목회에도 심혈을 기울여야 한다.

　죽음과 임종을 위한 목회는 임종을 앞둔 노인과 임종자 가족 모두에게 해당된다. 우선적으로 목회자는 죽음에 대한 성경적 관점을 정립한 후 설교를 통해 온전한 죽음의 의미를 증거해야 한다. 그리고 임종에 즈음한 노인들을 향한 관심을 가짐으로 '어머니의 품'으로서의 교회의 기능을 실현할 수 있어야 한다. 임종 심방시 신앙적 소망을 주는 것 뿐만 아니라 두려움과 염려를 나눌 수 있는 이해의 태도를 가져야 한다.[42] 그리고 임종 가족 노인들을 위해서도 교회가 일시적인 관심을 넘어서 지속적 치유의 공동체의 모습을 보여준다면 남은 애도 노인의 마음은 더욱더 강건하여 질 것이다.

결론

　누구나 자신에게 닥쳐오는 '죽음'이라는 단계를 예상하고 준비한다. 더구나 인간 발달단계상 노년이라면 이 부분에 대해 더욱 실제적으로 접근하게 된다. 그러나 죽음은 인생 전체를 마무리하는 가장 큰 사건이기 때문에 감정과 마음의 큰 변화를 느끼게 된다. 죽음은 평생 여러 번 경험하지 못하는 처음이자 마지막인 특수상황이기 때문에 아무리 마음의 준비를 많이 한 사람일지라도 당황스러울 수 있다. 그렇기 때문에 노인의 임종과 죽음에 대한 상담은 '죽음'이라는 위기 상담적 측면에서 특별하고 신중하게 이루어져야 한다. 상담자가 죽음에 대한 온전한 성경적 의미를 준비하고 이끌어 주는 것이, 웰빙을 넘어서 웰다잉을 꿈꾸는, 이 시대의 노인들을 향한 배려이자 책임이다.

참고문헌

❖ 노인에 대한 이해

강창희, "부모의 미래, 자녀의 미래," 한국경제매거진, 2013. 2. http://magazine.
hankyung.com/money/apps/news?popup=0&nid=02&c1=2002&nkey=
2013022500093070372&mode=sub_view, 2013. 2. 27. 입력, 2016. 6. 23.
접속.

김중은, "성경에서 본 노년과 노인에 대한 이해," 한국교회와 노인목회, 서울: 한국
장로교출판사, 1995.

권태완 외, 전환기 한국의 사회문제, 서울: ㈜민음사, 1996.

박동석, 고령화 쇼크, 서울: 굿인포메이션, 2003.

박경숙, 고령화 사회, 이미 진행된 미래, 서울: 의암 출판사, 2003.

박동해, "마음이 아픈 노인들 급증, 세계 1위 노인 자살률 '오명'," 뉴스1, 2016. 5.
8. 입력, http://www.news1.kr/articles/?2654813, 2016. 9. 24. 접속.

박시형, 시사오늘, 시사ON, 2015. 12. 19. 입력, http://www.sisaon.co.kr/
news/articleView.html?idxno=38720, 2016. 3. 4. 접속.

박재간 외, 노인상담론, 서울: 공동체, 2011.

사미자, "노년의 심리," 한국교회와 노인목회, 서울: 한국 장로교 출판사, 1995.

서혜경 외, 노인상담입문, 서울: 학지사, 2006.

유성호 외, 노인복지론, 서울: 아시아미디어리서치, 2002.

이장호, 김영경, 노인상담, 서울: 시그마프레스, 2006.

이지연, "내 손안에 뉴스," 한강타임즈, 2016. 8. 2. 입력, http://www.hg-times.
com/news/articleView.html?idxno=127320, 2016. 3. 4. 접속.

이찬선, "저출산과 고령화 시대," 대전일보, 2016. 1. 17. 입력, http://www.
daejonilbo.com/news/newsitem.asp?pk_no=1199558, 2016. 3. 4. 접속.

전선형, "중년층 38% 노후준비 전혀 안 해," 대한금융신문, 2014. 2. 11. 입력,
http://www.kbanker.co.kr/news/articleView.html?idxno=41086, 2016.
5. 6. 접속.

정정숙, 인간발달과 상담 II, 서울: 도서출판 베다니, 2006.

조운, "대한민국 국회, 보건의료 문제해결 위해 제도개선 추진할 것," 이코노미뉴

스, 2016. 1. 14. 접속, http://www.m-economynews.com/news/article.html?no=14972, 2016. 3. 4. 접속.

차준희, "네 부모를 공경하라," 효와 성령, 서울: 한들출판사, 2002.

찰스 V. 거킨, 목회적 돌봄의 개론, 유영권 역, 서울: 은성출판사, 2004.

통계청, "통계로 본 대한민국 광복 70년," 2015. 8. 10.

홍성익, "내년 고령사회 진입한다," 의학신문, 2016. 1. 26. 입력, http://www.bosa.co.kr/umap/sub.asp?news_pk=599226, 2016. 3. 4. 접속.

Harris, J. G. *Biblical Perspectives on Aging*, Philadelphia: Fortress Press, 1987.

Ho, D. Y. F. "Cognitive socialization in Confucian heritage cultures" *Cross-cultural Roots of Minority Child Development of P. M. Greenfield. & R. R. Cocking*, Hillsdale: Erlbaum, 1994.

Holliday, J. & Cumings, B. *Korea: The Unknown War*, London: Penguin Books, 1988.

Kimble, M. A. McFadden, S. H. & Ellor, J. W. *Aging, Spirituality, and Religion*, Philadelphia: Fortress Press, 1995.

Lee, S. H. *The Problems of the Korean Elderly and Recommendations for Their Solution*. In Society Investigation Study, Vol. 12, 1997.

Li, K. W. *Capitalist Development and Economism in East Asia: The rise of Hong Kong, Singapore, Taiwan, and South Korea*, New York: Routledge, 2001.

Lowe, P. *The Korean War*, London: Macmillan Press, 2000.

Park, M. S. & Kim, M. S. "Communication Practices in Korea," *Communication Quarterly*, 40, 1992.

Park, S. I. Generating Upward Mobility: The Case of Korea and Private Sector Development. In Pathway Out of Poverty of C. S. Field. & G. Pfeffermannm, Boston: Kluwer Academic Publishers, 2003.

Peterson, E. *Leap over a Wall*, San Francisco: Harper & Row, 1997.

Simons, G. *Korea: The search for Sovereignty*, London: Macmillan Press,

1995.

Song, B. N. *The Rise of the Korean Economy*, New York: Oxford University Press, 1990.

Sung, K. T. "A New Look at Filial Piety: Ideals and Practices of Family-Centered Parent Care in Korea," *Gerontologist*, Vol. 30, No. 5. 1990.

Williams, A. & Nussbaum, J. F. *Intergenerational Communication Across the Life Span*, London: Lawrence Erlbaum Associates, 2001.

❖ 노인상담에 대한 이해

박재간 외, 노인상담론, 고양: 공동체, 2006.

서혜경 외, 노인상담입문, 서울: 집문당, 2006.

성규탁, 새 시대의 효: 부모 자녀 관계의 재조명, 서울: 연세대학교 출판부, 1995.

이호선, 노인상담, 서울: 학지사, 2005.

Joyce Huggett, 경청, 윤관희 역, 서울: 사랑플러스, 2006.

Derald Wing Sue, David Sue, 다문화상담, 하예숙 역외, 서울: 학지사, 2011,

❖ 노인상담 이론

고미영, 이야기치료와 이야기의 세계, 서울: 청록출판사, 2004.

Roger F. Hurding, 치유나무, 김예식 역, 서울: 한국장로교출판사, 2004.

김준수, "성경적 상담," 성경과 상담, 제1권, 2002.

게리 콜린스, 뉴 크리스천 카운슬링, 한국기독교 상담학회 역, 서울: 두란노, 2008.

권수영 외, 목회상담입문, 서울: 도서출판 목회상담, 2007.

서혜경 외, 노인상담입문, 서울: 집문당, 2006.

양우성, 성서와 심리학의 대화, 서울: 대한기독교서회, 2007.

Gerald Corey, 상담학개론: 상담과 정신치유의 이론과 실제, 오성춘 역, 서울: 장로회신학대학교출판부, 1997.

오성춘, 목회상담학, 서울: 한국장로교출판사, 2002.

오오현, "Rogers의 인간 중심적 접근과 목회상담," 일반상담과 목회상담, 서울: 예영커뮤니케이션, 2003.

Thomas C. Oden, 목회상담과 기독교 신학, 이기춘, 김성민 역, 서울: 다산글방, 1999.

Stanton L. Jones & Richard E. Butman, 현대심리 치료법, 이관직 역, 서울: 총신대학 출판사, 1995.

장원철, "성경적 상담의 현재," 성경과 상담, 제 10권, 2010.

Tim sledge, 가족치유, 마음치유, 정동섭 역, 서울: 요단출판사, 2007.

정정숙, 기독교 상담학, 서울: 베다니, 2002.

정태기, 아픔, 상담, 치유, 서울: 상담과치유, 2006.

Alice Morgan, *What is narrative therapy?* South Australia: Dulwich, 2000.

B. A. Farrell, "A Reconstruction of Freud's Mature Theory," *The Study of Human Nature*, New York: Oxford University Press, 2000.

Boivin, M., Behavioral psychology: What does it have to offer the Christian church? *Journal of the American Scientific Affiliation*, 37. 1985.

Carl Rogers, *On becoming a Person*, Houghton Mifflin Company, 1961.

Herold W. Darling, *Man in his Right Mind: an integration of psychology and biblical faith*, Paternoster, 1969.

Jay E. Adams, *Competent to Counsel*, Nutley, N.J.: Presbyterian and Reformed Publishing Co., 1970.

_____ *More than redemption: A theology of Christian counseling*, Phillipsburg, NJ: Presbyterian and Reformed, 1979.

Jill Freedman & Gene Combs, *Narrative Therapy*, New York: W. W. Norton Company, 1996.

Kevin, J. Vanhoozer, "Trial of Truth: Mission, Martyrdom & the Epistemology of the Cross" in *First Theology: God, Scripture, and Hermenutics*, Downers Grove, IL: InterVaisity Press, 2002.

McDonald, H. D. Biblical teaching on personality, In *Psychology and the Christian faith*, ed. S. Jones, Grand Rapids: Baker, 1986.

❖ 노인과 자녀 세대의 갈등해결을 위한 의사소통 모델
　-한국 노인부양 상황을 중심으로-

성규탁, "새 시대의 효: 부모 자녀 관계의 재조명," 서울: 연세대학교 출판부, 1995.

이영창, "일터로 나가는 전업주부, 육아·가사 여성 2년 연속 감소," 한국일보, 2016. 3. 21. 입력, http://www.hankookilbo.com/v/ce953bb89717448e898307e721dd0eed, 2016. 9. 11. 검색.

최현식, "농가인구 감소, 2025년 201만명 수준," 농업인신문, 2016. 1. 22. 입력, http://www.nongupin.co.kr/news/articleView.html?idxno=41336, 2016. 9. 10. 접속.

Bailey, K. E. *Finding The Lost: Cultural Keys to Luke 15*. St Louise: Concordia Publishing House, 1992.

Bakhtin, M. *Problmes of Dostoevsky's Poetics*, (Trans). Emerson, C. Minneapolis: University of Minnesota Press, 1984.

Barber, R., *King Arthur: Hero and Legend*, Woodbridge: The Boydell Press, 1986.

Bengtson, V. L. & Schaie, K. W. *The Course of Later Life*, New York: Springer, 1989.

Butler, R. N., Ageism, in Maddox, G. L. (ed.). *The Encyclopedia of Aging*. New York: Springer, 1995.

Kogler, H. H. *The Power of Dialogue*, London: The Mit Press, 1999.

Lee, S. H. "The Problems of the Korean Elderly and Recommendations for Their Solution," *Society Investigation Study*, Vol. 12, 1997.

Sung, K. T. "A New Look at Filial Piety: Ideals and Practices of Family-Centered Parent Care in Korea". *The Gerontologist*, Vol. 30, No. 5, 1990.

Vale, J. *The Arthur of the English: The Arthurian Legend in Medieval English Life and Literature*, Cardiff: University of Wales Press, 2001.

❖ 교회와 노인상담

고용수 외, 기독교 교육 개론 (하), 서울: 한국장로교출판사, 2001.

김경수, 돌봄과 상담, 서울: 도서출판누가, 2000.

권부원, 2015 결혼 · 이혼 통계② 부부로 20년 살면 '이혼'을 꿈꾼다, 2016. 4. 7. 입력, http://www.news2day.co.kr/n_news/news/view.html?no=82105, 2016. 9. 11. 검색.

하워드 J. 클라인벨, 현대목회상담, 박근원 역, 서울: 대한기독교출판사, 1985.

오성춘 외, 현대교회를 위한 목회상담학, 서울: 대한기독교서회, 1997.

은준관, 기독교 교육 헌장론, 서울: 한들출판사, 2007.

정웅섭, 현대 교육목회의 전개, 서울: 한국신학연구소, 2001.

제이 E 아담스, 목회상담학, 정정숙 역, 서울: 총신대학출판부, 2001.

_____, 상담학개론, 정정숙 역, 서울: 도서출판 베다니, 1992.

John Calvin, *Institutes of the Christian Religion*, ed. J. T. McNeil, Philadelphia: The Westerminster Press, 1965.

WonSuk Roh, *A reflection upon the loneliness of Korean elderly in family support: A Christian-pastoral perspective*, Pretoria: University of Pretoira, 2007.

❖ 노인 성(性) 상담

권석만, 민병배, 노년기 정신장애, 서울: 학지사, 2000.

게리 R. 콜린스, 그리스도를 위한 카운셀링 가이드, 정석환 역, 서울: 기독지혜사, 1992.

_____, 훌륭한 상담자, 정석환 역, 서울: 생명의 말씀사, 2007.

노원석, "성인 · 노년부의 문제점과 상담," 성경과 상담, 2002년 제2권.

박재간외, 노인상담론, 고양: 공동체, 2011.

부르스 리치필드 & 넬리 리치필드, 기독교 상담과 가족치료, 정동섭, 정성준 역, 서울: 예수 전도단, 2003.

사미자, 한국교회와 노인목회, 서울: 한국장로교출판사, 2000.

유성호 외, 노인복지론, 서울: 아시아미디어리서치, 2002.

안형준, 2013 대한민국 노인보고서, 눈치 보는 노년의 여가와 성〈하〉, 오마이뉴스, 2013. 12. 1. 입력, http://www.ohmynews.com/NWS_Web/View/at_pg.aspx?CNTN_CD=A0001932214, 2014. 3. 23. 접속.

David E. Carlson, 자존감, 이관직 역, 서울: 두란노, 1995.

이종구, 엄건령, 노인 사회학, 서울: 도서출판 열린, 2003.

이호선, 노인상담, 서울: 학지사, 2005.

임병권, 구리시 노인상담센터, "노인 성교육과 성 상담 진행," 국제뉴스, 2016. 9. 28. 입력, http://www.gukjenews.com/news/articleView.html?idxno=561725, 2016. 7. 12. 접속.

정웅섭, 현대 교육목회의 전개, 서울: 한국신학연구소, 2001.

정정숙, 기독교 상담학, 서울: 도서출판 베다니, 1994.

_____, 인간문제에 대한 상담학적 치유, 서울: 도서출판 베다니, 2004.

조성남, 고령화 사회의 미래와 도전: 에이지붐 시대, 서울: 이화여자대학교 출판부, 2004.

최성재, 장인협, 고령화 사회의 노인복지학, 서울: 서울대학교출판문화원, 2010.

David Wing Sue & David Sue, 다문화상담, 하예숙 외역, 서울: 학지사, 2011.

Block, J. D, *Sex over 50*, New Jersey: Prentice Hall Press, 1999.

Hooyman, N. A & Kiyak, H. A, *Social Gerontology*, Boston: Pearson Education, 2008.

Swim, J. K., Mallet, R, & Strangor, C. "Understanding subtle sexism: Detection and use of sexist language," *Sex roles*, 2004.

❖ 노인 학대 상담

김동기, 김은미, 사회 적응의 노인 심리학, 서울: 학지사, 2010.

Grant L. Martin, 가정폭력과 상담, 김연 역, 서울: 두란노, 2000.

Forrest Scogin, 노인상담의 첫걸음, 김영경 역, 서울: 시그마프레스, 2009.

게리 콜린스, 뉴 크리스천 카운슬링, 한국기독교 상담학회 역, 서울: 두란노, 2008.

권중돈, 노인복지론, 서울: 학지사, 2009.

명인준, "100세 시대의 그늘: 노노학대," 영남일보, 2015, 7, 23 입력, http://www.yeongnam.com/mnews/newsview.do?mode=newsView&newskey=20150723.010010719220001, 2016. 7. 29. 접속.

박귀영 외, 노인복지론, 서울: 양서원, 2011.

박재간 외, 노인상담론, 서울: 공동체, 2011.

보건복지부, "전국 노인 학대 실태조사," 2010. 6. 15.

서혜경 외, 노인상담 이론, 서울: 집문당, 2006.

David E. Carlson, 자존감, 이관직 역, 서울: 두란노, 2007.

이장호, 김영경, 노인상담: 경험적 접근, 서울: 시그마프레스, 2006.

오현태, "100세 시대의 슬픈 자화상: 노인자녀에 구박받는 고령부모들," 세계일보, 2012. 10. 3.

Diana K. Harris, 노년사회학, 최신덕, 김모란 역, 서울: 하나의학사, 1998.

John C. Cavanaugh & Fredda Blanchard-Fields, Adult Development and Aging, Wadsworth: Belmont, CA, 2002.

❖ 노인 우울증 상담

게리 콜린스, 뉴 크리스천 카운슬링, 한국기독교 상담심리치료학회 역, 서울: 두란노서원, 2008.

Charles S. Carver, Michael F. Scheier, 성격심리학, 김교헌 외역, 서울: 학지사, 2005.

권석만, 인간관계의 심리학, 서울: 학지사, 2009.

권석만, 우울증, 서울: 학지사, 2006.

권석만, 민영배, 노년기 정신장애, 서울: 학지사, 2005.

권영재, "우울증에 대한 정신의학적 이해," 상담과 선교, 1999, 가을.

박재연, "노인의 우울과 자살," 고령사회의 이해, 노년과 사회, 서울: 도서출판 소화, 2010.

아치볼드 하드, 우울증 상담, 심상권 역, 서울:두란노, 2000.

아치볼트 하드, 우울증이 목회사역에 미치는 임상적 연구, 차호연 역, 서울: 신망애 출판사, 1994.

이관직, 개혁주의 목회상담학, 서울: 도서출판 대서, 2007.

정정숙, "우울증 환자를 위한 상담," 상담과 선교, 1999, 가을.

차준구, "교회 안의 우울증," 상담과 선교, 1999, 가을호.

최의헌, 최의헌의 정신병리 강의, 서울: 시그마프레스, 2008.

Kim, Seong Yi, Myoung-Hee Kim, Ichiro Kawachi, and Youngtae Cho. "Comparative Epidemiology of Suicide in South Korea and Japan: Effects of Age, Gender and Suicide Methods." Crisis: The Journal of Crisis Intervention and Suicide Prevention, 2011 입력, pp. 5-14. https://en.wikipedia.org/wiki/Suicide_in_South_Korea. 2016. 5. 4. 접속.

❖ 노인 치매 상담

권석만, 민병배, 노년기 정신장애, 서울: 학지사, 2005.

박길자, "자꾸만 '깜빡깜빡' 두려운 치매 똑똑한 예방책," 건강다이제스트, 2016. 9. 13. 입력, http://www.ikunkang.com/news/articleView.html?idxno=19369, 2016. 10. 15. 접속.

버지니아 벨, 데이비드 트록셀, 치매, 고귀함을 잃지 않는 삶, 이애영 역, 서울: 학지사, 2006.

아론 P. 넬슨, 치매 예방과 최적의 기억력, 최경규, 정지향 역, 서울: 조윤커뮤니케이션, 2009.

이영성, "위기의 한국 노인② 암보다 더 무서운 치매…노인진료비 1위," http://news1.kr/articles/?2789991, 2016. 10. 2. 입력, 2016. 10. 5. 접속.

이윤로, 김수진, 치매노인과 사회복지서비스, 서울: 학지사, 2007.

조유향, 치매노인케어론, 서울: 집문당, 2006.

카토 신지, 치매와 마주하기, 박규상 역, 서울: 시니어 커뮤니케이션, 2007.

❖ 노인 자살 상담

고도예, "'침묵의 살인' 동반자살 ③ 자살시도자 사후관리, 한국엔 없다," 헤럴드 경제, 2016. 10. 21. 입력, http://news.heraldcorp.com/view.php?ud=20161021000142, 2016. 10. 23. 접속.

김남식, "고통, 그 외로운 절규," 상담과 선교, 2010년 봄호.

김충열, 기독교인이 왜 자살하는가? 서울: 한국상담치료연구소, 2009.

김동기, 김은미, 사회 적응의 노년심리학, 서울:학지사, 2010.

게리 콜린스, 훌륭한 상담자, 정동섭 역, 서울: 두란노, 2007.

Rich Van Pelt, 사춘기 청소년들의 위기상담, 오성춘 역, 서울: 장로교출판사, 1995.

Josh Mcdowell & Bob Hoster, 청소년 상담 핸드북, 오성춘 역, 서울: 한국장로교출판사, 2000.

유마사 마코트, 빈곤에 맞서다, 이성역 역, 서울: 학지사, 2010.

Charles V. Gerkin, 목회적 돌봄의 개론, 유영근 역, 서울: 은성출판사, 1999.

조성돈, 정재영, 그들의 자살, 그리고 우리, 서울: 예영, 2008.

정정숙, "우울증 환자를 위한 상담" 상담과 선교, 1999년 가을호.

Atchley, R. C., *Social Forces & Aging*, L.A.: Wadsworth Publishing Co, 1994.

Bill Blackburn, *What You Should Know about Suicide*, Waco, TX: Word Publishing, 1982.

Jay E. Adams, *Competent to Counsel*, Grand Rapids, Mich.: Baker, 1970.

_____, *The Christian Counselor's Manual*, Grand Rapids MI: Zondervan, 1986.

Keith Olson, Counseling Teenagers, Loveland, Colo. : Group Books, 1984.

Kim, Seong Yi, Myoung-Hee Kim, Ichiro Kawachi, and Youngtae Cho. "Comparative Epidemiology of Suicide in South Korea and Japan: Effects of Age, Gender and Suicide Methods," Crisis: The Journal of Crisis Intervention and Suicide Prevention, 2011 입력, pp.5-14,https://en.wikipedia.org/wiki/Suicide_in_South_Korea, 2016.5.4 접속.

❖ 노인 임종 상담

김경수, 돌봄과 상담, 서울: 도서출판 누가, 2007.

김남식, "소망과 완전에의 미학," 상담과 선교, 1993, 여름.

김동기, 김은미, 사회 적응의 노년심리학, 서울: 학지사, 2010.

권석만, 민병배, 노년기 정신장애, 서울: 학지사, 2005.

노영근, "칼빈주의 성경해석의 원리와 방법," 성경과 상담, 2013.

다니엘 J. 로우, 질병과 상담, 정정숙 역, 서울: 도서출판 베다니, 2007.

맹용길, 노인복지목회론, 서울: 한국장로교출판사, 1998.

Edward Thurneysen, Seel Sorge im Vollzug, 목회학 실천론, 박근원 역, 서울: 한국신학연구소, 1982.

박재간 외, 노인상담론, 고양: 공동체, 2011.

J. William Worden, 유족의 사별슬픔 상담과 치료, 이범수 역, 서울: 서울출판 해조우, 2010.

이호선, 노인상담, 서울: 학지사, 2005.

H. Norman Wright, 위기 상담학, 전요섭, 황동현 역, 서울: 쿰란 출판사, 2009.

정병은, "노인과 죽음,, 고령사회의 이해: 노년과 사회, 서울: 한림대학교 고령사회연구소, 2010.

정정숙, "죽음과 임종에 관한 상담," 상담과 선교, Vol. 1, No. 1993 여름.

Diana K. Harris, 노년 사회학, 최신덕, 김모란 역, 서울: 하나의학사, 1998.

한동윤, "죽음과 임종을 위한 목회적 관심," 한국교회와 노인목회, 서울: 한국장로교출판사, 2000.

Bertha G. Simos, *A Time to Grieve: Loss as a Universal Human Experience*, New York: Family Service Association of America, 1979.

Elisabeth Kubler-Ross, *On Death and dying*, New York: Macmillan Publishing Co., 1974.

Joe Bayly, *The Last Thing We Talk About. originally titled View From a Hearse*, Elgin, IL: David C. Cook, 1973.

John Swinton, *From Bedlam to Shalom: Towards a Practical Theology of Human Nature, Interpersonal Relationships, and Mental Health Care*, New York: PETERLANG, 2000.

Roh, WonSuk, *A reflection upon the loneliness of Korean elderly in family support: A Christian-pastoral perspective*, University of Pretoria, 2007 April.

Ruth, L. O., M & Holmes, T. H., "Social of Life Change: Comparison of Direct and indirect Methods," Journal of Psychosomatic Research, 15.

미 주

❖ 노인에 대한 이해

1. 이장호, 김영경, 노인상담 (서울: 시그마프레스, 2006), p. 3.

2. 정정숙, 인간발달과 상담 II (서울 : 도서출판 베다니, 2006), p. 251.

3. 서혜경 외, 노인상담입문 (서울: 학지사, 2006), p. 21.

4. 유성호 외, 노인복지론 (서울: 아시아미디어리서치, 2002), pp. 16-17.

5. 박경숙, 고령화 사회, 이미 진행된 미래 (서울: 의암 출판사, 2003), pp. 30-31.

6. Park, S. I. Generating Upward Mobility: The Case of Korea and Private Sector Development. In Pathway Out of Poverty of C.S. Field. & G. Pfeffermann (Boston: Kluwer Academic Publishers, 2003), p. 20, 229. 홍성익, "내년 고령사회 진입한다," 의학신문, 2016. 1. 26. 입력, http://www.bosa.co.kr/umap/sub.asp?news_pk=599226, 2016. 3. 4. 접속.

7. Ibid.

8. 사미자. "노년의 심리," 한국교회와 노인목회 (서울: 한국 장로교 출판사, 1995), p. 137.

9. 박동석, 고령화 쇼크 (서울: 굿인포메이션, 2003), p. 169, 이지연, "내 손안에 뉴스," 한강타임즈, 2016. 8. 24. 입력, http://www.hg-times.com/news/articleView.html?idxno=127320, 2016. 9. 4. 접속.

10. 조운, "대한민국 국회, 보건의료 문제해결 위해 제도개선 추진할 것," 이코노미뉴스, 2016. 1. 14. 입력, http://www.m-economynews.com/news/article.html?no=14972, 2016. 3. 4. 접속.

11. 통계청, "통계로 본 대한민국 광복 70년," 2015. 8. 10.

12. 이찬선, "저출산과 고령화 시대," 대전일보, 2016. 1. 17. 입력, http://www.daejonilbo.com/news/newsitem.asp?pk_no=1199558, 2016. 3. 4. 접속.

13. Lee, S. H. *The Problems of the Korean Elderly and Recommendations for Their Solution*. In Society Investigation Study, Vol. 12, 1997, p. 85.

14. Ibid., p. 24.

15. 박시형, "[백세시대①] 빨라지는 고령화, 길어지는 인생 2막 시사," 오늘, 시사ON, 2015, 12, 19. 입력http://www.sisaon.co.kr/news/articleView.html?idxno=38720, 2016. 3. 4. 접속.

16. 교보생명은 지난해 시니어파트너즈와 공동으로 우리나라 만 20세 이상 69세 이하 남녀 1000명을 대상으로 한 시니어 트렌드 조사를 하였고, 이 같은 응답이 나왔다. 전선형, "중년층 38% 노후준비 전혀 안해," 대한금융신문, 2014. 2. 11. 입력, http://www.kbanker.co.kr/news/articleView.html?idxno=41086, 2016. 5. 6. 접속.

17. 강창희, "부모의 미래, 자녀의 미래," 한국경제매거진, 2013. 2. http://magazine.hankyung.com/money/apps/news?popup=0&nid=02&c1=2002&nkey=2013022500093070372&mode=sub_view, 2013. 2. 27. 입력, 2016. 6. 23. 접속.

18. 유성호 외, 노인복지론, op. cit., p. 32.

19. 박재간 외, 노인상담론 (서울: 공동체, 2011), p. 21.

20. 서혜경 외, 노인상담입문, op. cit., p. 30.

21. 서혜경 외, 노인상담입문, op. cit., p. 24.

22. 박동해, "마음이 아픈 노인들 급증, 세계 1위 노인 자살률 '오명'," 뉴스1, 2016. 5. 8. 입력, http://www.news1.kr/articles/?2654813, 2016. 9. 24. 접속.

23. Simons, G. *Korea: The search for Sovereignty* (London: Macmillan Press, 1995), pp. 126-131.

24. Lowe, P. *The Korean War* (London: Macmillan Press, 2000), pp. 10-16. 당시 미국은 민주적 자본주의 정부를 원하였고, 구(舊) 소련은 공산주의 정부를 원하였다. 그리하여 소련은 38도선 이북을, 미국은 그 이남에 거주하면서 정치적 간섭을 하였다.

25. Holliday, J. & Cumings, B. *Korea: The Unknown War* (London: Penguin Books, 1988), p. 200.

26. 1961년 당시 한국의 1인당 국민소득은 82달러였다.

27. Song, B. N. *The Rise of the Korean Economy* (New York: Oxford University Press, 1990), p. 5. 한국에 대한 미국의 원조는 1950-60년에 12억 7천 5백 7십억 달러, 1961-1965년에는 9억 7천 4백 달러로서, 한국은 베트남과 이스라엘에 이은 세계에서 세 번째로 큰 수혜국이었다.

28. Li, K. W. *Capitalist Development and Economism in East Asia: The rise of Hong Kong, Singapore, Taiwan, and South Korea* (New York:

Routledge, 2001), p. 20.

29. 권태완 외. 전환기 한국의 사회문제 (서울: ㈜민음사, 1996), p. 186.

30. 사미자. "노년의 심리," 한국교회와 노인목회, op. cit., p. 125.

31. Park, M. S. & Kim, M. S. "Communication Practices in Korea," *Communication Quarterly*, 40, 1992, pp. 398-404.

32. Sung, K. T. "A New Look at Filial Piety: Ideals and Practices of Family-Centered Parent Care in Korea," *Gerontologist*, Vol. 30, No. 5, 1990, pp. 610-617.

33. Ho, D. Y. F. "Cognitive socialization in Confucian heritage cultures," *Cross-cultural Roots of Minority Child Development of P. M. Greenfield. & R. R. Cocking* (Hillsdale: Erlbaum, 1994), p. 287.

34. Williams, A. & Nussbaum, J. F. *Intergenerational Communication Across the Life Span* (London: Lawrence Erlbaum Associates, 2001), p. 266.

35. 김중은, "성경에서 본 노년과 노인에 대한 이해," 한국교회와 노인목회 (서울: 한국장로교출판사, 1995), pp. 62-63.

36. Ibid., p. 50.

37. Kimble, M. A. McFadden, S. H. & Ellor, J. W. *Aging, Spirituality, and Religion* (Philadelphia: Fortress Press, 1995), pp. 418-421.

38. H. Kremers, *Die Stellung des Elterngbots im Dekalog: Eine Voruntersuchung zum Problem Elterngebot und Elternrecht*, p. 156, 161. 차준희, "네 부모를 공경하라," 효와 성령 (서울: 한들출판사, 2002). p. 56 에서 재인용.

39. 찰스 V. 거킨, 목회적 돌봄의 개론, 유영권 역 (서울: 은성출판사, 2004), p. 250.

40. 김중은, "성경에서 본 노년과 노인에 대한 이해," 한국교회와 노인목회, op. cit., pp. 62-63.

41. Ibid., p. 51.

42. Ibid., pp. 50-51. 신 21:2-6. 22:15-18. 25:7-9; 삿 4:2 이하; 렘 26:17 참조.

43. Harris, J. G. *Biblical Perspectives on Aging* (Philadelphia: Fortress Press,

1987), p. 111.

44. 김중은, "성경에서 본 노년과 노인에 대한 이해," 한국교회와 노인목회, op. cit., p. 52.

45. Kimble, M. A. McFadden, S. H. & Ellor, J. W. *Aging, Spirituality, and Religion*, op. cit., p. 129.

❖ 노인상담에 대한 이해

1. 박재간 외, 노인상담론 (고양: 공동체, 2006), p. 80.

2. 서혜경 외, 노인상담입문 (서울: 집문당, 2006), pp. 88-89.

3. Ibid., p. 86.

4. 성규탁, 새 시대의 효: 부모 자녀 관계의 재조명 (서울: 연세대학교 출판부, 1995), p. 144.

5. 이호선, 노인상담 (서울: 학지사, 2005), p. 109.

6. Joyce Huggett, 경청, 윤관희 역 (서울: 사랑플러스 2006), p. 137.

7. 노인상담에 있어 노인 세대는 상담자에게 이야기를 할 때, 지나온 삶과 현재의 문제에 대하여 상세하게 표현하기도 하지만, 반대적으로 자녀와의 갈등 부분에 있어 자녀의 허물 등을 드러내지 않는 특성을 가지고 있다.

8. Derald Wing Sue, David Sue, 다문화상담, 하예숙 역외 (서울: 학지사, 2011), p. 71.

9. 서혜경 외, 노인상담입문, op. cit., p. 90.

10. Ibid., op. cit., p. 88.

❖ 노인상담 이론

1. Stanton L. Jones & Richard E. Butman, 현대심리 치료법, 이관직 역 (서울: 총신대학 출판사, 1995), p. 107.

2. B. A. Farrell, "A Reconstruction of Freud's Mature Theory," *The Study of Human Nature* (New York: Oxford University Press, 2000), pp. 183-184.

3. Gerald Corey, 상담학개론: 상담과 정신치유의 이론과 실제, 오성춘 역 (서울: 장로회신학대학교출판부, 1997), p. 39.

4. 정태기, 아픔, 상담, 치유 (서울: 상담과 치유, 2006), p. 179.

5. Tim sledge, 가족치유, 마음치유, 정동섭 역 (서울: 요단출판사, 2007), p. 9.

6. 자유연상은 환자가 침상에 기대어 꿈의 일부이거나 의식 안에 있는 다른 개념일지라도, 치료자를 보지 않으면서 자유롭게 마음에 떠오르는 것을 말하도록 하는 것이다.

7. Roger F. Hurding, 치유나무, 김예식 역 (서울: 한국장로교출판사, 2004), p. 79. 직면(confrontation)에서 피상담자는 다음과 같은 방식으로 상담자에게 도전받는다. "당신은 두려워하는 것이 틀림없는데 그것을 인정하지 않으려고 하는군요." 해석(interpretation)에서 상담자는 피상담자에게 설명을 제공한다. 예를 들어, "당신은 내가 당신 아버지를 연상시키기 때문에 나를 두려워하는군요. 그리고 당신은 괜찮다고 생각하기를 원하기 때문에 당신의 두려움을 부인하는군요."라고 말한다. 그리고 재구조화(reconstruction)는 과거의 관점에서 현재를 설명하려는 시도이다. 예를 들어, "나이 많은 노인에 대한 당신의 두려움은 아이였을 때 아버지가 위협적으로 폭력을 행사할 때마다 당신이 느낀 깊은 불안에서 나온 것이군요"와 같다.

8. Ibid., p. 80.

9. Stanton L. Jones & Richard E. Butman, 현대심리 치료법, 이관직 역, op. cit., pp. 116-117.

10. 오성춘, 목회상담학 (서울: 한국장로교출판사, 2002), pp. 161-162.

11. Herold W. Darling, *Man in his Right Mind: an integration of psychology and biblical faith* (Paternoster, 1969), p. 33.

12. Ibid., p. 86.

13. 게리 콜린스, 뉴 크리스천 카운슬링, 한국기독교 상담학회 역 (서울: 두란노, 2008), p. 341.

14. 서혜경 외, 노인상담입문, op.cit., p. 84.

15. Wastson, *Behaviorism* (New York : Notron, 1925), p. 82. Roger F. Hurding, 치유나무, 김예식 외, op.cit., p. 51에서 재인용.

16. Harald W. Faw, 기독교와 심리학, 유명복 외역, op. cit., p. 197.

17. 행동주의의 시작은 파블로프의 실험에서 비롯된다. 그는 개에게 먹이를 주자마자 무조건적 반사로 일어났던 타액 분비를 기술하였다. 예를 들어, 음식을 주기 전에 종소리를 여덟 번 울려 주는 것의 효과를 검사하면서 그는 소리만 듣고도 침을 흘리는 것을 발견하였다. 조건적 반사가 형성되었다. 짧은 간격 후에 주어진 음식은 이러한 조건화의 강화물이 되었다. 나아가서 그는 초기의 소리 자극 후에 음식이 철회된다면, 결국 조건화된 반사는 소거됨을 발견하였다.

18. 김준수, "성경적 상담," 성경과 상담, 제1권, 2002, p. 82.

19. C. Stephen Evans, *Preserving the Person: a look at the human science* (IVP, 1977), p. 88. 로저 하딩, 치유나무, 김예식 역, op. cit., p. 57에서 재인용.

20. 오성춘, 목회상담학, op. cit., p. 215.

21. 서혜경 외, 노인상담입문, op. cit., p. 129.

22. J. D. Krumbolz, "Behavioral Goals for Counseling," *Journal of Counseling*, 1966, 13, p. 78, 정정숙, 기독교 상담학 (서울: 베다니, 2002), p. 297에서 재인용.

23. Stanton L. Jones & Richard E. Butman, 현대심리치료법, 이관직 역, op. cit., p. 223.

24. 오성춘, 목회상담학, op. cit., p. 172.

25. Ibid., pp. 172-173. 상담자와 피상담자와의 관계면에서 행동주의 학파와 정신분석적 상담은 '전문적 치유자-환자'의 입장을 가진 면에서 비슷하다. 하지만 정신분석적 상담은 피상담자 스스로 치유할 수 없는 능력이 없는 반면에 행동주의적 입장에서는 상담자가 지시하고 지도하지만 피상담자가 스스로 결단하고 실천한다는 점에서 상담자의 역할에 약간의 차이가 있다.

26. Ibid., p. 209.

27. 정정숙, 기독교 상담학, op. cit., p. 298.

28. Herold W. Faw, 기독교와 심리학, 유명복 외역, op. cit., p. 107.

29. Boivin, M., Behavioral psychology: What does it have to offer the Christian church? *Journal of the American Scientific Affiliation*, 37, 1985, p. 83.

30. Jay E. Adams. *More than redemption: A theology of Christian counseling* (Phillipsburg, NJ: Presbyterian and Reformed, 1979), p. 237.

31. Stanton L. Jones & Richard E. Butman, 현대심리 치료법, 이관직 역, op. cit., pp. 216-217.
32. Ibid., pp. 58-59.
33. 정태기, 상담과 치유 (서울: 상담과치유, 2006), pp. 179-180.
34. Jill Freedman & Gene Combs, *Narrative Therapy* (New York: W. W. Norton Company, 1996), p. 22.
35. 고미영, 이야기치료와 이야기의 세계 (서울: 청록출판사, 2004), pp. 101-103.
36. Alice Morgan, *What is narrative therapy?* (South Australia: Dulwich, 2000), p. 5.
37. Harald W. Faw, 기독교와 심리학 유명복 외역, op. cit., p. 184.
38. 권수영 외, 목회상담입문 (서울: 도서출판 목회상담, 2007), p. 228.
39. Carl Rogers, *On becoming a Person* (Houghton Mifflin Company, 1961), p. 17.
40. 서혜경 외, 노인상담입문, op. cit., p. 151.
41. 오오현, "Rogers의 인간 중심적 접근과 목회상담," 일반상담과 목회상담 (서울: 예영커뮤니케이션, 2003), p. 55.
42. Thomas C. Oden, 목회상담과 기독교 신학, 이기춘, 김성민 역 (서울: 다산글방, 1999), p. 126.
43. 오오현, "Rogers의 인간 중심적 접근과 목회상담," 일반상담과 목회상담, op. cit., p. 67.
44. 정정숙, 기독교 상담학, op. cit., p. 52.
45. Ibid., p. 51.
46. "하나님이 자기 형상 곧 하나님의 형상대로 사람을 창조하시되"(창 1:27)
47. Standton L. Jones & Richard E. Butman, 현대심리치료법, 이관직 역, op. cit., pp. 58-59.
48. McDonald, H. D. Biblical teaching on personality, In *Psychology and the Christian faith*, ed. S. Jones (Grand Rapids: Baker, 1986), p. 120.
49. Standton L. Jones & Richard E. Butman, 현대심리치료법, 이관직 역, op.

cit., p. 66.
50. 정정숙, 기독교 상담학, op. cit., pp. 72-77.
51. McDonald, The Christian View of Man, (Marshall Morgan and Scott), Roger Huding, 치유나무, 김예식 역, p. 302에서 재인용.
52. 기독교 상담의 이론이 많이 있지만 여기에서는 아담스의 권면적 상담(Nouthetic Counseling)을 소개한다. 아담스 박사는 존스 홉킨스 대학교(Johns Hopkins University)에서 헬라어를 전공하였고, 리폼드 감독교회 신학교(Reformed Episcopal Seminary)에서 신학사(B.D.), 템플대학교(Temple University School of Practical Theology)에서 신학석사(S.T.M), 미조리 대학교(University of Missouri)에서 철학박사(Ph.D.) 학위를 받았다.
53. 정정숙, 기독교 상담학, op. cit., p. 299.
54. Jay E. Adams, *Competent to Counsel* (Nutley, N. J.: Presbyterian and Reformed Publishing Co., 1970), p. 41.
55. Ibid., p. 304.
56. 양우성, 성서와 심리학의 대화 (서울: 대한기독교서회, 2007), p. 107.
57. 로저 하딩, 치유나무, 김예식 역, op. cit., p. 348.
58. 아담스는 상담에 대하여 알 필요가 있는 모든 것을 성경 안에 다 계시해 주셨다고 주장한다. 그는 복음이 피상담자에게 들어간 후에야 권면적 상담이 이루어질 수 있다고 말한다. 그리고 신자가 아니면 하나님의 말씀이 피상담자에게 효력을 발휘할 수 없기 때문에 권면적 상담은 신자에게만 가능하다고 보았다. 이 같은 아담스 상담 이론의 배타적 태도로 인해 권면적 상담은 기독교 상담 안에서도 '극단적인 보수주의'라 분류되면서 논쟁의 여지를 지니고 있다. 하지만 본 이론이 인본주의적 상담 원리가 가득 찬 당시 사회적 분위기 가운데 반작용으로, 개혁주의적 신앙의 강조적 관점에서 이루어진 상담 이론임을 감안할 필요가 있다.
59. 장원철, "성경적 상담의 현재," 성경과 상담, 제 10권, 2010, p. 45.
60. 정정숙, 기독교 상담학, op. cit., pp. 302-303
61. C.C.E.F(The Christian Counseling and Education Foundation)는 미국 필라델피아에 있으며, Westerminster Theological Seminary의 상담교수들이 주축이 되어 만든 상담연구기관이다. C.C.E.F 연구진들은 J. Adams의 동역자이자 제자들로 구성되었다. 이들은 아담스의 상담 이론들을 지속적으로 연구하고

보완하여 독자적 모델을 만들기에 이르렀다.

62. 정정숙, 기독교 상담학, op. cit., p. 480.

63. Ibid., pp. 480-481.

64. Ibid., p. 63.

65. Kevin, J. Vanhoozer, "Trial of Truth: Mission, Martyrdom & the Epistemology of the Cross," in *First Theology: God, Scripture, and Hermenutics* (Downers Grove, IL: InterVaisity Press, 2002), p. 350.

66. Ibid., p. 373.

❖ 노인과 자녀 세대의 갈등해결을 위한 의사소통 모델
-한국 노인부양 상황을 중심으로-

1. 최현식, "농가인구 감소, 2025년 201만 명 수준," 농업인신문, 2016. 1. 22. 입력, http://www.nongupin.co.kr/news/articleView.html?idxno=41336, 2016. 9. 10. 접속.

2. 이영창, "일터로 나가는 전업주부, 육아·가사 여성 2년 연속 감소," 한국일보, 2016. 3. 21. 입력, http://www.hankookilbo.com/v/ce953bb89717448e898307e721dd0eed, 2016. 9. 11. 검색.

3. Sung, K. T. "Measures and Dimensions of Filial Piety in Korea," *The Gerontologist*, Vol. 35(2), 1995, pp. 240-247.

4. Lee, S. H. "The Problems of the Korean Elderly and Recommendations for Their Solution," *Society Investigation Study*, Vol. 12, 1997, pp. 62-63.

5. Bengtson, V. L. Kim, K. D. Myers, G. C. & Eun. K. S. *Aging in East and West: Families, States, and the Elderly* (New York: Springer Publishing Company, 2000), p. 273.

6. Bengtson, V. L. & Schaie, K. W. *The Course of Later Life* (New York: Springer, 1989), p. 31.

7. 성규탁, 새 시대의 효: 부모 자녀 관계의 재조명 (서울: 연세대학교 출판부, 1995), p. 144.

8. Barber, R., *King Arthur: Hero and Legend* (Woodbridge: The Boydell

Press, 1986), p. 42. Church Round Table은 교회 안에서만 이루어지는 의사소통의 모델은 아니다. 상담자가 갈등 당사자들과 함께 교회 밖에서도 문제를 해결해 나아갈 수 있다. 또한 본 의사소통 모델인 Church Round Table은 노인부양을 둘러싼 갈등구조에서 비롯된 것이지만, 부부관계 혹은 부모와 자녀 간의 갈등 등 여러 인간의 삶 가운데 나타나는 갈등의 상황 속에서 실천되어질 수 있다.

9. Vale, J. *The Arthur of the English: The Arthurian Legend in Medieval English Life and Literature* (Cardiff: University of Wales Press, 2001), p. 185.

10. Bailey, K. E. *Finding The Lost: Cultural Keys to Luke 15* (St Louise: Concordia Publishing House. 1992), p. 149.

11. Bakhtin, M. *Problmes of Dostoevsky's Poetics*, (Trans). Emerson, C. (Minneapolis: University of Minnesota Press. 1986), p. 39.

12. Kogler, H. H. *The Power of Dialogue* (London: The Mit Press, 1999), p. 146.

13. 필자는 본 의사소통 모델에 대한 실제적 사례와 상담과정을 통한 결과물 등을 박사학위 논문인 "A reflection upon the loneliness of Korean elderly in family support: A Christian-pastoral perspective"(University of Pretoria, 2007)에서 연구하였다.

❖ 교회와 노인상담

1. 권부원, 2015 결혼·이혼 통계② 부부로 20년 살면 '이혼'을 꿈꾼다, 2016. 4. 7. 입력, http://www.news2day.co.kr/n_news/news/view.html?no=82105, 2016. 9. 11. 접속.

2. 은준관, 기독교 교육 헌장론 (서울: 한들출판사, 2007), p. 136.

3. 하워드 J. 클라인벨, 현대목회상담, 박근원 역 (서울: 대한기독교출판사, 1985), p. 292.

4. 오성춘 외, 현대교회를 위한 목회상담학 (서울: 대한기독교서회, 1997), p. 75.

5. John Calvin, *Institutes of the Christian Religion*, ed. J.T. McNeil (Philadelphia: The Westerminster Press, 1965). Vol. 1. 4. 1. 1.

6. WonSuk Roh, *A reflection upon the loneliness of Korean elderly in family support: A Christian-pastoral perspective* (Pretoria: University of Pretoria, 2007), pp. 119-121.

7. 김경수, 돌봄과 상담 (서울: 도서출판 누가, 2000), pp. 30-31.

8. 제이 E 아담스, 목회상담학, 정정숙 역 (서울: 총신대학출판부, 2001), p. 107.

9. Ibid., p. 39

10. 제이 E. 아담스, 상담학개론, 정정숙 역 (서울: 도서출판 베다니, 1992), pp. 35, 41.

11. 조성돈, 정재영교수의 조사(2007년 여름 목회와 신학)에 의하면 자살을 계획했다 포기한 이유로(중복응답), 목사님의 말씀을 듣고(20.0%), 용기가 없어서(16.6%), 가족 때문에(16.2%), 항상 나를 지켜주시는 하나님 때문에(13.9%), 책임져야 할 부분 때문에(13.6%), 방법선택이 잘못된 것을 깨닫고(12.5%), 하나님의 영광을 가리는 일(8.3%) 등으로 나타났다.

12. 이 같은 상담연구소의 설치, 지원 및 관리를 한국교회에서 감당해야 하며 상담료도 실비로 운영되어진다면 효과적일 수 있다. 각 교단이 주도하고 노회와 지교회와의 각별한 협력관계가 구축되어진다면 각 지교회에서 발생하는, 상담을 필요로 하는 문제들을 지역상담소로 연결시킬 수 있는 이점(利點)도 동시에 발생한다.

13. 교회 안의 상담소라면 비기독교인이 이용하기에는 부담감이 있지만, 교회 밖의 상담소는 일반인이 상담을 받으러 찾아오기가 용이하다. 문제를 가지고 온 피상담자가 상담의 과정 가운데 문제를 해결 받고 상담자와의 신뢰를 쌓는다면 교회와 기독교 신앙에 대한 호감이 생기게 된다. 하지만 이 경우 조심해야 할 부분은, 의도적이고 주도적인 '교회성장'의 도구로써 상담실을 운영할 경우이다. 그리고 그것이 드러난다면 피상담자에게 본래의 선한 의도까지도 훼손을 받는, 저항감이 생길 수 있다. 지역주민과의 상담이 진행될지라도 신뢰를 바탕으로 자연스럽게 복음을 소개하는 방안을 찾고 연구해야 한다.

14. 정웅섭, 현대교육목회의 전개 (서울: 한국신학연구소, 2001), p. 213.

15. 고용수 외, 기독교 교육 개론 (하) (서울: 한국장로교출판사, 2001), p. 231.

❖ 노인 성(性) 상담

1. Hooyman, N. A & Kiyak, H. A, *Social Gerontology* (Boston: Pearson Education, 2008), p. 155.
2. 유성호 외, 노인복지론 (서울: 아시아미디어리서치, 2002), pp. 295-296.
3. 이종구, 엄건령, 노인 사회학 (서울: 도서출판 열린, 2003), p. 53.
4. 조성남, 고령화 사회의 미래와 도전: 에이지붐 시대 (서울: 이화여자대학교 출판부, 2004), p. 160.
5. Ibid., p. 157.
6. 이호선, 노인상담 (서울: 학지사, 2005), pp. 243-244.
7. 부르스 리치필드 & 넬리 리치필드, 기독교 상담과 가족치료, 정동섭, 정성준 역 (서울: 예수 전도단, 2003), p. 42.
8. 박재간 외, 노인상담론 (고양: 공동체, 2011), pp. 196-197.
9. 권석만, 민병배, 노년기 정신장애 (서울: 학지사, 2000), p. 202.
10. David Wing Sue & David Sue, 다문화상담, 하예숙 외역 (서울: 학지사, 2011), p. 472.
11. 권석만, 민병배, 노년기 정신장애, op. cit., p. 201.
12. 유성호 외, 노인복지론, op. cit., p. 311.
13. Ibid., p. 203.
14. 최성재, 장인협, 고령화 사회의 노인복지학 (서울: 서울대학교출판문화원, 2010), p. 641,
15. Masters, W. H. and Johnson, V. E., *Human Sexual Inadequacy* (Boston: Little and Brown Publishing Company. 유성호 외, 노인복지론, op. cit., p. 307에서 재인용.
16. Ibid., p. 294.
17. 게리 R. 콜린스, 그리스도를 위한 카운셀링 가이드, 정석환 역 (서울: 기독지혜사, 1992), pp. 206-207.
18. 최성재, 장인협, 고령화 사회의 노인복지학, op. cit., p. 641.
19. 노인들이 경험하는 성문제 다섯 가지는 1) 성생활장애 2) 성건강 3) 성문화 4)

성매매 5) 성범죄이다.
20. 최성재, 장인협, 고령화 사회의 노인복지학, op. cit., p. 631.
21. 안형준, 2013 대한민국 노인보고서, 눈치 보는 노년의 여가와 성 〈하〉, 오마이뉴스, 2013. 12. 1. 입력, http://www.ohmynews.com/NWS_Web/View/at_pg.aspx?CNTN_CD=A0001932214, 2014. 3. 23. 접속.
22. Ibid.
23. 게리 R. 콜린스, 그리스도를 위한 카운셀링 가이드, 정석환 역, op. cit., p. 218.
24. 부르스 리치필드 & 넬리 리치필드, 기독교 상담과 가족치료, 정동섭, 정성준 역, op. cit., p. 137.
25. 65세 이상 인구가 총인구를 차지하는 비율이 7% 이상을 고령화사회(Aging Society), 65세 이상 인구가 총인구를 차지하는 비율이 14% 이상을 고령사회(Aged Society)라고 한다. 한국은 이미 2001년도에 고령화사회에 진입했으며 2017년에 고령사회에 진입할 예정이다.
26. 이호선, 노인상담, op. cit., p. 249.
27. Block, J. D, *Sex over 50* (New Jersey: Prentice Hall Press, 1999), p. 55.
28. Swim, J. K., Mallet, R, & Strangor, C. "Understanding subtle sexism: Detection and use of sexist language," *Sex roles*, 2004, p. 107.
29. 게리 R. 콜린스, 훌륭한 상담자, 정석환 역, op. cit., p. 386.
30. Ibid.
31. 정정숙, 인간문제에 대한 상담학적 치유 (서울: 도서출판 베다니, 2004), p. 185.
32. 게리 R 콜린스, 그리스도를 위한 카운슬링 가이드, 정석환 역, op. cit., p. 387.
33. 정정숙, 기독교 상담학 (서울: 도서출판 베다니, 1994), p. 213.
34. 게리 R. 콜린스, 훌륭한 상담자 정석환 역 (서울: 생명의 말씀사, 2007), p. 147.
35. 사미자, 한국교회와 노인목회 (서울: 한국장로교출판사, 2000), p. 77.
36. 정웅섭, 현대 교육목회의 전개 (서울: 한국신학연구소, 2001), p. 325.
37. Ibid., p. 327.
38. 유성호 외, 노인복지론, op. cit., p. 311.

39. 임병권, 구리시 노인상담센터, "노인 성교육과 성 상담 진행," 국제뉴스, 2016. 9. 28. 입력, http://www.gukjenews.com/news/articleView.html?idxno=561725, 2016. 7. 12. 검색. 구리시 노인상담센터는 경기도로부터 구리시 노인의 성(性) 인식을 개선하기 위한 사업의 수행기관으로 선정된 후 관내 경로당노인들에게 성 교육과 성 상담을 진행하고 있다. 2016년 7월부터 시작된 본 '노인 성(性) 인식개선사업'은 경기도의 도책사업으로서 노인들의 무분별한 성생활로 인한 성병의 만연, 불법적인 성매매, 성추행과 희롱 등으로 사회 문제화 되고 있는 것을 예방 계도하기 위해 추진되고 있는 것인데, 경기도는 지난 2013년부터 노인의 성에 대한 체계적 교육 및 상담 인프라를 구축하기 위해 전문 인력을 양성하여 서비스를 제공해 왔다.

❖ 노인 학대 상담

1. 박재간 외, 노인상담론 (서울: 공동체, 2011), pp. 244-245.

2. 서혜경 외, 노인상담 이론 (서울: 집문당, 2006), p. 393.

3. 김동기, 김은미, 사회 적응의 노인 심리학 (서울: 학지사, 2010), p. 280.

4. Ibid., p. 285.

5. 박귀영 외, 노인복지론 (서울: 양서원, 2011), p. 196.

6. 보건복지부에서는 2009년 4월부터 2010년 4월까지 전국 노인 6,745명, 일반 국민 2,000명 및 전문가 177명을 대상으로 하여 '전국 노인 학대 실태조사'를 실시하였고 이를 발표하였다. 이 조사는 노인에게는 학대받은 경험에 대한 면접조사를, 일반 국민에게는 노인 학대에 대한 인식, 원인, 심각성을 전화로 조사했으며, 전문가에게는 한국형 노인 학대 선별지표 개발 및 검증, 노인 학대의 심각성 및 정책방안에 대한 인식 파악을 조사하였다. 본 조사는 전국 노인을 대상으로 한 최초의 노인 학대 실태조사이다.

7. 학대피해 사실에 대해 외부에 알리지 않은 사유로는 42.5%가 개인적인 일이기 때문에 21.7%가 부끄러워서 22%가 도움을 청해도 해결되지 않을 것이라 생각해서 알리지 않은 것으로 나타났다.

8. 학대 행위자의 학대 유형에 따른 세부 구분을 하자면, 정서적, 경제적 학대, 방임 및 유기의 주행위자는 자녀와 그 배우자이며 신체적 학대의 주행위자는 배우자로 나타났다.

9. 명인준, "100세 시대의 그늘: 노노학대," 영남일보, 2015. 7. 23 입력, http://www.yeongnam.com/mnews/newsview.do?mode=newsView&newskey=20150723.010010719220001, 2016. 7. 29. 접속.

10. 오현태, "100세 시대의 슬픈 자화상: 노인자녀에 구박받는 고령부모들," 세계일보, 2012. 10. 3.입력, http://www.segye.com/content/html/2012/10/03/20121003022417.html, 2016. 8. 3. 접속.

11. 보건복지부, "전국 노인 학대 실태조사," 2010. 6. 15. pp. 1-8.

12. 게리 콜린스, 뉴 크리스천 카운슬링, 한국기독교 상담학회 역 (서울: 두란노, 2008), p. 443.

13. John C. Cavanaugh & Fredda Blanchard-Fields, Adult Development and Aging (Wadsworth: Belmont, CA, 2002), p. 373.

14. Grant L. Martin, 가정폭력과 상담, 김연 역 (서울: 두란노, 2000), p. 282.

15. 게리 콜린스, 뉴 크리스천 카운슬링, 한국기독교 상담학회 역, op. cit., p. 443.

16. Grant L. Martin, 가정폭력과 상담, 김연 역, op. cit., pp. 284-285.

17. 박귀영 외, 노인복지론, op. cit., pp. 204-205.

18. 노인의 개인적인 이유를 학대의 원인으로 삼은 계층은 일반노인과 학대 경험자였다. 일반노인의 50.1%, 학대 경험자의 26.2%가 노인 개인의 특성 및 상황이 학대의 이유라고 설문에 답하였다.

19. Diana K. Harris, 노년사회학, 최신덕, 김모란 역 (서울: 하나의학사, 1998), p. 258.

20. 박귀영 외, 노인복지론, op. cit., p. 200.

21. 노인 학대의 원인을 노인복지 서비스의 부족이라고 응답한 그룹은 일반국민(26.6%)과 전문가(10.9%)였다

22. 박귀영 외, 노인복지론, op. cit., p. 211.

23. 일반노인의 11%와 일반국민의 15.3%가 노인에 대한 부정적인 인식이 노인 학대의 원인이라고 보았다.

24. Grant L. Martin, 가정폭력과 상담, 김연 역, op. cit., p. 286.

25. 권중돈, 노인복지론 (서울: 학지사, 2009), p. 328.

26. John C. Cavanaugh & Fredda Blanchard-Fields, Adult Development

and Aging, op. cit., p. 372.

27. 보건복지부 "전국 노인 학대 실태조사," op. cit., p. 3.

28. 박재간 외, 노인상담론, op. cit., p. 257.

29. Ibid., p. 251.

30. 서혜경 외, 노인상담 이론, op. cit., pp. 394-399.

31. Forrest Scogin, 노인상담의 첫걸음, 김영경 역 (서울: 시그마프레스, 2009), p. 160.

32. 박귀영외, 노인복지론, op. cit., p. 217.

33. Forrest Scogin, 노인상담의 첫걸음, 김영경 역, op. cit., p. 160.

34. 권중돈, 노인복지론, op. cit., pp. 340-341.

35. 이장호, 김영경, 노인상담: 경험적 접근 (서울: 시그마프레스, 2006), p. 130.

36. 게리 콜린스, 뉴 크리스천 카운슬링, 한국기독교 상담학회 역, op. cit., p. 446.

37. David E. Carlson, 자존감 (이관직역; 서울: 두란노, 2007), pp. 84-110.

38. 박재간외, 노인상담론, op. cit., p. 262.

39. Ibid., p. 260.

40. 디모데전서 5:1-8, 17(늙은이를 꾸짖지 말고 권하되 아버지에게 하듯 하며 젊은이에게는 형제에게 하듯 하고 늙은 여자에게는 어머니에게 하듯 하며 젊은 여자에게는 온전히 깨끗함으로 자매에게 하듯 하라. 참 과부인 과부를 존대하라…), 야고보서 1:27(하나님 아버지 앞에서 정결하고 더러움이 없는 경건은 곧 고아와 과부를 그 환난중에 돌보고 또 자기를 지켜 세속에 물들지 아니하는 그것이니라), Gary R. Collins, 뉴 크리스천 카운슬링, op. cit., p.441.

41. Grant L. Martin, 가정폭력과 상담, 김연 역, op. cit., p. 289.

42. 박귀영 외 5명, 노인복지론, op. cit., p. 216.

43. 게리 콜린스, 뉴 크리스천 카운슬링, op. cit., p. 454.

44. 박재간 외, 노인상담론, op. cit., p. 218.

45. 권중돈, 노인복지론, op. cit., p. 341.

46. Ibid., p. 342.

47. 보건복지부, "전국 노인 학대 실태조사," op. cit., p. 4.

48. 박귀영 외, 노인복지론, op. cit., pp. 213-216.

❖ 노인 우울증 상담

1. 권석만, 인간관계의 심리학 (서울: 학지사, 2009), p. 97.

2. 우울증으로 고통받는 사람의 빈도는 역학적 연구들마다 사용한 방법에 다소 차이가 있어서 정확하게 파악하기 어렵다. 하지만 정신장애 중 가장 유병률이 높은 장애가 우울증이다. 경미한 우울증을 포함해서 우울증의 유병률을 조사한 한 연구에 의하면, 한 시점에서 5-10%의 사람들이 우울증으로 고통받고 있으며, 일생동안 30-40%의 사람들이 한번 이상 우울증을 경험한다고 한다. 권석만, 우울증 (서울: 학지사, 2006), p. 38.

3. 게리 콜린스, 뉴 크리스천 카운셀링, 한국기독교 상담심리치료학회 역 (서울: 두란노서원, 2008), p. 141.

4. 아치볼드 하드, 우울증이 목회사역에 미치는 임상적 연구, 차호연 역 (서울: 신망애출판사, 1994), pp.12-13.

5. 게리 콜린스, 뉴 크리스천 카운슬링, 한국기독교 상담심리치료학회 역, op. cit., p. 141.

6. 권석만, 인간관계의 심리학, op. cit., p. 97. DSM-IV에 따른 진단 기준에 의하면 우울증은 다음의 증상 중 5개 혹은 그 이상의 증상이 2주 연속 동안 지속되는 경우에 해당된다. 1) 하루의 대부분과 거의 매일 지속되는 우울한 기분이 주관적인 보고(슬프거나 공허하다고 느낀다)나 객관적인 관찰(울 것처럼 보인다)에서 드러나는 경우, 2) 모든 또는 거의 모든 일상 활동에 대한 흥미나 즐거움이 하루의 대부분이나 거의 매일같이 뚜렷하게 저하되어 있는 경우(주관적인 설명이나 타인에 의한 관찰에서 드러난다), 3) 체중조절을 하고 있지 않은 상태에서 의미 있는 체중 감소나 증가(예, 1개월동안 체중 5% 이상의 변화). 4) 거의 매일 나타나는 식욕 감소나 증가가 있는 경우, 5) 거의 매일 나타나는 불면이나 과다수면, 6) 거의 매일 반복되는 정신운동성 초조나 지체, 7) 거의 매일 반복되는 피로나 활력 상실, 8) 거의 매일 반복되는 무가치감 또는 과도하거나 부적절한 죄책감을 갖는 경우, 9) 반복되는 죽음에 대한 생각, 특정한 계획 없이 반복되는 자살 생각, 또는 자살 수행에 대한 특정 계획이나 자살 기도.

7. 권석만, 민영배, 노년기 정신장애 (서울: 학지사, 2005), p. 139.

8. 정정숙, "우울증이 목회사역에 미치는 임상적 연구," 상담과 선교, op. cit., pp.

65-65.

9. 권석만, 민영배, 노년기 정신장애, op. cit., pp. 141-142.

10. 게리 콜린스, 뉴 크리스천 카운슬링, 한국기독교 상담심리치료학회 역, op. cit., p. 145.

11. 정정숙, 우울증이 목회사역에 미치는 임상적 연구, op. cit., pp. 56-57.

12. 권석만, 우울증, op. cit., p. 51.

13. 아치볼드 하드, 우울증 상담, 심상권 역(서울: 두란노, 2000), pp. 57-58.

14. 권영재, "우울증에 대한 정신의학적 이해," 상담과 선교, 1999 가을, p. 23.

15. 권석만, 민영배, 노년기 정신장애, op. cit., p. 139.

16. 아치볼드 하드, 우울증 상담, 심상권 역, op. cit., p. 212.

17. 박재연, "노인의 우울과 자살" 고령사회의 이해, 노년과 사회 (서울: 도서출판 소화, 2010), p. 136.

18. Kim, Seong Yi, Myoung-Hee Kim, Ichiro Kawachi, and Youngtae Cho. "Comparative Epidemiology of Suicide in South Korea and Japan: Effects of Age, Gender and Suicide Methods." Crisis: The Journal of Crisis Intervention and Suicide Prevention, 2011 입력, pp. 5-14. https://en.wikipedia.org/wiki/Suicide_in_South_Korea. 2016. 5. 4. 접속.

19. 게리 콜린스, 뉴크리스천 카운셀링, 한국기독교 상담심리치료학회 역, op. cit., p. 152.

20. Ibid.

21. 아치볼드 하드, 우울증 상담, 심상권 역, op. cit., p. 131.

22. 권석만, 민영배, 노년기 정신장애, pp. 148-149.

23. 차준구, "교회 안의 우울증," 상담과 선교, op. cit., p. 60. 약물치료는 우울증의 치료에 효과적이지만 몇 가지 한계점이 있다. 1) 우울증을 겪는 있는 사람 중에는 설령 약물치료가 효과가 있더라도 약물에 대한 거부감 때문에 약물치료를 거부하는 사람들이 많다. 2) 약물사용에 따라 여러 부작용을 가져올 수 있다. 3) 약물치료가 우울증 치료에 효과적이지 못한 경우도 있다. 4) 약물치료는 우울증의 증세를 완화시키는 효과를 지닐 뿐 근본적인 우울증의 치료방법이라고 볼 수 없다. 권석만, 우울증, op. cit., p. 146.

24. 아치볼드 하드, 우울증 상담, 심상권 역, op. cit., pp. 105-106. 인간의 모든 행동적 반응은 뇌 기능에서 생기는 화학적 신경 전달에 의해서 좌우된다. 모든 신경체 경로는 특수한 시냅스(Synapes)를 유지하며, 신경 전달 물질의 목적은 신경 신호가 간격을 넘을 수 있도록 돕는다. 위 신경 전달 물질의 과소 반응이 우울증의 원인이 된다고 보고 있으며 약물은 본 신경물질의 원활하게 이루어지도록 돕는 데 있다.
25. 정정숙, "우울증 환자를 위한 상담," 상담과 선교, 1999, 가을, p. 81.
26. 게리 콜린스, 뉴 크리스천 카운슬링, op. cit., p. 158.
27. 아치볼드 하드, 우울증 상담, 심상권 역, op. cit., p. 28.
28. Harver, Though I Walk Through the Valley, 66-67. 게리 콜린스, 뉴 크리스천 카운슬링, 한국기독교 상담심리치료학회 역, op. cit., p. 161.에서 재인용.
29. 권석만, 우울증, op. cit., p. 155.
30. 아치볼드 하드, 우울증 상담, 심상권 역, op. cit., p. 42.
31. 정정숙, 우울증이 목회사역에 미치는 임상적 연구, op. cit., p. 132.
32. 게리 콜린스, 뉴크리스천 카운슬링, 한국기독교 상담심리치료학회 역, op. cit., p. 341.
33. 정정숙, 우울증이 목회사역에 미치는 임상적 연구, op. cit., p. 133.
34. 이관직, 개혁주의 목회상담학 (서울: 도서출판 대서, 2007), p. 208.
35. 최의헌, 최의헌의 정신병리 강의 (서울: 시그마프레스, 2008), p. 193.
36. "어찌하여 곤고한 자에게 빛을 주셨으며 마음이 번뇌한 자에게 생명을 주셨는고 이러한 자는 죽기를 바라도 오지 아니하니 이것을 구하기를 땅을 파고 보배를 찾음보다 더하다가"(욥기 3:20-21)
37. "주께서 내게 이같이 행하실찐대 구하옵나니 내게 은혜를 베푸사 즉시 나를 죽여 나로 나의 곤고함을 보지 않게 하옵소서"(민수기 11:15)
38. "베드로와 세배대의 두 아들을 데리고 가실쌔 고민하고 슬퍼하사 이에 말씀하시되 내 마음이 고민하여 죽게 되었으니 너희는 여기 머물러 나와 함께 깨어 있으라 하시고"(마태복음 26:37-38)
39. 게리 콜린스, 뉴 크리스천 카운슬링, 한국기독교 상담심리치료학회 역, op. cit., p. 160.

❖ 노인 치매 상담

1. 권석만, 민병배, 노년기정신장애 (서울: 학지사, 2005), p. 66.

2. Ibid., p. 48.

3. 카토 신지, 치매와 마주하기, 박규상 역 (서울: 시니어 커뮤니케이션, 2007), pp. 191-192. 2004년 교토에서 열린 알츠하이머병 회의에서 크리스틴 브라이든은 치매 환자로서의 자신의 경험을 이렇게 말하고 있다. "저는 치매 환자입니다만 그렇다고 해서 두려움에 떨거나 창피하다고 생각해서 숨거나 지내려고 하지는 않습니다. 치매는 다른 병과 마찬가지로 하나의 병일 뿐입니다. 그리고 치매 환자도 존엄성을 지닌 한 사람의 인간입니다. (중략) 저희가 치매 환자이기 때문에 건강한 사람들의 눈에는 이해하기 어려운 행동을 하더라도, 가치 있는 인간으로서 저희를 대해 주시기를 바랍니다"

4. 이윤로. 김수진, 치매노인과 사회복지서비스 (서울: 학지사, 2007), p. 9.

5. 카토 신지, 치매와 마주하기, 박규상 역, op. cit., p. 31.

6. Ibid., pp. 33-34.

7. 아론 P. 넬슨, 치매 예방과 최적의 기억력, 최경규, 정지향 역 (서울: 조윤커뮤니케이션, 2009), p. 194.

8. 조유향, 치매노인케어론 (서울: 집문당, 2006), p. 71.

9. 권석만, 민영배, 노년기정신장애, op. cit., pp. 101-103.

10. 이윤로, 김수진, 치매노인과 사회복지서비스, op. cit., pp. 9-10.

11. 이영성, "위기의 한국 노인② 암보다 더 무서운 치매…노인진료비 1위," http://news1.kr/articles/?2789991, 2016. 10. 2. 입력, 2016. 10. 5. 접속.

12. 박길자, "자꾸만 '깜빡깜빡' 두려운 치매 똑똑한 예방책", 건강다이제스트, 2016. 9. 13. 입력, http://www.ikunkang.com/news/articleView.html?idxno=19369, 2016. 10. 15. 접속.

13. 이윤로, 김수진, 치매노인과 사회복지서비스, op. cit., p. 11.

14. 카토 신지, 치매와 마주하기, 박규상 역, pp. 45-46.

15. 버지니아 벨, 데이비드 트록셀, 치매, 고귀함을 잃지 않는 삶, 이애경 역 (서울: 학지사, 2006), p. 29.

16. 카토 신지, 치매와 마주하기, 박규상 역, p. 50.

17. Ibid., pp. 104-105.
18. 조유향, 치매노인케어론 (서울: 집문당, 2006), pp. 72-73.
19. Ibid., p. 73.
20. 카토 신지, 치매와 마주하기, 박규상 역, op. cit., p. 184.
21. 치매치유에 있어서 일반 심리학에 기초한 무분별한 치료를 분별해야 한다. 많은 사람들이 사용한다고 해서 무조건 활용하는 것이 아니라 치료적 전제와 방법 등 모든 부분에서 성경적 관점에서 잘못된 부분이 있는가 점검하고 연구한 후에 피상담자에게 소개시켜 줄 필요가 있다.
22. 카토 신지, 치매와 마주하기, 박규상 역, op. cit., p. 171.
23. '당신이 잘 돌보지 못했기 때문에 아버님(어머님)이 이렇게 된 거 아냐?'라는 식의 이야기는 치매 환자를 돌보는 사람에게 상처로 남게 된다.
24. 버지니아 벨, 데이비드 트록셀, 치매, 고귀함을 잃지 않는 삶, 이애영 역, op. cit., pp. 165-168.
25. 이윤로, 김수진, 치매노인과 사회복지서비스, op. cit., pp. 117-118.
26. 카토 신지, 치매와 마주하기, 박규상 역, op. cit., p. 173.

❖ 노인 자살 상담

1. 김충열, 기독교인이 왜 자살하는가? (서울: 한국상담치료연구소, 2009), p. 27.
2. 김남식, "고통, 그 외로운 절규," 상담과 선교, 2010년 봄호, p. 53.
3. 조성돈, 정재영, 그들의 자살, 그리고 우리 (서울: 예영, 2008), p. 22. & 코리아 헤럴드 2011. 9. 8. 한국의 자살률은 경제협력개발기구(OECD) 국가 중 1위를 차지한다. OECD 평균 자살률은 11.3명이다.
4. Kim, Seong Yi, Myoung-Hee Kim, Ichiro Kawachi, and Youngtae Cho. "Comparative Epidemiology of Suicide in South Korea and Japan: Effects of Age, Gender and Suicide Methods." Crisis: The Journal of Crisis Intervention and Suicide Prevention, 2011 입력, pp. 5-14, https://en.wikipedia.org/wiki/Suicide_in_South_Korea, 2016. 5. 4. 접속.
5. 박재연, "노인의 우울 및 자살," 고령사회의 이해 (서울: 소화, 2010), p. 234.

6. Ibid, p. 135.

7. 유마사 마코트, 빈곤에 맞서다, 이성역 역 (서울: 학지사, 2010), p. 82.

8. 고도예, "'침묵의 살인' 동반자살 ③ 자살시도자 사후관리, 한국엔 없다", 헤럴드 경제, 2016. 10. 21. 입력. http://news.heraldcorp.com/view.php?ud=20161021000142, 2016. 10. 23. 접속.

9. 이 같은 상담연구소의 설치, 지원 및 관리를 한국교회에서 감당해야 하며 그러기에 상담비도 실비로 진행되어진다면 효과적일 수 있다. 각 교단이 주도하고 노회와 지교회와의 각별한 협력관계가 구축되어진다면 각 지교회의 문제들을 상담소로 연결시킬 수 있는 이점도 동시에 발생한다.

10. 조성돈, 정재영교수의 조사(2007년 여름 목회와 신학)에 의하면 자살을 계획했다 포기한 이유로(중복응답), 목사님의 말씀을 듣고(20.0%), 용기가 없어서(16.6%), 가족 때문에(16.2%), 항상 나를 지켜주시는 하나님 때문에(13.9%), 책임져야 할 부분 때문에(13.6%), 방법선택이 잘못된 것을 깨닫고(12.5%), 하나님의 영광을 가리는 일(8.3%) 등으로 나타났다.

11. Rich Van Pelt, 사춘기 청소년들의 위기상담, 오성춘 역 (서울: 장로교출판사, 1995), p. 141.

12. 데이브드 브레스킨(David Breskin)은 자살을 하려고 하는 단서를 다음과 같이 설명하고 있다: 성장발달상의 문제경력, 분리나 상실의 경험, 자기는 필요 없는 존재라는 느낌, 대화의 문제, 뚜렷한 행동의 변화, 극단적인 감정추구와 소외, 극단적인 위험 있는 행동에 관련, 알콜과 약물의 남용, 의학상으로 발견되지 않는 신체적인 문제발생, 완전주의, 절망 등이다. Rich Van Pelt, 사춘기 청소년들의 위기상담, 오성춘 역, op. cit., p. 135.

13. 게리 콜린스, 훌륭한 상담자, 정동섭 역 (서울: 두란노, 2007), pp. 138-140.

14. Charles V. Gerkin, 목회적 돌봄의 개론, 유영근 역 (서울: 은성출판사, 1999), p. 104.

15. Ibid., p. 106.

16. Keith Olson, *Counseling Teenagers* (Loveland, Colo: Group Books, 1984), p. 3.

17. Bill Blackburn, *What You Should Know about Suicide* (Waco, TX: Word Publishing, 1982), p. 90.

18. David E. Carlson, 자존감, 이관직 역 (서울: 두란노, 1995), pp. 230-231.
19. 정정숙, "우울증 환자를 위한 상담," 상담과 선교, 1999년 가을호, p. 74.
20. Atchley, R. C., *Social Forces & Aging*, (L.A.: Wadsworth Publishing Co, 1994), p. 230.
21. Rich Van Pelt, 사춘기 청소년들의 위기상담, 오성춘 역, op. cit., p. 138.
22. Josh Mcdowell & Bob Hoster, 청소년 상담 핸드북, 오성춘 역 (서울: 한국장로교출판사, 2000), p. 194.
23. Jay E. Adams, *The Christian Counselor's Manual* (Grand Rapids MI: Zondervan, 1986), p. 45.
24. Jay E. Adams, *Competent to Counsel* (Grand Rapids, Mich.: Baker, 1970), pp. 24-25.

❖ 노인 임종 상담

1. 박재간 외, 노인상담론 (고양: 공동체, 2011), p. 72.
2. 정병은, "노인과 죽음," 고령사회의 이해: 노년과 사회 (서울: 한림대학교 고령사회연구소, 2010), p. 142.
3. 김동기, 김은미, 사회 적응의 노년심리학 (서울: 학지사, 2010), p. 357.
4. 다니엘 J. 로우, 질병과 상담, 정정숙 역 (서울: 도서출판 베다니, 2007), pp. 232-233.
5. Diana K. Harris, 노년 사회학, 최신덕, 김모란 역 (서울: 하나의학사, 1998), pp. 484-485.
6. WonSuk Roh, *A reflection upon the loneliness of Korean elderly in family support: A Christian-pastoral perspective,* University of Pretoria, 2007. pp. 37-38.
7. 다니엘 J. 로우, 질병과 상담, 정정숙 역, op. cit., p. 239.
8. 김남식, "소망과 완전에의 미학," 상담과 선교, 1993 여름, pp. 12-13.
9. 한동윤, "죽음과 임종을 위한 목회적 관심," 한국교회와 노인목회 (서울: 한국장로교출판사, 2000), p. 102.

10. *Ibid.*, p. 105.
11. Bertha G. Simos, *A Time to Grieve: Loss as a Universal Human Experience* (New York: Family Service Association of America, 1979), pp. 10-11.
12. 다니엘 J. 로우, 질병과 상담, 정정숙 역, op. cit., pp. 235-236.
13. Elisabeth Kubler-Ross, *On Death and dying* (New York: Macmillan Publishing Co., 1974), p. 38.
14. *Ibid.*, pp. 39-40.
15. Elisabeth Kubler-Ross, *On Death and dying, op. cit.*, p. 50.
16. *Ibid.*, p. 82.
17. *Ibid.*, p. 84.
18. 정정숙, "죽음과 임종에 관한 상담," 상담과 선교, Vol. 1, No. 1, 1993 여름, p. 40.
19. *Ibid.*
20. Elisabeth Kubler-Ross, *On Death and dying*, op. cit., p. 86.
21. *Ibid.*, pp. 87-88.
22. 맹용길, 노인복지목회론 (서울: 한국장로교출판사, 1998), pp. 175-176.
23. Elisabeth Kubler-Ross, *On Death and dying*, op. cit., pp. 112-113.
24. H. Norman Wright, 위기 상담학, 전요섭, 황동현 역 (서울: 쿰란 출판사, 2009), p. 203.
25. 상담의 대상자가 비기독교인 경우, 수용의 단계는 전도의 단계라고 할 수 있다. 물론 앞선 부정-분노-타협-우울로 이어지는 단계 모두가 복음을 전하는 계기가 되지만 죽음의 실체를 수용하는 시점에서 죽음 이후의 세계를 설명하고 구원의 문제를 언급하는 자연스러운 시점이 되는 것이다.
26. Edward Thurneysen, 목회학 실천론, 박근원 역 (서울: 한국신학연구소, 1982), p. 248.
27. Joe Bayly, *The Last Thing We Talk About. originally titled View From a Hearse* (Elgin, IL: David C. Cook, 1973), pp. 40-41.

28. 노영근, "칼빈주의 성경해석의 원리와 방법," 성경과 상담, 2013, pp. 58-59.

29. Ruth, L. O. M & Holmes, T. H., "Social of Life Change: Comparison of Direct and indirect Method," *Journal of Psychosomatic Research*, 15. pp. 221-227. 배우자의 사망을 100으로 규정한다면 그 기준에 맞추어 여러 인생의 사건에 따른 스트레스 지수를 나타내고 있다. 1위 배우자 사망(100), 2위 이혼(73), 3위 부부별거(65), 4위 교도소 수감(63), 5위 가까운 가족 일원의 사망(63), 6위 자신의 부상이나 질병(정신질환)(55), 7위 결혼(50), 8위 직장의 해고(47), 9위 부부 화해(45), 10위 은퇴(45) 등이 있다.

30. 권석만, 민병배, 노년기 정신장애 (서울: 학지사, 2005), p. 38.

31. J. William Worden, 유족의 사별슬픔 상담과 치료, 이범수 역 (서울: 서울출판 해조우, 2010), p. 289.

32. 정정숙, "우울증 환자를 위한 상담," 상담과 선교, *op. cit.*, p. 50.

33. 이호선, 노인상담 (서울: 학지사, 2005), p. 334.

34. 권석만, 민병배, 노년기 정신장애. *op. cit.*, p. 39.

35. H. Norman Wright, 위기 상담학, 전요섭, 황동현 역, *op. cit.*, p. 202.

36. 김경수, 돌봄과 상담 (서울: 도서출판 누가, 2007), p. 238.

37. 이호선, 노인상담, op. cit., p. 336.

38. 다니엘 J. 로우, 위기 상담학, 전요섭, 황동현 역, op. cit., p. 251.

39. John Swinton, *From Bedlam to Shalom: Towards a Practical Theology of Human Nature, Interpersonal Relationships, and Mental Health Care* (New York: PETERLANG, 2000), p. 126.

40. 김경수, 돌봄과 상담, *op. cit.*, p. 239.

41. John Swinton, *From Bedlam to Shalom: Towards a Practical Theology of Human Nature, Interpersonal Relationships, and Mental Health Care*, *op. cit.*, p. 127.

42. 한동윤. "죽음과 임종을 위한 목회적 관심," 한국교회와 노인목회 (서울: 한국장로교출판사, 1995), p. 118.